경제의 기원

THE CRITIQUE OF SOCIOLOGY

KB124142

KURITIKU SHAKAIGAKU: KEIZAI NO KIGEN
by Masachi Ohsawa
with commentary by Yasutaka Ichinokawa
© 2022 by Masachi Ohsawa
Commentary © 2022 by Yasutaka Ichinokawa
Originally published in 2022 by Iwanami Shoten, Publishers, Tokyo.
This Korean edition published in 2023 by BOOK&WORLD, Kyunggi-Do
by arrangement with Iwanami Shoten, Publishers, Tokyo
through Dorothy Agency, Seoul.

경제의 기원

초판 1쇄 인쇄 | 2023년 9월 20일
초판 1쇄 발행 | 2023년 9월 25일

지은이 | 오사와 마사치
옮긴이 | 고훈석
펴낸이 | 신성모
펴낸곳 | 북&월드

디자인 | 최인경

신고 번호 | 제2020-000197호
주소 | 경기도 고양시 덕양구 토당로 123, 208동 206호
전화 | 010-8420-6411
팩스 | 0504-316-6411
이메일 | gochr@naver.com

ISBN 979-11-982238-2-1 03300

1 The Critique Of Sociology

경제의 기원

오사와 마사치 지음 · 고훈석 옮김

북&월드

이 책은 『經濟の起源』을 번역한 것이다. 곧 경제 '학'의 기원이 아니라 경제의 기원을 해명하기 위해 씌어진 것이다.

흔히 이야기하는 아담 스미스를 필두로 하는 '자유주의' 경제학의 기원이 아니라, 칼 폴라니 이래로 지적되어온 "호수적 증여", "재분배", "시장 교환"이라는 경제 시스템의 유형에 근거해서 이야기를 전개하고 있다. 그래서 마르크스주의 경제학에서 주로 다루는 "생산 양식"이 아니라, 가라타니 고진이 제시한 "교환 양식"이라는 걸 경제의 핵심 개념으로 삼고 있거니와, 이걸 계승해서 경제의 기원을 해명하고 있다.

그러나 문화인류학자나 역사학자들처럼 역사적 · 사실적인 추정이 아니라, 논리적인 추론을 중심에 두면서 사실적인 측면을 참조하고 있다. 그리고 호수적reciprocal 증여[교환]와 상품 교환 양식 그 자체의 분석보다도 "호수적 증여→재분배→시장[상품] 교환"(더 나아가서 코뮤니즘) 양식의 변환transformation에 초점이 맞추어져 있다.

이게 저자 오사와 마사치 사회학의 강점이다.

이 논리에 대한 간략한 요약 설명은 이 책의 해설판인 이치노가와 야스타카市野川容孝의 글만한 것이 없을 것이다. 이 책을 읽기 전에 이걸 먼저 읽는다면 난삽하게 보이는 논리에 휘둘리지 않고서 끝까지 좋은 길라잡이가 될 것이다.

2023. 6. 20.

차례

옮긴이 서문 · 5

제1장 경제의 기원을 둘러싼 두 가지 물음

교환과 생산 – 경제를 정의한다 · 10
물물 교환이 아니라……증여 · 12
인간의 조건 – 동물과의 대조에서 · 17
증여의 이율배반 · 21
두 종류의 물신성 · 24
정의의 원형? · 30

제2장 화폐론 재고

석화의 섬 · 36
전쟁과 같은 물물 교환 · 40
화폐의 토폴로지 · 45
희소성의 패러독스 · 50
소유, 그리고 교환 · 53
부채로서의 화폐 · 56
등가 교환의 전제로서의 부등가 교환 · 60
부정 판단과 무한 판단 · 65

제3장 원시 화폐와 사내의 명예

승인된 약탈 · 70
원시 화폐 · 74

"이건 지불이 아니다" · 80
"이건 지불이다" · 83
차이로부터 모순으로 – 헤겔 『대논리학』을 실마리로 · 88
사내의 명예 · 93
가부장제의 하나의 기원 · 99

제4장 소유와 증여

증여의 대립물로서의 소유 · 106
노예와 호모 사케르 · 111
주인과 노예의 변증법 · 116
중동태 · 119
일본어의 중동태 · 124
경험의 타원적 구성 – 증여의 원천 · 130
헤겔의 "본질론" · 135

제5장 하이어라키의 형성 – 재분배로

화폐가 사회적으로 일반화하고 있을 때 · 142
하이어라키화에 저항하는 사회? · 144
카스트제 · 150
"liberté"가 의미하는 것 · 158
마누 법전이 규정하는 라이프 사이클 · 166
두 가지 아웃카스트 · 171
재분배 시스템 · 176
원초적인 증여를 둘러싼 두 가지 불가해 · 181
중심의 추출 · 188

제6장 상품 교환과 시장 경제 – 그리고 "축의 시대"의 전환

경화의 발상지 · 194
대자적인 화폐를 위한 "일방적 증여" · 200
경화의 발생 기서 · 203
철 꼬치로부터 · 210
철학의 원점 · 213
민주정과 비극 · 217
그리고 희극 · 223
상품들의 물신 숭배 · 225
시장 경제의 탄생 · 229
그 앞으로……자본주의 경제로 · 232

결론 내릴 수 없는 결론 – 〈호수의 정의〉를 넘어서

정념의 경제 · 238
증여와 부채의 합치 – "자본주의"를 위한 예고편 · 240
호수는 정의인가 · 244
"증여 이전의 증여"로서의 코뮤니즘 · 250
"호수성에 대한 노호"를 실마리로 · 252
"속죄"의 세 가지 해석 · 255
그리스도의 자기 소멸 · 260
코뮤니즘의 회귀 · 263

참고 문헌 · 267
해설 – 이미 있고, 아직은 없는 코뮤니즘 · 273
끝마치고서 · 293

1

경제의 기원을 둘러싼
두 가지 물음

교환과 생산
– 경제를 정의한다

　　　　　　사람들은 "가치 있는 물건"을 획득하고 생산하고, 그 위에서 그것들을 타자들과 분배하고, 마지막에 소비한다. "가치 있는 물건"이란 그 사용이나 소비에 의해서 사람들의 욕망을 채우는 성능을 가진 모든 것이다. 여기서 "가치 있는 물건"을 사회적으로 분배하는 양식을, 경제로 정의해보자. 욕망 충족까지의 과정에는 생산, 교환(분배), 소비의 세 국면이 있지만 우리가 여기서 "경제"의 영역으로서 정의하고 주목하고 있는 건 제2의 국면이다. 이 국면에 초점을 맞추는 데는 이유가 있다.

　최후의 한 점인 바의 소비를 별개로 한다면 두 가지 국면이 있다. 그 두 가지 국면, 교환 영역과 생산 영역의 관계를 어떻게 파악해야 할까. 이게 문제다. 여기서 먼저, 예전에 레비-스트로스가 논하고 있던 걸 염두에 두면 좋을 것이다. 사회는 세 가지 요소, 즉 사물과 신체(여자)와 말의 교환 시스템으로서 개념화할 수 있다고(Lévi-Strauss 1949=2000). 이 제안이 의미하고 있는 건 사물의 교환도 또한 말의 교환, 즉 커뮤니케이션과 유비적으로 파악할 수 있다는 점이다. 실제로 사물의 교환에도 – 예를 들어 상품의 매매에도 – 커뮤니케이션의 측면이, 곧 최소한의 자기 언급이 함의되어 있다. 요컨대 교환의 목적은 대상의 취득만에 있는 게 아니라, 사회 관계의 구축 그 자체에도 있는 것이다. 이처럼 생각한다면 생산 국면과 교환 국면의 관계가 무엇인가라는 물음은 생산과 커뮤니케이션의 관계에 대한 물음을 포함하고 있는 셈이다.

생산과 교환(커뮤니케이션)의 관계에 대해서는 크게 나눠보자면 두 가지 설이 주창되어왔다. 첫째로, 양자의 상호적인 독립을 인정한 위에서, 교환의 영역에 – 규범적인 – 우위성을 두는 입장. 이 입장에 속하는 건 아렌트이고, 그리고 하버마스다. 하버마스에 따르면, 생산에 관여하는 노동은 효율성을 규범적인 목표로 삼는 도구적인 이성에 이끌려 있고, 따라서 높은 효율을 확립하기 위한 지배나 제어에 복무하는 셈이다. 그에 반해서 언어적인 상호 행위는 해방을 규범적인 목표로 삼고 있고, 자유롭고 합리적인 토론이나 상호 승인을 목표로 삼고 있다(Habermas 1968=2000, 1981=1985-87). 아렌트는 노동 (생산)은 자연의 물질대사 논리에 강하게 규정되어 있고, 인간의 인간인 조건은 언어의 커뮤니케이션 쪽에 있다고 파악했다. 게다가 양자 – 노동과 커뮤니케이션 – 의 중간에 "일"이 있다고 하는 게 아렌트의 구도다(Arendt 1958=1994).

이와 같은 이론은 또 하나의 입장에 대한 반발의 산물이다. 그 제1의 입장이란 생산 쪽에 우위를 두는 해결법으로, 그건 주로 마르크스로 귀결되어왔다. 마르크스주의에 따르면, 생산 양식의 차이야말로 교환이나 커뮤니케이션 양식의 차이를 규정하고 있다(Marx 1859=1956). 생산을 위한, 갖가지 사회적인 조직화나 분업이라는 형태다. 가령 커뮤니케이션 영역이 자율성의 외관을 갖는다고 해도 그건 생산 영역에 내재하는 적대 관계 – "육체 노동"과 "정신 노동"의 분화와 같은 "소외"의 한 형태 – 의 산물로 여긴다.

하지만 여기서는 다음과 같이 제안하고 싶다. 이 제2의 입장을 역전시켜서 파악해야 하지는 않을까라고. 즉 생산을 위한 노동이 언어적인 커뮤니케이션으로서의 성격도 띠었던 교환 양식에 규정되어 있다고 간주해야 하는 건 아닐까. 실제로 그와 같은 이론을 구성했던 자가 있다. 마르크스를 더욱 원류로 거스르는 바에, 있다. 헤겔이 그 사람이다. 『정신현상학』의 "자기 의식"의 항에 포함된 저 유명한 논의(주인과 노예의 변증법)에 따르면, 누가 노동을 담당하는지는 승인을 둘러싼 투쟁의 결과로 정해진다(Hegel 1807=2018). 여기서 헤겔은 생산에 대한 교환(상호주관성의 영역)의 우위성을 주장하고 있는 셈이다. 더구나 그건 하버마스나 아렌트가 인정하는 것과 같은 규범적인 우위성이 아니다. 논리적인 우위성이다.

교환 양식의 국면을 "경제"로 부르고 거기에 논의의 중심을 둘 때 우리로서는 이 헤겔의 통찰에 회귀한 위에서, 이걸 계승하고 있다. 가라타니 고진柄谷行人이 마르크스 이론의 중심에 놓여 있던 "생산 양식"이 아니라, "교환 양식"에 착안하여 "세계사의 구조"를 추출했을 때 역시 똑같은 인식에 서 있다고 말할 수 있을 것이다(柄谷 2010). 우리의 탐구는 이걸 인계받는 것이다.

물물 교환이 아니라……
증여

오늘날 우리는 필요한 물건, 가치 있는 물건의 대부분을 상품 교환에 의해서 얻고 있다. 화폐를 사용해서 상품(으로서의 물건)을 구입한다는 형식에 의해서, 이다. 상품 교환의 원초 형태, 그 기원은 무엇인가. 물물 교환이다……라고 일반적으로는 말한다. 물물 교환으로부터, 성숙한 상품 교환으로는 어떻게 변화했는가. 그 논리는 심플하다. 물물 교환이 성립하기 위해서는 "욕망의 이중의 일치"가 필요하다. 즉 내가 바라는 물건을 소유한 타자가, 바로 내가 소유한 물건을 바라지 않으면 안 된다. 이 조건은, 그러나 드물게밖에 만족되지 않는다. 내가 타자가 소유한 무언가를 바라고 있더라도 타자가 나의 소유물에 관심을 갖는다고 한정할 수는 없다. 이 불편함을 극복하기 위해서 사람들은 교환의 매체로서의 화폐를 발명했다. 나는, 타자의 소유물을 얻는 것과 더불어, 그 타자에게 화폐를 건넨다. 타자는 그 화폐에 의해서 자신이 바라고 있는 물건을 소유한 다른 타자로부터 그 물건을 얻을 수 있다. 화폐를 사용한 상품 교환은 우원화迂遠化된 물물 교환이다. 바꿔 말하자면, 화폐에 의한 상품 교환은 본질적으로는 물물 교환이고, 화폐는 그 윤활유에 지나지 않는다. 경제학 교과서에는 이와 같은 "이야기"가 적혀 있다.

상품 교환의 원류는 물물 교환이라고 하는 스토리는 경제학에게 있어서 가장 중요한 "신화"다. 근대적인 의미에서의 경제학의 시조 아담 스미스가 이 이야기를 명시적으로 하고 있다(Smith 1776=2000-01). 그 이래로 경제학에게는, 이 신화는 창설創設적인 의미를 가진 이야기가 되었다. 그렇다고는 하지만 스미스가 혼자서 이 이야기를 무에서 창조했다고 한다면 그건 지나친 말이다. 스미스 이전에도, 이와 같은 신화로 방향지워진 논의를 전개했던 사상가가 있었다. 무릇 아리스토텔레스가『정치학』에서 이 신화의 예조豫兆가 되는 것과 같은 걸 이야기하고 있다(アリストテレス 2018). 아리스토텔레스에 따르

면, 처음에는 가족은 필요한 걸 모두 스스로 생산하는 자급자족의 생활을 하고 있었지만, 머지않아 어떤 자는 농업에 종사하고 어떤 자는 술 만드는 데 특화하고⋯⋯라는 방식의 전문화가 생기고, 서로 교환하게 된다. 거기서부터 화폐가 생겼다는 게 아리스토텔레스의 설이고, 스미스의 한 걸음 앞에 있다.

아무튼 상품 교환은 본래는 물물 교환이라는 신화는 경제학을 성립시키고 있는 기본적인 공리와 같은 것이다. 그 점은, 방금 이야기했듯이 단순화된 "경제사" 이야기일 뿐만 아니라 경제학 이론에도 확실히 나타나 있다. 예를 들어 "세Say의 법칙"이 그것이다. 아담 스미스보다 조금 뒤 세대에 속하는 프랑스의 경제학자 장-바티스트 세의 이름을 씌운 이 법칙은 "공급은 저절로 수요를 창조한다"는 명제로 요약된다. 곧 "공급=수요"라는 항등식이 성립한다는 의미다. 이 명제는 물물 교환이라고 생각한다면 자명하게 올바르다. 똑같은 게 교환 당사자 어느 쪽의 관점에서 파악하는지에 따라서 공급으로서도, 수요로서도 파악된다. 곧 수요와 공급은 똑같은 것이기 때문에 이 항등식은 일종의 토톨로지totology다. 이 법칙을 상품 교환에까지 확장한다고 하는 건 화폐가 개입하는 상품 교환을 본질적으로는 물물 교환에 다름 아니라고 간주하는 것과 같다.

하지만 뒤에 새삼스럽게 논하듯이, 경제학의 원점이 되는 물물 교환의 신화, 상품 교환은 물물 교환으로부터 생겨난 것이고, 상품 교환은 화폐에 의해서 우회된 물물 교환에 지나지 않는다라고 하는 신화는 역사적인 사실로서도, 논리로서도 타당하지 않다. 물물 교환으로부터, 머지않아 화폐를 사용한 상품 교환이 발생했다는 따위의 이야기는 성립하지 않는 것이다. 그와 같은 사실은 찾아낼 수 없거니와, 또한 논리적으로도 혼란스럽다.

그렇다면 시장에서의 상품 교환이 지배적인 교환 양식으로서 정착하기 전에는 무엇이 주요한 교환 양식이었나. 물물 교환이 아니라고 한다면 무언인가. 증여가 – 곧잘 쌍방향적인 증여가 – 일반적이었다. 이건 경제인류학적으로는 상식에 속하는 일일 것이다. 이 분야의 고전 중의 고전은 마르셀 모스의 『증여론』이다. 이건 북아메리카 선주민, 폴리네시아나 멜라네시아 등의 민족, 그리고 고대 사회의 의례儀禮적인 증여를 비교 연구한 논문이다. 이들 무문자 사회에서는 의례적인 증여의 사회적인 의미가 크고, 극단적으로 말하자면 사람들은 – 특히 사내들은 – 증여를 위해 살고 있다고 말해도 무방할 정도다.

실제로는 시장에 국가도 존재하지 않는 것과 같은 원초적인 공동체에서도 상품 교환의 원시적인 형태처럼 보이는 "물물 교환"과 같은 교환이 이루어지고 있는 건 확실하다. 그러나 아주 조금만 관찰해도, 이런 종류의 교환으로부터 상품 교환이 발생해왔던 건 아니라고 하는 걸 알 수 있다.

첫째로, 무문자 사회의 원시적인 "물물 교환"은 일반적으로는 뒤에 만나는 일이 거의 없는 – 적어도 계속적인 관계를 구축하지 못하는 – 외지 사람과의 교류로서 집행되는 게 일반적이다. 물물 교환으로부터 화폐를 사용한 상품 교환이 발생한다는 신화는 당사자들 사이에서 계속적이고 빈번한 교환이 필요했다는 걸 전제하고 있다. 그렇다고 한다면 원시적인 물물 교환이 그대로 상품 교환으로 직결하지 않는 건 명백할 것이다.

둘째로, 원시적인 물물 교환은 곧잘 의례적인 증여와 비슷한 행동 방식으로 집행된다. 교환에 앞서서, 쌍방 진영에서 향연이 열린다든지, 쌍방이 유희적·연기적으로 공격성을 과시한다든지 하는 것이다. 이것들은 바로 의례적인 증여에서 이루어지던 일이기 때문이다. 결국에는 물물 교환 자체가 곧잘, 증여의 콘텍스트 속에서 이루어지고 있는 것이다. 곧 그것들도 광의의 증여다.

그렇다면 두 가지 질문이 떠오른다. 첫째로, – 물물 교환으로부터 상품 교환이 발생해온 게 아니라고 한다면 – 우리는 이렇게 묻지 않으면 안 된다. 증여가 지배적인 교환 양식으로부터 상품 교환이 지배하는 교환 양식으로는 어떻게 전환되는가. 이 전환의 논리적인 메커니즘은 어떠한 것인가. 사실적인 역사 과정은 다양하고 착종되어 있는 게 틀림없다. 그러나 여기서 묻고 싶은 건 그런 사실로부터 추출할 수 있는 – 혹은 그런 사실을 규정하는 – 논리다.

둘째로, 더 기초적인 의문이 있다. 도대체 왜, 사람들은 증여를 하는가. 경제라는 것의 원시적인 형태는 증여를 골격으로 삼는 교환 양식이라고 한다. 하지만 그건 왜, 어떻게 해서 발생했는가. 인간에게 있어서, 어떠한 의미에서 증여는 필연인가.

우선은, 이 두 가지 질문의 의의를 설명해보자.

인간의 조건
— 동물과의 대조에서

두 번째로 내걸었던, 그러나 더 기초적인 물음부터 고찰해보자. 여기서 증여라는 걸 가장 넓은 의미에서 파악해보자. 곧 누구에서부터 누구로 증여되었다고 명확히 정의하기 어려운 케이스도 또한, 증여 속에 포함해두자. 공동체의 일부 멤버가 획득한 물건이 각별히 "증여했다"는 자각을 갖지 않고서 공동체에게 직접적으로 기탁되고, 그 위에서 그 물건을 필요로 하는 멤버에게 분배되고 주어지는 것과 같은 케이스, 결국 이건 "능력에 따라 공헌하고, 필요에 따라 부여된다"라는 코뮤니즘의 원리인데, 이것도 또한 증여의 가장 원초적인 형태에 포함해두자.

증여를 이처럼 파악할 때 수렵 채집민을 포함한, 모든 인간 사회에는 증여의 행동이 나타난다. 아니, 도리어 다음과 같이 말해야 할 것이다. 인류(호모 사피엔스)의 가장 원초적인 생활의 형태를 그대로 남기고 있다고 여겨지는 유동적인 수렵 채집민 – 그들은 그 안에 10가족 정도를 포함하는 50인 규모의 밴드band로 이동하고 있다 – 이야말로, 방금 이야기한 코뮤니즘 원리에 근접한 증여의, 아주 충실한 실천자다. 예를 들어 어떤 사내가 대형 동물을 쏘아 죽였다고 해보자. 그는 그걸 자신의 것이라든지, 자신의 가족의 물건이라고 주장하는 건 절대로 있을 수 없다. 가령 그런 걸 주장한다면 그는 밴드로부터 틀림없이 쫓겨날 것이다. 포획물은 밴드 전원에게 분배된다. 그 포획물을 잡은 자의 몫이 커진다 따위라고도 말할 수 없다.

인간 사회의 이 특질을, 동물사회학의 콘텍스트 속에 집어넣어보면 어떨까. 실은 인간 이외의 동물 종에서는 거의 전부라고도 말해도 좋을 만큼, 증여나 분배와 같은 행동은 인정되지 않는다. 이 경우에 증여·분배의 대상으로서 염두에 두고 있는 물건은, 물론 음식물이다. 음식물을, 다른 개체에게 증여한다든지 분배하는 동물은 거의 없다. 그럴리가 없다고 반론하는 자도 있을 것이다. 어미 새는 새끼새에게 먹이를 주는 건 아닌가라고. 하지만 동물에게 보이는 "분배" 같은 행동은 새의 먹이주기 행동이 그 전형인 것처럼, 기본적으로는 직접적인 혈연자를 상대로 할 때나 생식에 관여하는 장면에 한정되어 있다. 어미 새는 자신의 새끼에게밖에 먹이를 주지 않고, 설령 자신의 새끼여도 스스로 먹이를 획득할 수 있을 만큼 성장하게 된다면 어미는 절대로 음식물을 준다든지 하지 않는다. 생식에 관련된 장면이나 직접적인 혈연자가 상대였던 경우의 "분배"는 유전자의 포괄 적응도 논리로부터 간단히 설명할 수 있다. 생식으로부터 독립된 장면에서, 혹은 직접적인 상대가 아닌 케이스에서 음식물을 분배하는 동물 종은 거의 없다.

방금, 우리는 거듭해서 "거의"라는 유보를 달고 있다. 그래서 간단히 말하자면, 유전자가 가장 인간에게 가까운 두 가지 현존 종, 곧 침팬지와 보노보에게는 아주 맹아적인 것이기는 하지만 음식물을 분배한다든지 호수적互酬的reciprocal[호혜적]인 증여를 통해서 가치 있는 음식물을 얻는 게 대단히 "어려운 일"로 보인다. 하나의 실험을 소개해보자(Brosnan et al. 2008). 침팬지에게 사과를 갖게 하고서 실험자인 인간이 포도와의 교환을 "제안"한다. 침팬지는 사과인지 포도인지 어느 쪽 하나를 선택하지 않으면 안 되는 상황에서는 압도적으로 포도를 좋아하는 게 미리 확인되어 있다(대략 8할의 침팬지가 포도를 선호한다). 그러나 인간이 자신의 포도와 침팬지가 가진 사과의 교환을 제안해도 실제로 교환이 성립하는 일은 거의 없다(교환 성공률은 2% 정도). 교환하는 음식물의 선호의 낙차를 크게 해간다면 교환이 성립하는 확률이 높아져간다. 포도(인간)와 오이(침팬지)의 교환이라면 5할 정도의 확률이 실제로 성립하고, 포도와 당근의 교환은 90% 이상의 확률로 실현된다. 아무튼 침팬지는 명백히 얻는 음식물의 가치가 잃어버리는 음식물의 가치보다 큰 걸 알고 있어도 반드시 교환에 응하지 않는다. 인간의 입장에서 보자면, 침팬지는 교환을 충분하게 활용할 수 없는 것처럼 보인다.

하지만 거듭하자면, 그런데도 야생 침팬지와 보노보는 − 빈번하지는 않지만 − 새끼도 아니고, 형제 자매도 아닌 다른 개체에 대해서 음식물을 분배하는 일이 있다. 원래 침팬지의 증여 · 분배는, 인간이 보자면 상당히 소극적이다. 곧 다른 개체에게 자발적 · 적극적으로 음식물을 주고 있다기보다, 그 음식물을 다른 개체가 차지하는 걸 용인하고 있다고 서술하는 쪽이 실태에 가깝다. 그 때문에 사람들에게 있어서는 침팬지가 고기를 서로 나누는 행동은, 단순하게 "묵인된 도둑질"에 지나지 않는다고 한다(Issac 1978). 그러나 이와 같은 평가는 사태의 본질에서 벗어나 있다. 다른 개체의 주변에 있던 물건을 평화롭게 차지할 수 있는 건 그 다른 개체의 용인에, "증여로의 지향"이 합의되어 있기 때문이다.

곧 침팬지의 증여가 인간의 눈에는 상당히 소극적으로 보여도, 역시 침팬지는 맹아적인 증여 개념을 갖고 있다고 해석할 수 있다. 그들은 빼앗긴다는 게 무엇을 의미하고 있는지를 물론 알고 있지만, 그것 뿐만이 아니라 주는 것은 어떤 것인지를 이해하고 있다. 이 점을 인상적으로 보여주는 사실을, 프랑스 드 바알은 소개하고 있다(de Waal 1996=1998). 벵골원숭이에게는 어떠한 의미에서도 분배 행위가 보이지 않는다. 그 벵골원숭이에게, 그들이 좋아하는 사과를 주려고 한다면 어떻게 될까. 실험자인 인간은 사과를 증여하려 하고 있다. 그러나 벵골원숭이는 호의로 사과를 내미는 인간을 위협하듯이 째려보고 으르렁거리면서 그 손에서 사과를 빼앗는다. 벵골원숭이는 다른 개체의 주변에 있는 먹거리를 얻는 방법으로서 이것밖에 알지 못하기 때문이다. 곧 벵골원숭이는 증여(된다)라는 개념을 갖지 않고, 그들의 선택지 가운데 증여로 향하는 행동이 전혀 들어 있지 않은 것이다. 물론 침팬지의 경우에는 다르다. 침팬지는 똑같은 상황에서, 릴렉스한 분위기로 사육사의 손을 깨물지 않고서 사과를 얻을 것이다.

무엇 때문에, 이런 사실을 소개하고 검토하고 있는가. 그건 증여의 기원을 탐구하는 것의 의의를 명확히 하기 위해서다. 확인하자면, 인간 이외의 동물 종에서는 음식물을 증여하는 행동이 거의 보이지 않는다. 결국은 증여가 어떻게 해서 가능한가라고 묻는 건 인간이 인간인 조건을 해명하는 일이기도 하다. 결국 진화의 계통수 위에서 가장 인간(호모 사피엔스)에 가까운, 대형 유인원 두 종류만이 아주 소극적이기는 하지만 증여로의 지향성을 가진 행동을 하는 것이라는 사실은 질문의 의의에 관한 이런 해석을, 더욱 정당화는 셈일 것이다. "증여"는 동물과의 관련 속에서 인간(호모 사피엔스)을 특징짓고 있는 무언가이다. 유전자의 구성에서 인간(호모 사피엔스)에 아주 가까

운 종만이 겨우 증여의 조짐을 보여주고 있다는 게, 그 점을 강하게
보여주고 있다.

증여의 이율배반

그래서 또 하나의 질문, 증여를 기축으
로 한 교환 양식으로부터 상품 교환을 중심으로 한 교환 양식으로
의 전환이 어떻게 생기는가라는 질문의 의의나 함의에 대해 설명
해왔다. 모스에 따르면, 증여는 3가지 의무의 복합의 산물이다. 세
가지 의무란 줄 의무, 받아들일 의무, 그리고 답례의 의무다(Mauss
1924=1973). 이들 의무가 종합적으로 함의하고 있는 건 증여는 쌍방
향적이라는 걸, 곧 호수互酬를 지향하고 있다는 점이다. 한쪽이 주고,
다른 쪽이 받았을 때 답례의 의무가 있다고 한다면 증여는 호수적인
게 된다. 실제로 대부분의 증여는 호수화되고, A로부터 B로의 증여가
있다면 B로부터 A로의 반대 증여(답례)가 생긴다.

그렇다면 금방 의문이 생긴다. 호수적인 증여는, 실질적으로는 물
물 교환이나 상품 교환과 똑같은 건 아닐까. 그렇다고 한다면 증여를
중심에 둔 교환 양식으로부터 상품 교환이 지배적인 것과 같은 교환
양식으로의 이행은 직접적으로 수행되어버리는, 특별한 설명을 필요
로 하지 않는 건 아닐까. 그러나 그렇지는 않다.

왜냐면 호수화될 수 있다고 해도 증여는 상품 교환이나 물물 교환
과 질적인 차이가 있기 때문이다. 물건의 이동 궤적이 똑같다고 해도

호수적인 증여를 그대로 물물 교환이나 상품 교환과 동일시할 수 없다. 어떤 차이인가. 첫째로, 상품 교환에서는 "소유권"이 통째로 교환되지만, 증여에서는 물건이 이동해도 "소유권"은 역시 증여자에게 귀속해 있는 것처럼 보이는 것이다. 증여에서 이동하는 건 "사용권"뿐이다. 이 점은, 다음 일을 생각하면 곧 알 수 있다. 구입한 물건이라면 그걸 더욱이 전매해도 아무런 문제도 없다. 물건의 소유권은 구입한 자에게 속해 있기 때문이다. 그러나 누군가로부터 증여받은 물건을 제멋대로 전매한다면 엄청난 비난을 받을 것이다. 증여받은 물건은, 역시 궁극적으로는 증여한 사람에게 속해 있기 때문이다.

둘째로, 호수적인 증여는 두 가지 행위로 이루어지지만 상품 교환, 곧 매매는 단일한 행위다. 호수적인 증여는 두 가지 증여를 한데 합친 것이다. 상품 교환은 그렇지 않다. 팔기와 사기는 단일한 행위여서 "팔기"만으로, 혹은 "사기"만으로 자립하는 건 아니다. 사는 사람이 상품을 수취해도 화폐 지불을 끝내지 않는다면 거래는 미완료다. 사는 사람이 지불해도 상품을 수취하지 않는다면 매매는 성립하지 않는다. 증여의 경우는 다르다. 한쪽에서부터 다른 쪽으로 귀중한 물건이 증여된다면, 예를 들어 답례(반대 증여)가 이루어지지 않아도 증여로서는 성립하고 있다.

그 증거로, 증여자는 상대방에게 공공연히, 혹은 정당하게 답례를 요구할 수는 없다. 그는 답례를 기대하고 있을지 모르겠지만 – 대체로 그렇지만 – 그러나 답례를 청구해서는 안 되는 것이다. 매매의 경우는, 가령 화폐를 지불했는데 상품을 수취하지 못한다면 구매자는 판매자에게 상품을 넘겨주도록 요구할 수 있거니와, 또한 그렇게 해야 하는 것이다. 증여의 경우는 다르다. 어느 정도 답례를 절실하게 바래도 그건 정당하게 요구할 수는 없다. 그뿐 아니라 답례의 요구는 수치스러운 일, 야비한 일, 도리어 나쁜 짓으로조차 보이고 있는 것이다. 이처럼 호수적인 증여와 상품 교환은 물건의 이동만에 착안하면 비슷하지만, 서로 근본적으로 이질적이다. 그렇다면 교환 양식 사이의 전환을 설명한다는 건 이와 같은 "질"의 변용이 어떻게 해서 생기고 있는지를 해명하는 걸 포함하고 있다.

그렇다 치더라도 증여에는 불가해한 양의성이 있는 걸 알 수 있다. 한편에서 증여에는 호수성을 찾는 강한 경향이 있어서 대부분의 경우에 답례의 증여가 이루어진다. 그러나 다른 편에서는 증여와 반대 증여(답례)는 각각 자립하려고도 하고 있다. 일반적으로 최초의 증여와 반대 증여는 시간적으로 떨어지지 않으면 안 된다. 가령 증여에 대해서, 간발의 차이도 두지 않고서 답례가 이루어진다면 어떻게 될까. 마샬 살린즈가 이야기하듯이, 즉석 답례는 공격적인 의미를 갖고, 사회 관계에 파괴적으로 작용한다(Sahlins 1974=2002). 따라서 최초의 증여물과 그것에 대한 답례 사이에 경과한 시간이 물리적 · 객관적으로는 아주 짧은 경우에도 당사자들은 확실히 그 사이에 "시간"이 있었다, 양자 사이에는 거리가 있었다고 하는 걸 새삼스레 의식하고 강조한다. 상품의 매매는 거꾸로다. 예를 들어 신용 거래처럼 지불이 상품의 수취로부터 조금 늦은 경우에도 논리적으로는 동시적이었다고 하는 의제擬制가 유지된다.

따라서 증여에는 수수께끼가 있다. 한편에서는 증여에는 명백하게 호수성으로 향하려 하는 강한 경향이 있다. 그러나 다른 편에서는 증여는 호수화되는 걸 회피하려 하고 있는 것처럼 보인다. 곧 증여는 호수성을 찾고, 동시에 거부하고 있다. 어째서 증여에 관해서는 사람들은 호수적이어야 하는 강한 당위의 의식을 갖고 있는 데 호수성이 직접적이자 순수해서는 안 되는가.

두 종류의 물신성

여기서 말하고 있는 것, 즉 "증여를 베이스로 한 교환 양식과 상품 교환을 베이스로 한 교환 양식" 사이의 관계를 둘러싼 질문의 의의를, 마르크스가 『자본』에서 이야기하고 있는 걸 참조함으로써, 더욱 상세하게 살펴보자. 여기서 유용한 건 상품의 물신성을 둘러싼 논의다. 상품의 물신성에 대한 표준적인 설명은 인간들의 관계가 사물(상품)들의 관계로서 나타나는 것이라고 설명된다. 그러나 이 설명은 정확하다고는 말할 수 없다. 물신성이란 직접적으로는 착종된 관계의 효과가 관계 속의 한 요소의 성질로서 오인되는 것이다. 예를 들어 우리는 이 상품의 가치는 어느 정도다 따위로 이야기한다. 그러나 상품의 가치는 상품들 사이의 사회 관계의 ─ 특히 상품과 화폐의 ─ 관계의 효과다. 그런데도 우리는 상품 그 자체의 직접적인 속성인 것처럼 그 가치를 보아버린다. 이 착각을 물신성으로 부른다.

그런데 흥미로운 건, 마르크스가 각주를 사용해서 "인간들의 관계"와 "사물들의 관계" 사이에 있는 유비성에 주목하고 있는 것이다. 우선은, 슬라보이 지젝에 의한 해석을 참조하면서 이 점의 중요성을 살펴보자(Žižek 1989=2015). 예를 들어 "단순한 가치 형태"에 대해, 마르크스는 다음과 같이 설명한다. 잘 알려진 논의지만 재구성해보자. 어떤 상품 "린네르[아마포]"는 단독으로는 자신의 가치를 실현하고 표현할 수 없고, 다른 상품 – 예를 들어 "윗도리" – 과 관계하지 않으면 안 된다. 여기서 후자의 상품 "윗도리"는 전자의 상품 "린네르"와 등가 관계에 놓이는 셈이다. 이 관계에서 "윗도리"의 자연적인 속성 – 곧 윗도리의 사용 가치나 물건으로서의 경험적인 특성 – 이 "린네르"에게 있어서 등가 형태로서 기능하고 있다. 요컨대 "윗도리"는 "린네르"에게 있어서 그 가치가 무엇인지를 보여주는 거울이다. 이 점에 대해, 『자본』에는 다음과 같은 유명한 주가 붙어 있다.

보기에 따라서는 인간도, 상품도 똑같은 것이다. 인간은 거울을 가지고서 이 세상에 살아가는 것도 아니라면 나는 나다라는 피히테 류의 철학자로서 살아가는 것도 아니기 때문에 인간은 처음에는 우선 다른 인간 속에 자신을 비추어보는 것이다. 인간 베드로는 그와 동등한 것으로서의 인간 바울에 관계하는 것에 의해서 비로소 인간으로서의 자기 자신에게 관계하는 것이다. 그러나 그것과 더불어, 또한 베드로에게 있어서는 바울 전체가. 그 바울적인 육체 그대로 인간이라는 종속의 현상 형태로서 인식되는 것이다(Marx 1867=1972: 102).

여기서 "린네르"에 대해서 별개의 상품으로서 호출당한 "윗도리"

는, 다만 "린네르"가 거기서 거울을 찾아서 관계하고 있는 한에서만 등가 형태일 수 있다. 그러나 "린네르"에게도, "윗도리"에게도 사태는 그처럼 보이지 않는다. "윗도리"는 그 자체로, 곧 "린네르"와의 관계와는 독립해서 "등가 형태"라는 기능을 갖고 있는 것처럼 보이고 있는 것이다. 말할 것도 없이, 이 등가 형태야말로 마르크스가 생각하기로는 화폐의 전사前史, 화폐의 원초 형태다. 아무튼 "윗도리"가 등가 형태인 건 "린네르"와의 관계의 "반성 규정"("윗도리-린네르" 관계가 윗도리에는 되돌아오는 것)인 것이지만, 그 점은 "린네르"에게도 "윗도리"에게도 보이지는 않는다. "윗도리"의 등가 형태라는 성질은 "린네르"와의 관계로부터는 독립한 자연적인 속성처럼 나타나고 있는 것이다. 이 점에 대해서, 또다시 마르크스는 인간들의 관계와 유비시켜서 다음과 같은 주를 붙이고 있다.

무릇 이와 같은 반성 규정[헤겔 – 오사와 주]이라는 건 기묘한 일이다. 예를 들어 이 사람이 왕인 건, 다만 다른 사람들이 그에 대해서 신하로서 처신하기 때문일 수밖에 없다. 그렇지만 그들은, 반대로 그가 왕이기 때문에 자신들은 신하인 것이라고 생각하는 것이다 (Marx 1867=1972: 111).

그가 "왕이다"라는 성질은, 실은 왕과 신하의 사회 관계가 불러일으킨 산물이다. 그러나 그 인물에게 본래적으로 "왕"이라는 카리스마가 구비되어 있다고, 관계에 내속하는 자들 – 곧 왕과 신하들 – 에게는 보이고 있다. 이 착각이, 바로 "물신성"이다. 여기까지는 마르크스가 말했던 것의 확인뿐이다. 그것에 따르면, 두 종류의 물신성 사이에 병행성이 있다. 두 종류란 상품(물건)들의 관계 속에서 생기는 물신성과 인간들의 관계 속에서 생기는 물신성이다. 양자의 유동성類同性에 대한 마르크스의 지적은 계몽적인 동시에, 미스 리딩이기도 하다. 미스 리딩이란 – 지젝이 이야기하고 있는 것인데(Žižek 1989=2015) – 두 종류의 물신성 사이에 똑같은 형식이 나타나더라도 상품 교환이 지배하고 있는 사회 – 곧 자본주의 – 에서는 상품의 사이에서도, 인간의 사이에서도 똑같은 물신성이 성립해 있다는 의미가 아니기 때문이다. 마르크스가 상품의 가치 관계의 은유적인 참조점으로서, 전근대의 왕과 신하의 관계에서 끌어내고 있는 것에 주의하지 않으면 안된다. 상품의 물신성과 인간의 물신성 사이에는 도리어 배반적인 관계가 있는 것이다.

이 점은 현재 우리 자신의 일을 반성해보는 것만으로도 곧바로 알수 있다. 상품 교환이 지배하고 있는 자본주의 사회에서는 인간들의 관계에는 물신화 따위가 생기지 않는다. 임[금]노동자는 자본가나 고용주가 "왕"인 것과 같은 신비적인 아우라나 카리스마를 갖기 때문에 그들에게 따르고 있는 건 아니다. 임노동자도 자본가도, 그들이 각각의 지위에 있는 건 양자 사이의 관계의 결과, 곧 양자 사이의 자유로운 계약의 결과인 걸 확실히 자각하고 있다. 임노동자는 자본가에게 고귀한 점을 보고 있는 것도 아니거니와, 자본가를 존경하고 있는 것도 아니다. 노사 관계는 양자 사이의 이해타산, 공리주의 따른 합리적인 계산의 결과다.

그렇다면 자본주의 사회에서는 물신성은 어느새 존재하지 않는 것일까. 그렇지 않다. 장작 거기에야말로 마르크스의 논의의 포인트가 있다. 물신성은, 이제야 상품들의 관계에 있다. 인간의 의식 레벨에서 보자면, 방금 살펴보았듯이 물신성은 아니다. 그러나 상품들의 관계만을 순수하게 관찰하게 되면 자본주의 이전의 사회, 전근대 사회에서 인간들의 관계 속에 보이는 것과 정확히 똑같은 형식의 물신성이 작동하고 있는 것이다. 상품은 그 자체에 ― 관계로부터 독립한 ― 내재적인 가치가 있는 것처럼 취급되고, 그리고 등가 형태(화폐)는 마치 왕처럼 ― 그것 자체에 원래 존중되어야 할 가치가 있는 것처럼 ― 상품들이 섬기고 있다(화폐 그 자체에 가치가 있는 것처럼, 전적으로 화폐를 얻기 위해 상품이 팔린다). 좀 더 신중하게 말을 바꾸자면, 다음과 같이 될 것이다. 상품과 같은 사물에 "정신"이 깃들어 있는 건 아닌데, 상품 교환(매매)의 관계에 들어가 있는 한에서, 사람들은 ― 탈물신화한 각성된 의식과는 정반대로 ― 무의식중에 마치 상품이나 화폐를 물신 숭배하고 있는 것처럼 처신해버리는 것이다. 여기서는 의식과 (상품 교환이라는 행위 속에 나타나는) 무의식 사이에는 물구나무서기의 관계가 생기고 있다.

그 때문에 정리하자면 ― 지젝도 이야기하고 있듯이 ― 두 종류의 물신성은 서로에게 서로를 배제하는 것과 같은 관계에 있다. 자본주의 사회에서는 상품의 물신성이 있지만, 그러나 인간들의 관계는 탈물신화하고 합리화되어 있다. 그에 반해서 자본주의 이전의 전통 사회에서는, 마르크스가 "주인과 신하"로 예시했던 것과 같은 인간들의 관계의 물신성이 있지만, 시장을 향한 상품으로서 생산된 사물은 전체 생산물의 고작 일부에 지나지 않아서 상품의 물신성은 아직 발달하지 못한다. 그렇다면 이런 식으로 볼 수 있을 것이다. 인간들의 관계가 탈물신화(탈주술화)했던 것의 댓가로서, 상품 관계가 물신화했다고.

그런데 인간들의 관계의 물신성이란, 더 보통의 어휘로 바꿔 말하자면 "지배-종속"의 관계다. 앞에서 인용한 『자본』의 각주로부터, 이 점은 곧바로 이해할 수 있을 것이다. "지배-종속"의 수직적인 관계는 "증여"와 결부되어 있다. 왜냐면 증여의 관계는 부채(답례를 마치지 못한 상태)의 감각을 매개로 해서 지배-종속 관계를 기초지우기 때문이다. 엄밀하게 말하자면, 증여는 호수성으로의 지향을 통해서 거꾸로의 평등화의 작용을 발휘한다. 하지만 그 때문에 정작 증여는 지배-종속 관계도 형성한다. 어떻게 설명하더라도 평등화에 실패한 다든지, 평등화의 작용이 실조失調했을 때는 증여는 거꾸로, 지배-종속 관계나 하이어라키를 구성하는 원인이 된다.

인간들의 관계의 물신성(지배와 종속의 관계)의 근저에는 증여(와 부채)가 있다. 이 점을 염두에 둔다면 증여를 중심으로 한 교환 양식으로부터 상품 교환이 지배하는 교환 양식으로의 전환이 어떻게 해서 생기는지라는 질문은 물신성이 출현하는 장소의 전환은 왜 생기는지라는 물음이기도 하다는 걸 알아차릴 것이다. 인간 관계에서의 물신성을 배제한다면 물신성은 상품 관계의 영역에서 출현한다. 물신성의 초점이 되는 부위는, 어째서 이처럼 전환하는 것일까. 우리의 질문은 이와 같은 의문도 포함하고 있다.

정의의 원형?

　　　　　　　　앞서 말했듯이, 증여는 호수성으로의 강한 지향에 의해서 지배당하고 있다. 그 때문에 증여물을 받아들인 자는 답례를 마칠 때까지는 부채 감각을 계속 가지게 된다. 주어진 사물과 등가로 간주할 수 있는 답례를 하지 못하는 동안은 부채감은 없어지지 않는다. 이 사실을 염두에 두고서, 우리가 설정한 물음은 윤리(학)의 가장 기본적인 문제와도 결부되어 있다는 걸 이 장의 최후에 서술해보자.

　호수야말로 정의正義의 원형poetic justice이라고 생각되고 있다. 거꾸로 말하자면, 부채야말로 죄인 것이다. 포지티브한 가치를 가진 물건을 가져온 자는 포지티브한 것에 의해서 보답받아야 할 것이거니와, 네거티브한 가치를 가진 물건을 가져온 자는 그에 상응하는 벌을 받지 않으면 안 된다. 이런 호수성이 만족되어 있을 때 사람들은 정의가 실현되었다고 만족한다. 그런 호수성이 실현되지 않으면 부채를 진 채로인 사람에게는 죄가 있다고 간주되어왔다.

　호수의 균형에 정의가 있다고 간주했던 철학자나 사상가는 많다. 이건 우리의 상식에 준거한 것으로 당연한 것이다. 그와 같은 철학자·사상가 가운데서 가장 중요한 건 니체일 것이다. 니체는 호수적 균형으로서의 정의에 대해 체계적으로 논하고 있다. 예를 들어『도덕의 계보학』(1887=2009: 124-5)에 따르면, 호수적인 교환인 사고팖이 모든 인간 관계의 형식을 규정하고 있다. "빚이라는 감정이나 개인적인 의무라는 감정은……원래 원초적인 인격적인 관계에 뿌리박고 있는 것"이라고. 니체는 더욱이 "값을 매기는 것, 가치를 측정하는 것, 동등한 가치의 어떤 걸 생각하는 것, 교환하는 것 – 이것들은 인간의 아주 최초의 사고에서 중요한 위치를 차지하고 있던 것이고, 어떤 의미에서는 사고 **그 자체**인 것이다"(강조는 원문 그대로)라고까지 말하고 있다. "산다는 것과 판다는 것 및 그에 부수하는 심리적인 요인은 모든 사회적인 조직 형식이나 결집의 단서보다도 훨씬 오래된 것이다"라는 단정도, 거의 근거도 증거도 없다고 말할 수밖에 없다.

이처럼 증여와 상품 교환 양쪽에서 그 실현이 목표로 삼고 있는 호수성은 곧잘 정의의 범형처럼 간주되어왔다. 하지만 기묘한 게 있다. 사람들은 오랫동안, 그리고 때로는 오늘날까지도 "돈을 빌려주는 사람"은 사악한 인물의 전형인 것처럼 생각해왔던 것이다. 가령 부채야말로 죄 중의 죄라고 한다면 빌려주는 자에게는 아무런 문제도 없어야 할 것이다. 거꾸로 빌리면서 아직 갚지 못한 자야말로 나쁘다. 그런데도 대금업자는 늘 악인이다.

세계 문학이나 민간 설화를 거듭 보아도 좋다. 돈을 빌려준 선인이 묘사되어 있던 예가 없다. 『베니스의 상인』의 샤일록처럼, 돈을 빌려주는 자는 늘 사악한 쪽에 있다. 『죄와 벌』에서는 대부업자는 피해자이고 죄를 짓는 건 고학생 라스콜리니코프이지만, 독자는 라스콜리니코프에 의해 살해당한 게 대부업자인 데 조금 안심하고 있을 것이다. 저런 할멈은 죽어도 싸다고. 대부업자는 악인이라는 묘사는 호수에 정의가 있고, 부채가 죄의 원점이라는 요해와 모순된다.

이런 부채나 호수성의 윤리적인 가치에 관한, 우리의 이런 양의적인 태도는 어떻게 설명되는가. 곧바로 알아차릴 것이다. 이 양의성은 증여에 대한 이율배반과 대응해 있는 것이다. 한편에서 증여는 호수성을 실현하려 하고 있다. 다른 편에서 증여는 호수화되는 걸 회복하려고도 하고 있다. 이 증여의 갈라진 것과 같은 성격과, 정의에 대한 감각의 양의성은 대응해 있다.

부채·호수의 윤리적인 평가의 이러한 양의성을 직접적으로 체현하고 있는 게 (몇 가지) 세계 종교일 것이다. 세계 종교는 호수가 관철되어 있는 상태를 이상으로 삼고, 또한 정의로 간주하고 있다. 그러나 똑같은 세계 종교가, 다른 편에서는 호수성을 비판하고도 있다. 데이비드 그레버는, 세계 종교는 "시장에 대한 호통"이라고조차 말하고 있다. 여기서 "시장"이란 호수적 관계가 일반적으로 성립해 있는 상태를 가리키고 있다(Graeber 2011=2016). 전형적인 두 가지 예에 의해서 이 점을 살펴보자.

예를 들어 불교다. 불교가 전제로 삼고 있는 윤회의 세계는 "인과율"에 지배받고 있다. 이 "인과율"은, 엄밀한 호수성인 것이다. 선업善業은 행복에 의해서, 악업惡業은 고난에 의해 갚게 된다. 하지만 불교는 이 호수적인 법칙이 관철되고 있는 윤회의 세계에 몸을 맡기는 것처럼 설파하는 건 아니다. 거꾸로다. 윤회의 삶의 영역으로부터의 이탈(해탈)이야말로 불교의 지고한 목표다. 따라서 불교는 호혜성을 긍정하고, 동시에 부정하고 있다.

이것보다도 훨씬 극단적인 건 그리스도교다. 성서는 금융 거래의 언어를 다용하고 있다. 그리스도교의 가르침은 호수성을 정의로 삼는 윤리에 입각해 있는 것처럼 보인다. 그 점이 가장 강하게 표현되어 있는 게 그리스도의 책형사磔刑死[십자가에 못 박혀서 죽음]를, 인간을 위한 "속죄redemption"로 삼는 해석이다. "속贖한다redeem"란 원래 빌린 돈의 담보로 잡혀 있는 걸 되찾는 것이고, 요컨대 부채를 모두 청산하는 것이다.

그러나 다른 편에서는 그리스도는 호수적인 관계성을 뛰어넘음도 설파하고 있다. 그는 정의를 위해 호수적인 균형을 회복하지 않으면 안 된다고 하는 상식을 꾸짖었다. 예를 들어 "눈에는 눈을"이라고는 말하지 않고, "가령 누가 너의 오른 뺨을 때리면 왼쪽 뺨도 내밀어라"(마태 복음 5장)라고 가르쳤던 것이다. 가령 이웃 사랑이 "너의 적을 사랑하는 것"이라고 한다면 그건 호수성의 완전 부정이다.

그리스도교에서의 호수성의 부정이 강해지는 건 이와 똑같은 논리가 가장 철저하게 긍정되어 있는 장면에서다. 곧 그리스도의 속죄사의 해석에서다. 방금 이야기했듯이, 속죄는 부채의 완전 변제를 의미하고 있고, 여기서는 호수적 균형의 논리가 있는 힘을 다해서 긍정되고 있는 것처럼 보인다. 하지만 그 부채는, 누구로부터 누구로 변제되는가. 부채를 지고 있는 건 인간이다. 그리고 이걸 반환한 건 그리스도다. 그러면 누구에 대해서 갚았던 것인가. 신에 대해서이지 않으면 안 된다. 하지만 이상하지 않은가. 그리스도야말로 신이기 때문에. 여기서 부채를 청산해서 호수적인 균형을 회복하는 게 죄를 소거했던 셈이라고 하는 논리가 실조하고 탈구축되어 있다. 불교의 경우에는 호수성의 긍정과 부정을, 다른 수준 – 윤회와 해탈 – 로 가름으로써 공존시키고 있었다. 그러나 그리스도교는 똑같은 하나의 일을 둘러싸서 호수성은 긍정되고, 동시에 부정되어 있다.

호수적인 관계성이야말로 정의의 원점이라고 하는 감각에는 무언가 근본적인 혼란이 있다. 어째서, 이런 모순이 생기는가. 도대체 정의란 무엇인가. 경제의 기원을 둘러싼 탐구는, 이런 주제에 대한 도전을 필연적으로 수반하게 된다.

2

화폐론 재고

석화의 섬

　　　　　　　남태평양, 괌과 팔라오를 연결하는 선 위 –
양자의 중간보다 약간 팔라오에 기운 장소 – 에 얍이라는 고도孤島가
있다(현재는 미크로네시아 연방의 얍주가 되어 있다). 1903년, 당시 독
일령이었던 얍 섬에 아메리카의 인류학자 윌리엄 헨리 퍼네스가 체
재했다. 7년 뒤, 퍼네스는 이 섬의 자연이나 섬사람의 생활 양식을 기
록한 책을 출판했다(Furness 1910). 퍼네스가 "하루에 걸어서 돌아올
수 있다"고 쓸 정도로 조그만 섬의 인구는 겨우 수천 명, 그들의 사회
구조나 신화에도 문화인류학자나 사회학자를 자극하는 흥미진진한
것이 많았지만, 퍼네스를 가장 놀라게 한 것은 그들의 경제 시스템이
었다.

　얍 섬의 시장에서 거래되고 있는 상품은 겨우 3종류밖에 없었다.
생선과 코코넛, 그리고 해삼이다. 해삼은 섬 사람들이 유일하게 즐기
는 식품이었다. 미술품이나 공예품과 같은 것도 거의 없었거니와, 유
일한 가축은 돼지이지만 빈번하게 거래되는 대상은 아니었던 것 같
다. 이 정도 상품이 궁핍하다고 한다면, 그리고 음식물이나 의류 등의
필수품은 대체로 주위 나무들로부터 직접 얻을 수 있기 때문에 이 섬
에는 기껏해야 초보적인 물물 교환이 있는 정도일 것이라고 퍼네스
는 예상하고 있었다. 그러나 이 예상은 완전히 벗어난 셈이다.

　얍 섬에는 복잡한 화폐 시스템이 있던 것이다. 이 섬의 경제에는 틀
림없이 화폐가 있었다. "틀림없이"라는 건 문자 그대로의 의미로, 화
폐는 참으로 노골적인 행동 방식으로 드러나 있었다. 그 화폐는 경

화硬貨 이전의 경화라고 할 석화石貨였다. 자연의 돌이 그대로 사용되고 있는 게 아니라 단정하게 깎이고, 일정한 모양을 지닌 돌 화폐다. "페이"라 불리는 그 화폐는 크고 강하고 두꺼운 차바퀴 모양의 돌이다. 곧 초대형 돌의 5엔짜리 동전[五円玉]이라고 생각하면 좋을 것이다. 조그만 것이 직경 1피트(30cm), 큰 것은 직경 12피트(3m 반 이상)도 된다고 한다. 돌의 한가운데 구멍의 크기는 돌의 직경에 의존해 있었다. 왜냐면 그 구멍에는 충분한 강도와 두꺼운 막대기를 삽입하고, 그 돌 화폐를 운반할 수 있다고 상정되어 있었기 때문이다.

이 석화는 얍 섬의 돌로 주조된 건 아니다. 퍼네스가 섬 사람으로부터 전해들은 말에 따르면, 아주 옛날에 돌은 바벨다오브 섬에서 잘라내어 반출해서 얍 섬으로 운반된 것이다. 바벨다오브는 팔라오 군도의 최대 섬이다. 석화의 토대가 되는 돌은 바다에 의해서 대략 500km 떨어진 다른 섬에서 온 셈이다. 석화의 가치는 주로 크기에 의존하고 있지만, 이 밖에 입자의 촘촘함이나 석회암의 흼 등에도 규정받는다.

언뜻 보기에, 이것만큼 화폐로 부적절한 게 없다. 교환에 사용된다고 하는 것이라면 화폐는 보유자 사이를 차례로 이동하지 않으면 안 된다. 그러나 페이라는 무거운 석화는, 이 섬의 다른 어떤 상품보다도 들어나름에 부적합하다. 그래서 퍼네스는 처음엔, 도난 방지를 위해 이렇게 취급하기 곤란한 사물을 화폐로 삼았던 건 아닌가라고 추측했다. 확실히 해삼이 욕심난 자는 페이를 훔칠 정도였다면 직접 해삼을 훔친 것에 다름 아니다. 실제로 페이의 도난 사건은 거의 없었다.

하지만 머지않아 이 추측의 전제 자체가 잘못인 게 분명해진다. 앞서 이야기했듯이, 페이는 한가운데 구멍이 뚫려 있고, 이동하는 게 상정되어 있다. 그럼에도 불구하고 실제로 페이가 하나의 집[家]에서 다른 집으로 물리적으로 운반되는 건 드물었던 것이다. 거래는 빈번하게 이루어지지만, 거래에 의해 생긴 부채는 전형적으로는, 단순하게 – 구매자 쪽이 갖고 있는 부채와의 사이에서 – 상쇄된다. 그런데도 (어딘가에) 부채가 남는 게 보통이지만, 문제는 없었다. 왜냐면 장래에 이루어질 – 곧 예기豫期되어는 있지만 실현되지 않은 – 교환을 포함해서 균형이 계산되어 있었기 때문이다.

당사자들이 미지불분의 결제가 필요하다는 감각을 가질 때도 있지만, 그 경우에조차도 페이 자체가 물리적으로 교환되는 건 통상은 없다. 어떻게 대처하는가. 퍼네스의 서술로 판단하자면, 소유와 점유의 원초적인 구별이 이미 효력을 발휘하고 있다. 곧 석화의 소유자는 반드시 그 석화를 점취하는 것, 곧 석화를 주변에 두는 것에 집착하지 않는다. 거액의 거래가 성립했을 때 페이의 새로운 소유자는 그 페이에 대한 그의 소유권이 거래 상대방으로부터, 그리고 공동체의 동료로부터 승인받는다면 충분하게 만족하고, 그 이상의 것은 찾지 않는다. 퍼네스에 따르면, 교환이 이루어져도 소유자가 변경된 것이 석화에 새겨지는 것도 아니고, 대체로 석화는 원 소유자의 토지에 방치되었던 것이다.

이것으로는 어느 페이가 누구의 소유물인지가 알 수 없게 되고, 혼란되는 건 아닌지라고 걱정한다. 하지만 그건 헛된 일이다. 훨씬 더 놀라워야 할 게 성립하고 있는 것이다. 퍼네스의 인포먼트는 다음과 같은 걸 말하고 있다. 마을 가까이에 사는 가족은 이론의 여지없는 막대한 부를 갖고 있지만, 마을 속의 누구 한 사람으로서 – 실은 해당

가족 자신조차도 – 그 부를 실제로 자신의 눈으로 확인한다든지, 손으로 만진다든지 하는 건 아니었다. 무슨 말인가. 그 부란 구체적으로는 법외적인 크기를 가진 페이다. 그렇다면 간단히 보여야 하는 건 아닌가. 하지만 그 커다람은, 그저 전승에 의해서만 알려져 있을 뿐이라고 한다. 왜냐면 그 페이는 2~3세기 전부터 쭉, 해저에 가라앉은 채로이기 때문이다.

수십 년도 전의 먼 옛날 – 당시 마을 사람들이 살기도 훨씬 전이라는 셈이다 – 바벨다오브 섬에서부터의 수송 도중에, 이 페이를 태운 배가 풍랑으로 난파되었다.……라는 게 있고, 섬 사람은 모두 그 이야기를 알고 있다. 그리고 그들은 이렇게 말한다. 우연한 사고로 페이가 가라앉아버렸던 것에 대해 이런저런 문구文句를 말해도 소용이 없다고. 때마침 해저에 놓여 있다는 건 페이의 시장 가격을 조금도 훼손하지 못한다. "석화의 구매력은 그대로 유지되어 있고, 마치 소유자의 집 벽에 확실히 밖에서 보이는 것처럼 세워져 있는 것과 같은 가치를 가지고 있다"(Furness 1910: 97).

얍 섬의 경제에 대한 퍼네스의 이상과 같은 보고는 출판한지 5년이 지났을 때 젊은 케인스의 눈에 띈다. 케인스가 보기에는, 통화通貨에 대한 얍 섬사람의 관념은 다른 어떤 나라의 그것보다도 진짜 철학적이다(Keynes 1915). 최근에는 자산 운용 회사의 이코노미스트인 펠릭스 마틴이 베스트셀러가 된 독자적인 화폐사『화폐 – 비공인의 전기』(일본어판은『21세기의 화폐론』)의 앞부분에서, 이 사례를 인용하고 있다(Martin 2013=2014).

우리는 앞 장에서, 탐구의 목표로서 두 가지 물음을 제기했다. 그

가운데 하나는, 증여가 지배적인 교환 양식에서부터 상품 교환이 지배적인 교환 양식으로의 전환은 어떻게 해서 – 어떠한 논리에 매개되어서 – 생기는가라는 것이었다. 상품 교환은 화폐에 의해서 가능해진다. 그렇다고 한다면 이 물음 – 증여 교환으로부터 상품 교환으로의 전환을 둘러싼 물음 – 은 화폐의 (역사적으로가 아니라 논리적인 의미에서의) 기원에 대한 물음이기도 하다. 화폐는 어떻게 해서 가능해졌는가. 방금, 퍼네스의 보고에 의해서 알려진 얍 섬의 화폐 경제를 조금 자세히 소개했던 건 여기에 화폐의 원초적인 모습이 나타나고 있다고 생각되기 때문이다.

전쟁과 같은
물물 교환

경제학에 따르면, 화폐의 기능은 세 가지다. 첫째로 교환 매체, 둘째로 계산 단위, 그리고 셋째로 가치의 축적. 세 가지 가운데서 가장 중요한 건 첫 번째 기능이다. 다른 두 기능은 그 첫 번째 기능을 전제로 해서 비로소 성립한다. 그와 같은 기능을 가진 화폐는 어떻게 해서 생겨났는가. 경제학의 통설은 – 이라기보다 일반적인 상식은 – 물물 교환으로부터라는 것이다. 물물 교환에 수반하는 곤란, 욕구의 이중의 일치가 드물게밖에 실현되지 않는다는 문제를 극복하기 위해 화폐가 생겨났던 것이라고. 이 통설=상식이 성립하지 않는다는 건 이미 제1장에서 암시해두었지만, 여기서 말끔하게 확인해보자.

이미 방금 살펴본 얍 섬의 경제 시스템이 물물 교환으로부터의 화폐의 탄생이라는 설을 배척하기에 충분한 실례가 되고 있다. 통설에 따르면, 화폐는 물물 교환을 성립시키기 위한 보조적인 수단이다. 그렇다고 한다면 상품의 종류가 적고, 욕구의 이중의 일치가 높은 개연성으로 성립하는 것과 같은 상황이라면 화폐 없는 물물 교환이 이루어지지 않으면 안 된다. 주요한 상품이 3가지밖에 없는 얍 섬이야말로 바로 그와 같은 케이스가 아니면 안 될 것이다. 그렇지만 이미 얍 섬의 경제는 화폐를 갖고 있다. 이 화폐는, 물물 교환의 불편함에 대처하는 장치일 수는 없다. 통설=상식이 상정하고 있는 "불편함" 따위는 얍 섬의 경제에는 없었기 때문이다. 통설=상식을 실증하기 위해서는 순수한 물물 교환에 의해서 구성되어 있는 경제를 찾아내지 않으면 안 된다. 하지만 데이비드 그레버는 이렇게 말하고 있다. "몇 세기에 걸쳐서 연구자들은 이 물물 교환의 동화 나라를 발견하려고 노력해왔으나 어느 누구도 성공하지 못했다"(Graeber 2011=2016: 45).

엄밀하게 말하자면, 물물 교환 같은 게 전혀 존재하지 않는 건 아니다. 그 물물 교환마저도 통설=상식이 상정하고 있는 것과는 전혀 다른 양상을 드러내고 있다. 곧 그 물물 교환에는 "교환 매체"로서의 화폐를 만들어내는 포텐셜이 깃들지는 않는다. 얍 섬의 예와는 대조적인 케이스도 살펴보자. 얍 섬은 직접적인 물물 교환이 충분하게 가능했는데, 이미 화폐에 의해서 교환이 이루어져버리고 있었지만 다음 사례는 거꾸로다. 곧 외견상 물물 교환으로 보이는 게 실행되고는 있지만 경제학자가 상정하고 있는 것과 같은 의미에서의, 화폐로의 비약을 예감시키는 요인이 조금도 나타나지 않는 것이다.

그건, 레비-스트로스가 전하는 남미(브라질) 남비쿠와라족의 경우다(Lévi-Strauss 1943, Greaber 2011=2016: 46-8). 남비쿠와라족은 수렵 채집민으로, 아주 간단한 사회를 꾸리고 있었다. 곧 그들의 공동체에는 성별에 근거한 분업을 별개로 한다면, 분업적인 건 일체 보이지 않는다. 그들은 대략 백 명 정도의 – 거의 던바Robin Dunbar의 수數(뇌의 크기로부터 추정된 집단의 규모)에 가까운 인원수의 – 밴드를 조직해서 유동하고 있다. 물물 교환을 연상시키는 교역이 집행되는 건 어떤 밴드가 자신들의 아주 가까이에 다른 밴드의 모닥불을 발견한 경우다.

밴드는 상대방 밴드에게, 먼저 특사를 보낸다. 교역을 목적으로 한 회합을 개최하고 싶다는 의향을 전하기 위해서다. 제안이 받아들여지면 밴드는 여자·자식을 숲 속에 숨긴 다음에, 상대방 밴드를 야영지에 초대한다. 각각의 밴드 수장이 의식儀式적인 연설을 한다. 연설 내용은 상대방 밴드를 칭찬하고 자신들의 밴드를 비하하는 것이다. 이 연설의 교환은, 그 뒤의 실질적인 교환과 관련되는 서로의 언쟁의 복선인 셈이다. 어떤 개인이 상대방 밴드의 누군가가 갖고 있는 사물을 욕심낸다고 한다면 그는 그게 얼마나 좋은지를 잇따라 지껄여대서 칭찬한다. 거꾸로 어떤 사내가 자신이 가진 물품을 소중히 하고 있어서 그걸 줄 때는 고가의 사물을 얻고 싶다고 했을 때는, 예를 들어 상대방이 자신이 갖고 있는 도끼를 원하고 있을 때는 결국 자신의 물품의 가치를 과장해서는 안 되고, 거꾸로 그게 정말 시시한 것으로 – 예를 들어 도끼의 날카로움이 아주 나쁘다는 등등으로 말해서 – 그렇기 때문에 도무지 다른 사람에게 줄 수 없고, 자신을 그걸 소유해두고 싶다고 주장한다. 또한 교역에 앞서서, 양쪽의 밴드는 무기를 내리고서 함께 노래하고 춤춘다 – 다만 그 춤 자체가 전쟁을 의태하고 있는 것이라고 한다.

노림을 정한 상대방의 물품을 치하하고, 상대가 원하고 있는 자신의 물품을 비하한다는 언쟁은 분노로 가득찬 설전과 같은 기세로 계속된다. 그리고 어떤 순간에 합의에 도달하지만, 합의가 어떤지의 확인은 당사자에게조차도 어렵다. 왜냐면 그 합의는, 도리어 결렬의 외관을 띠고 있기 때문이다. 즉 합의에 도달하자 각각의 쪽은 상대방의 손에 있는 물품을 낚아채게 되어 있는 것이다. 어느 쪽이나 결코 자신의 물품을 상대방에게 건내주지는 않는다. 그 때문에, 때로 "합의"의 확인함을 틀린 것처럼 한다. 너무나 재빨리 상대방의 물품을 빼앗아버리고, 설전이 진짜 싸움으로 바뀌기도 한다고 레비-스트로스는 기록하고 있다.

이 거래 전체는 두 개의 밴드가 함께 대연회로 묶는다. 이때 숨어 있던 여자들이 나온다. 그러나 여기서 안심해서는 안 된다. 여자를 둘러싼 항쟁이 발발하는 일이 있기 때문이다. 때로 사람이 살해당하기조차 한다고 한다.

이상이 남비쿠와라족의 거래 모습이다. 이건 "욕망의 이중의 일치"를 가져오는 것과 같은 화폐를 쓴 상품 교환으로의 발전의 단서로 간주할 수 있을까. 할 수 없다. 다음 두 가지 이유에서다. 첫째로, 이건 좋은 자들의 우발적인 1회적인 만남을 베이스로 한 교환이어서 반복성이나 계속성으로의 의지가 전혀 보이지 않는다. 다수의 물물 교환

속에서 화폐가 생길 것이라는 설명은 친밀한 자들 사이에서, 오랫동안 몇 차례나 거듭하고 계속적으로 교환이 이루어진다는 걸 전제로 하고 있다. 그러나 이건 화폐의 묘상苗床이 되는 것과 같은 물물 교환에는 있을 수 없다.

둘째로, 이 물물 교환은 (화폐를 쓴) 상품 교환보다도 압도적으로, 보다 원초적인 교환 양식인 호수적인 증여, 곧 증여 교환 쪽을 향하고 있다. 레비-스트로스에 의한 서술로부터 명백한 건 남비쿠와라족의 이 물물 교환은 비명시적으로 합의된 쟁탈이다(명시적으로 합의되어버리면 빼앗는 게 되지 않아서). 빼앗는 것과 주는 것, 혹은 쟁탈하는 것과 서로 주는 건 정반대의 일처럼 보이지만, 도리어 표리일체의 것, 거의 똑같은 것이다. 주는 경우나 빼앗는 경우나 가치 있는 물건이 일방적으로 이동하는 바에 우선은 본질이 있다. 호수화된 경우에도 그건 각각에 독립한 일방적인 이동의 합산으로 간주되지 않으면 안 된다(제1장 제4절 참조). 아낌없이 주는 건 아낌없이 빼앗는 것이기도 하다. 똑같은 물건의 이동을, 시점에서 보자면 "주는 것"이고, 종점에서 파악한다면 "빼앗는 것"이 된다. 서로 빼앗는 것과 같은 모습을 드러내는 남비쿠와라족의 이 교역은 증여 교환을 띠고 있고, 여기서는 상품 교환으로의 형식으로 향하는 요소는 보이지 않는다.

주는 것과 빼앗는 것 사이의 표리일체성은 협력하는 것과 전쟁하는 것 사이에 아주 가까운 관계가 있다는 것도 암시하고 있다. 방금 소개한 남비쿠와라족의 교역은 전체로서 전쟁을 의태하고 있고, 실제로 전쟁이 되어버리기도 한다. 주는 물건이 받는 자에게 있어서 플러스의 가치를 갖고 있다면 (본래의) 증여이지만, 마이너스의 가치를 갖고 있다면 전쟁이 된다. 남비쿠와라족의 예에서는, 따라서 축제적이고 우호적인 무드에 쌓여 있어도 두 밴드는 본래적으로는 오히려 적들이다. 그렇다고 한다면 이로부터 화폐가 직접적으로 생겨났다고 설명할 수는 없다. 상품 교환은 양 진영이 처음부터 협력적인 파트너인 걸 전제로 하고 있기 때문이다.

화폐의 토톨로지

물물 교환으로부터 화폐가 생겨났다는 걸 뒷받침하는 경험적인 증거는 없다. 이 명제는 실증적인 근거를 결여한 것일 뿐만이 아니다. 그것 이전에, 화폐의 발생에 대한 이 통설=상식은 논리적으로도 맞아떨어지지 않는다. 욕구의 이중의 일치가 반드시 성립하지 않는다는 불편함에 대처하는 것으로서 화폐가 생겨났다고 한다면 화폐는 누구나에도 필요한 상품, 임의의 사람의 욕망의 대상이 되는 것과 같은 상품인 게 바람직하다. 가령 그와 같은 상품이 없다고 한다면 적어도 가장 많은 사람이 찾고 있는 물건, 일상적인 필수품에 가까운 물건이야말로 화폐로서 선발될 개연성이 가장 높다고 하는 셈이다.

그렇다고 한다면 곧바로 다음과 같은 걸 물어야 할 것이다. 그렇다면 그 가장 널리 필요하다고 여겨지고 있는 물건을 살 때는 어떻게 하면 좋을까. 무엇으로 지불하면 좋은가. 예를 들어 그게 꽁치였다고 해서 꽁치를 살 때 꽁치로 지불할까.

이에 대해서는 다음과 같은 반론이 있을 수 있을 것이다. 누구나 바라는 그 물건은 누구나 저장하고, 이미 갖고 있는 것이라고. 그러나 "무덤을 판다"란 바로 이와 같은 반론을 위해 있는 표현이다. 이미 충분한 양만큼 주변에 있다고 한다면 역시 더 이상은 바라지 않는 건 아닌지. 그렇다면 어째서 "그것"을 (화폐로서) 받는가. 원래 가장 널리 욕망되고 있는 대상이 화폐가 된다는 전제가, 여기서 부정되어버리고 있는 것이다. 그 때문에 거듭 이야기하자면, 물물 교환으로부터 화폐가 발생하는 건 아니다.

이런 모순을 피하기 위해서는, 우선 이렇게 생각하지 않으면 안 된다. 화폐는, 즉 지불 수단으로서 사용되는 물건은 (그 물건으로서의 성질을 이유로 삼는) 욕망의 대상이어서는 안 된다고. 화폐가 욕망된다고 한다면 그건 지불 수단으로서 사용 가능하기 때문이고, 그것 이외의 이유가 있어서는 안 된다. 원래 다른 이유에 의해서 욕망되어 있던 게 어느새인가 화폐로 전환되지는 못한다. 그렇다고 한다면 의문은 이렇다. 화폐가 누군가에게 있어서나 본래는 욕망의 대상은 아니라고 한다면 어째서 그게 지불에 사용되는가. 곧 상품의 소유자는 어째서 그걸 받아들이고, 바로 지불이 실현되는가. 어째서 사람들은 지불을 받고, 화폐를 ─ 본래의 욕망의 대상이지는 않은 그 물건을 ─ 수용하고, 귀중한 상품을 풀어주는가.

화폐를 소유하는 자를 A_0로 하고, 상품이 되는 재화를 소유한 타자를 A_1로 해보자. 논리적인 의문은 이렇다. A_0가 화폐로 지불하려고 해도 ─ 이 A_0에 의한 지불 행위를 p_0로 표기한다 ─ A_1이 재화와 바꾸어 화폐를 받아들인다고는 할 수 없지 않은가. 어째서 A_1은 A_0로부터 제공된 화폐를 받아들이고, 지불 p_0가 실현되는가. 그 이유는 하나밖에 있을 수 없다. A_1이 그 또는 그녀에게 있어서의 한층 더의 타자 $A_2 - A_1$이 필요로 하는 재화를 소유한 타자 $A_2 -$ 로의 장래의 지불 p_1에, 그 화폐가 사용될 수 있다면 그것뿐이다. 지불 p_0를 가능하게 하고 있는 건 장래의 지불 p_1이 가능하다는 사실 이외에는 있을 수 없다. 좀 더 자세하게 바꿔 말하자면, A_1이 지불 p_0를 받아들인 건 후속하는 타자 A_2에 대한 자신의 장래의 지불 p_1이 가능하다는 걸, A_1이 확신하고 있기 때문이다.

지불을 수반하는 상품 교환은 물물 교환과는 달리, 교환 당사자 사이의 관계는 비대칭적이다. A_0는, 가령 상품 교환 p_0가 실현된다면 욕망하고 있던 대상에 도달한다. 이 교환이 실현되는지 여부는 A_1이 화폐를 받아들이는지 여부와 관련되어 있다. A_1는, 자신이 소유한 귀중한 재화를 방기하고서 본래의 욕망의 대상이지는 않은 화폐를 받지 않으면 안 된다. 물물 교환에서는 완수와 더불어, 양 당사자는 함께 욕망의 대상을 손에 넣는다. 그러나 화폐를 사용한 상품 교환에서는 그렇지 않다. A_1은 A_0와 달리, 적극적으로 자신을 위험한 입장에 — 아직 욕망을 충족할 수 있는 대상에 도달하지 못하는 입장에 — 몰아넣은 자다. A_0가 필요로 하고 있는 물건을 획득할 수 있는지는 A_1의 결정에 의존해 있다. 그런 의미에서 A_0는 A_1에 대해서 종속적이다.

그런데 방금 지불 p_0는 그것보다도 한 스텝 뒤의 장래의 지불 p_1이 가능하다는 것에 의해서 실현 가능하다고 이야기했다. 이것만으로 논리가 완결되지 않는다는 건 명백할 것이다. 지불 p_1에 관해서도, p_0와 똑같은 게 요구되기 때문이다. 즉 지불 p_1도 또한, 게다가 후속 지불 p_2가 가능하다는 것(에 대한 A_2의 신뢰)을 조건으로 해서 실현될 수 있기 때문이다. 물론 똑같은 일은 반복적으로, 뒤의 지불 p_3, p_4……에 적용된다. 일반적으로 다음과 같이 말할 수 있다. 임의의 지불 p_n은 후속 지불 p_{n+1}이 가능하다는 것에 대한 A_{n+1}의 신뢰에 의해서 가능해지고 있다고.

$$A_0 \longrightarrow A_1 \longrightarrow A_2 \longrightarrow A_3 \longrightarrow \cdots\cdots \quad (\longrightarrow \text{는 화폐의 흐름})$$
$$\quad\ p_0 \qquad\quad p_1 \qquad\quad p_2 \qquad\quad p_3$$

따라서, 결국 최초의 지불 p_0가 가능하기 위해서는, 그것에 무한회의 장래의 지불 사슬이 접속되지 않으면 안 된다 – (좀 더 신중하게 바꿔 말하자면) 그와 무한회의 지불 사슬이 실현된다고 믿게 되지 않으면 안 된다 – 라는 셈이다. 이 지불 사슬은 유한해서는 안 된다 – 곧 종말이 있어서는 안 된다. 가령 p_n이 최후의 지불이어서 이에 후속하는 지불이 있을 수 없다고 한다면 어떻게 될까. 이야기한 것과 같은 이유에서, 이 지불 p_n은 실현되지 않는다. 그렇다면 그 1회 전의 지불 p_{n-1}이 최후의 지불이 될 것이다. 그러나 이것도 똑같은 논리로 실현되지 않는다. 이하동문으로 해서, 최초의 지불 p_0도 실현되지 않을 것이다. 따라서 지불의 사슬에 종말이 있다고 한다면 일체의 지불이, 곧 화폐가 불가능해진다. 임의의 지불에 대해서, 역시 후속 지불이 있다고 믿지 않으면 안 되는 것이다.

여기서 이야기해온 건 이와이 카츠토岩井克人가 "화폐의 자기 순환 논법"이라고 부르고 있는 논리와 똑같다. 이와이에 따르면, 화폐는 곧

바로 화폐로서 사용되기 때문에 화폐다(岩井 1993). 이 명제는, 지불은 후속 지불이 실현되기 때문에 성립할 수 있다는 여기서의 언명과 똑같은 걸 의미하고 있다.

게다가 이렇게 덧붙일 수 있다. 화폐의 존재 조건은 자연수의 무한성과 유비적이라고. 자연수의 무한은 임의의 자연수 n에 대해서 후속 n+1이 존재하고 있다는 점에 의해서 정의된다. 어떤 자연수 n도, 말하자면 다음 n+1을 시사하고 있고, 결코 완결되지 않는다. 마찬가지로 화폐에 의한 임의의 지불 p_n은 다음 지불 p_{n+1}의 존재를 선취적으로 전제로 하고 있다.

그래서 이상과 같은 논리에 의해서 화폐의 생성은 설명되는 것일까. 물물 교환으로부터의 화폐의 탄생이라는 상식에 대신하는 설명은 주어졌는가. 아니다, 이다. 다만 어디에 물음의 핵심이 있는지, 어디를 풀면 문제가 해소되는지가 정확하게 특정된다. 이야기했듯이, 화폐가 유통되기 위해서는 누구나 자신에 대해 지불된 화폐를 더욱 받아들여가는 타자들의 무한한 사슬이 존재하고 있다는 걸 신뢰하지 않으면 안 된다. 설령 구체적으로 그처럼 의식한다든지, 자각하는 게 없다고 하더라도 화폐를 사용해서 지불한다는 그 행동이 이런 신뢰를 함의하고 전제하고 있다. 그러나 물론 그와 같은 타자의 무한한 나열은 환상 속에밖에 존재하지 않는다. 그렇다고 한다면 끝나지 않고서 장래로 이어지고, 타자들의 이런 무한 사슬의 존재에 대한 확신은 어떻게 해서 성립하는가. 이 물음에 답하게 되면 화폐의 생성을 설명한 셈이다.

희소성의 패러독스

　　　　　　　이 물음과 직접 대결하기 전에, 원점으로
되돌아가보자. 경제라는 것의 본래적인 기능과의 관계에서 화폐의
필요성을 확인해두고 싶은 것이다. 우리는 앞 장의 앞부분에서, 경제
를 "교환 양식"에 의해 정의했다. 상품 교환은 교환 양식의 한 유형이
다. 하지만 어째서 교환이 이루어지지 않으면 안 되는 것인가. 이 점
을, 우선 기능주의적으로 이해해보자.

　경제 시스템이 대처하려 하고 있는 근본적인 문제는 "희소성"이다
(Sartre 1960=1962, 1965, 1973). 필요한 물건이 부족할지도 모른다
는 인식이 경제 시스템을 이끌고 있다. 이처럼 설명한다면 경제 시스
템을 구동시키고 있는 건 동물적인 욕구라고 생각할지 모르겠다.
그러나 그렇지 않다. 고유한 의미에서의 희소성은 인간에게밖에 존
재하지 않는다. 그건 이상하다고 반론하게 될 게 틀림없다. 예를 들어
동물의 개체는 동종의 타 개체나 타종의 동물과 먹이나 배우 개체를
둘러싸고서 끊임없이 다투지 않는가, 그건 먹이나 배우자가 상대적
으로 희소하기 때문이지 않은가라고. 하지만 여기서 말하는 희소성
은 객관적으로 보아서, 필요한 물건이 부족하다는 의미가 아니다. 희
소성은 당사자에게 있어서, 곧 시스템 그 자체에 의해서 인식되고 관
찰되지 않으면 안 된다. 이때 가장 중요한 포인트는, 희소성은 장래의
앞선 우려와 상관해 있다는 점이다.

　물건이 희소하다는 인식은, 자신의 장래의 욕구 충족이 타자에 의
해서 저지당할지도 모른다는 우려를 함축하고 있다. 타자가 현재 있

는 물건을 빼앗는다는 사실이 자신의 장래 욕망 충족에 필요한 물건을 부족하게 만들지 모른다고 하는 불안이야말로 희소성의 인식의 요체다. 경제 시스템은 장래의 안정에 대한 걱정을, 현재의 분배를 통해서 해소하려 한다. 이 분배를 실현하는 게 갖가지 양식의 교환이다. 이게 기본적인 구도이지만, 좀 더 자세히 사태를 해석해보자.

니클라스 루만에 따르면, 희소성은 자기 언급의 형식을 띠고 있다(Luhmann 1988=1991). 그 때문에 여기에는 거짓말쟁이 패러독스 ─ "나는 거짓말을 하고 있다", "이 문장은 거짓이다." ─ 와 똑같은 타입의 모순이 숨겨져 있다. 이 점은, 희소성에 대한 가장 원초적인 대응이 "점취占取"인 걸 생각한다면 이해 가능하다. 어떤 물건의 희소성의 인식으로부터, 그 물건의 어떤 양을 누군가가 점취했다고 한다. 이 점이 (다른 누군가가) 그 똑같은 물건을 점취할 가능성을 제한하는 것에 연결된다. 누군가가 많은 걸 점취해버린다면 다른 자가 그걸 점취하는 건 곤란해진다. 이 점취의 제한은, 그러나 점취를 거꾸로 동기지우고 유발할 것이다. 곧 어떤 물건이 누군가에게 점취되어버리고, 더 한층 희소해지고 있다는 인식은 남겨진 물건을 점취하자, 혹은 이미 점취되어 있는 물건을 빼앗아서라도 점취하자는 걸 동기지울 것이다. 이 논리를 정리하자면

점취 → 점취의 부정(점취 가능성의 제한) → 점취 → ……

라는, 자기 부정적인 순환이 생기고 있는 걸 알 수 있다.

이와 똑같은 타입의 순환이 "이 명제는 거짓이다"라는, 자기 언급

적 명제에서도 생긴다. 이 명제를 "참"이라고 가정한다면 바로 이 명제에서 말하고 있는 건 올바른 것이기 때문에 이 명제는 "거짓"이라고 결론내릴 수밖에 없다. 이 명제가 거짓이라는 건, 그러나 바로 그 명제에 서술되어 있는 게 타당해서 "참"인 걸 의미한다. 이리하여 명제의 "참/거짓"을 결정할 수 없게 된다.

우리는 어떤 물건의 어떤 양을 점취하는 걸 고집할 때, 예를 들어 토지를 점취하려 할 때 그 이유에 대해 다음과 같이 답할 것이다. 그 물건의 점취 가능성에는 한계가 있기 때문이라고. 토지는 협소하여 얼마든지 점취할 수 있는 게 아니기 때문이라고. 그러나 점취 가능성의 한계를 만들고 있는 건 다름 아닌 그 점취라는 행위다. 토지가 충분하게 남아 있지 않다고 보이는 건 사람들이 각각 토지를 점취하고서 "나의 영지"라고 주장하기 때문이다. 점취는, 이처럼 자기 자신의 가능성을 줄인다. 그리고 동시에, 점점 사람들을 점취로 몰아세운다, 조그만 토지의 점취를 둘러싼 다툼이 격화되는 것이다.

여기서 경험적인 현상에 대한 구체적인 이미지를 군이 괄호에 넣어서 개념 사이의 관계만을 순수하게 논리적으로만 생각해보자. 한편에서 "점취"는 사회 시스템이 직면하고 있는 희소성이라는 문제에 대한 대항 수단이고, 이것에 의해서 희소성은 완화된다(점취에 의한 희소성의 완화). 그러나 다른 편에서, 방금 이야기했듯이 점취라는 행위에 의해서 정작 희소성은 문제로서 드러나는 것이고, 점취는 희소성을 심각화시킨다(점취에 의한 희소성의 증대). 정리하자면, 똑같은 "점취"라는 행위에 의해서 희소성의 증대(심각화)와 감소(완화)가 동시에 일어나고 있다. 이건 논리적으로는 모순이다. 이 모순은 어떻게 해서 해결되고 있는가. 그건, 루만이 지적하고 있듯이 다음과 같은 갈라짐[分岐]을 시스템에게 줌으로써 해소된다. 희소성은 물건을 점취하는 자에게 있어서는 상대적으로 감소하고, 그것 이외의 타자에게 있어서는 증대한다. 곧 점취에 의한 성과를 직접적으로 시스템 전체에 귀속하지 않고서 "갖다/갖지 못하다"의 차이를 설정하듯이 불균형하게 귀속시킴으로써 희소성의 패러독스는 은폐되는 것이다. 우리는 보통, 처음부터 이 패러독스를 해소되어 있는 상태를 이미지로 삼아버림으로써 이 패러독스의 존재 자체를 알아채지 못하지만, 누군가가 점취하고 누군가가 점취로부터 배제되어 있는 상태는 사회 시스템의 원점에 있던 패러독스에 대한 이차적인 대응이다.

희소성의 패러독스는 어떻게 해소되는가. 경제 시스템은 이 해결법을 진화시키고 세련시켜간다. 이게 루만의 기본적인 착상이다. 루만의 이론을 달음박질로 팔로우해보자.

소유, 그리고 교환

점취의 분기分岐(갖다/갖지 못하다)를 이용한 패러독스의 해결은 원시적이고 불안정한 것이다. 분기는 우연적으로 생긴다. 전형적으로는 폭력에 근거한 다툼의 결과로서 생긴다. 전쟁이나 싸움에서 이긴 자가 "가진" 쪽이 되고, 진 자가 "갖지 못한" 쪽이 되는 것이다. 여기서 남비쿠와라족의 물물 교환이 전쟁을 의태하고 있던 걸 상기하는 게 유익할 것이다.

아무튼 이처럼 해서 설정된 분기는 불안정한 것이다. 여기서 희소성이라는 문제가, 본래 시간성의 차원과 관련되어 있던 걸 새삼스레 확인해둘 필요가 있다. 장래에 어떻게 될지 알지 못한다고 하는 상황에 대항해서, 미래에 대한 확실성을 가져오지 못하고서는 그 지위는 고정되지 않는다. "갖다/갖지 못하다"의 구별이 일단 설정되었다고 해도 뒤의 행위 속에서 승인되는 것도, 승인되는 것도 아닌 새로운 폭력에 의해 점취한 물건을 빼앗길지도 모른다. "갖다/갖지 못하다"의 분기는 새로운 다른 폭력에 의해 파기당할 수 있다. 이처럼 점취가 불러일으킨 분기에는 장래를 보증하는 것과 같은 반복 가능성은 없다.

그 때문에 점취에 근거한 분기는 머지않아 "소유"에 의한 코드화에 의해서 대체된다. 루만은 이렇게 논한다. "코드"란 "이건지 저건지"라는 구별이 사회적으로 승인된 (광의의) 제도가 되어 있는 상태다. "소유/비소유"의 구별은 코드다. "소유/비소유"의 구별과 점취의 레벨에서의 "갖다/갖지 못하다"는 어떻게 다른가. 전자에는 반복 가능성이 있다. 곧 일단 설정된 "소유/비소유"는 고정되고, 사회적으로 승인된 수단에 의하지 않는 한은 변경되지 않는다. 소유자는 고유 대상이 되고 있는 물건을, 끊임없는 폭력에 의해 지킬 필요가 없다. "소유/비소유"의 구별은 고정적이고 반복 가능성이 있는 것이어서 예기豫期 형성의 기초가 될 수 있다. 곧 이 구별이 우연적인 방식으로 파기되어버린다고 하는 걸 걱정하지 않고서 장래에 대해 예기하는 게 가능해진다.

하지만 "소유/비소유"라는 차이에 의한 관계의 코드화가 자명하게 실현될 수 있다고 생각해서는 안 된다. 어떤 자가, 어떤 물건의 일정량을 소유한다는 건, 다른 모든 자가 그 똑같은 물건의 소유로부터 배제된다는 것이다. "소유"라는 코드가 기능하기 위해서는 압도적으로 많은 자에게, 소유로부터의 배제를 감수하도록 만들지 않으면 안 된다. 바꿔 말하자면, "소유"는 동시에, 소유로부터의 배제도 동기지울 수 없는 한, 안정된 코드가 될 수 없다. 비소유자는 곧바로 그 비소유자라는 것에 의해서, 경제 시스템에 포섭되지 않으면 안 되는 것이다. 그 포섭을 위한 틀이 필요하다.

비소유자를 단적으로 "희소성의 증대(첨예화)"에 맡겨버린다면 비소유자를 경제 시스템에 포섭하는 건 불가능하다. 비소유자에게도 희소성을 극복하기 위한 길을 남겨두지 않으면 안 된다. 그건 물리적인 폭력에 의하지 않고서 "소유/비소유"의 경계를 횡단하는 수단이 아니면 안 된다. 소유로부터 비소유로의, 혹은 비소유로부터 소유로의 횡단의 수법, 이것이야말로 갖가지 양식의 "교환"이다. 경제가 무언가의 교환 양식을 중심으로 한 시스템이 될 필연성은 여기에 있다. 화폐를 사용한 등가 교환(상품 교환)은 이리하여 요청된 교환의 한 형태다.

*

화폐가 충분하게 침투한 사회에서는, 곧 화폐에 의한 상품 교환이 다른 교환 양식에 기생하고 있는 게 아니라 교환 양식의 압도적인 주류로까지 되어 있는 사회에서는 "희소성"이라는 것 자체에, 어떤 혁신이 초래된다. 희소성이 이중화하는 것이다. 루만의 가장 중요한 착안도 여기에 있다. 한편에는 재화나 서비스로서 나타나는 상품의 희소성이 있다. 다른 편에는 화폐의 희소성이 설정된다. 전자는 이전부터 있는 희소성, 물건에 대한 자연스런 희소성이다. 그러나 후자는 순수하게 인위적인 것이다.

희소성이 이처럼 이중화하는 것이라고 한다면 이 점으로부터도 화폐는 물물 교환을 용이하게 하는 도구로서 생겨났다고 하는 가설은 부정된다. 물물 교환을 위한 통로에 불과하다고 한다면 물재物財 그 자체에 대한 희소성과는 독립한 화폐의 희소성은 생겨나지 않기 때문이다. 화폐의 희소성은 앞서 제기한 의문, 즉 지불의 사슬은 어째서 무한하게 계속되는(것과 같은 환상이 생기는)지라는 의문에 답하기 위한 전제가 된다. 가령 화폐가 희소하지 않고서 얼마라도 있다고 한다면 사람들은 화폐를 지불할지 지불하지 않을지라는 수수께끼는 무의미해질 것이다. 도대체 화폐가 넘쳐나고 있다면 화폐를 받아들이는 게 전혀 무의미해진다. 지불의 사슬이 기능하는 건 화폐가 희소한 것으로서 설정되어 있을 때에 한한다. 화폐의 희소성이 성립하고 있을 때는 희소성을 둘러싼 패러독스는 사는 쪽의 지불 능력의 감소와 파는 쪽의 지불 능력의 증대의 양립과 분기라는 형식으로 처리되어 있다.

부채로서의 화폐

그래서 본래의 의문으로 되돌아가자. 화폐의 기원이 물물 교환이 아니라고 한다면, 곧 화폐가 물물 교환을 촉진하기 위한 보조적인 도구로서 도입된 게 아니라면 화폐는 어떻게 해서 생겨났는가. 도대체 화폐의 본질은 어디에 있는가.

제3절에서 이야기했듯이, 화폐에 대한 욕망에는 이율배반이 있다. 화폐는, 이 이율배반을 설명할 수 있는 대상이지 않으면 안 된다. 이 점을 수미일관한 설명 속에 모은 화폐의 이론은 있는 것일까. 있다. 미첼 이네스가 그 주창자인 것과 같은 화폐 신용론이 그것이다. 이네스는 20세기 초반에 두 편의 논문에 의해서 이 이론을 발표했다(Innes 1913, 1914). 오랫동안 그건 잊혀졌지만, 근년에 데이비드 그레버가 새삼스럽게 찾아내서 그 의의를 강조하고 있다.

화폐 신용론은 화폐의 본질을 다음과 같이 확정한다. 즉 화폐란 차용증서 – 일반적으로 유통된 차용증서라고. 보통은 은행권은 일정한 금액의 실질 화폐(금이든 은)에 의한 지불 약속이라고 생각되고 있다. 이것과, 화폐 신용론이 말하는 화폐는 어떻게 다른가. 화폐 신용론의 관점에서 보자면, 은행권은 거기에 표시되어 있는 금이나 은의 양과 등가인 "무언가"를 지불한다는 약속이다. 화폐는 격상된 상품이 아니라, 일종의 계산 수단이다. 무엇을 측정하고 있는가 하면, 그건 부채라는 게 화폐 신용론자의 주장이다.

단순화하자면, 화폐는 다음과 같이 발생한다는 셈이다. A_1이 A_0에게 무언가 가치 있는 걸, 예를 들어 새로운 윗도리를 증여한다고 해보자. 그러나 A_0의 주변에는 지금, 답례해야 할 좋은 물건이 아무것도 없다. 그러나 A_0는 A_1으로부터의 호의를 받고서 어쨌든 돌려주려고 갖고 있던 윗도리와 등가의 걸 되돌려 증여한다는 약속을 하고서 그 약속을 기록한 차용증서 m을 A_1에게 건넨다. 머지않아 A_0가 잘 잘리는 도끼를 손에 넣었을 때 A_1이 차용증서 m에 의해서 그 도끼를 입수하고, A_0가 차용 증서 m을 파기해버린다면 여기서 스토리는 완결되어서 화폐는 생기지 않는다. 그러나 A_1이 자신이 부채가 있는 제3자 A_2에게 그 차용증서 m을 건넨다고 해보자. 그리고 A_2가 차용증서 m을 받아들였다고 해보자. 게다가 이 차용증서 m은 A_2의 A_3에 대한 부채의 결제에도 사용될 수 있다. 마찬가지로 해서 A_4, A_5……로 차용증서 m은 건네져간다고 한다. A_0는 그때 차용증서 m을 가지고 있는 A_1에 대해서, 거기에 기록되어 있는 액면의 부채를 지고 있는 셈이다. 이 차용증서 m이 어디까지라도 순환하여 종점이 없다고 간주된다면 이때 차용증서 m은 화폐다.

이 설명으로부터 곧바로 알 수 있듯이, 이건 화폐가 본질적으로 신용(크레딧)이라고 하는 이론이다. 통념으로는 신용은 근대가 되어서부터 도입된 이차적인 틀이다. 경화가 널리 사용되고, 화폐 경제가 충분하게 침투하고, 그리고 예금이 일반화된 뒤에 신용이라는 틀이 사용되는 것과 같았던 것이라고. 그러나 이네스는 주의 깊게 상업의 역사를 반복한다면 실태는 전적으로 거꾸로 서술되어 있다. 신용은 아주 오랜 단계부터 있었고, 경화 쪽이 오히려 보조적이었다고.

화폐란 본질적으로 부채라고 하는, 이 이론에는 장점과 약점이 있다. 장점은 화폐를 둘러싼 욕망의 이율배반을 설명할 수 있다는 점이다. 한편에서 화폐는 무언가 다른 것에 의해서 변제하는 것의 약속인 것이기 때문에 욕망의 최종적인 대상일 수는 없다. 욕망은, 그 "무언가 다른 것"으로 향하고 있는 것이다. 그러나 다른 편에서 바로 그 화폐야말로 그 무언가 다른 것이 머지않아 지불되는 것의 약속이라고 한다면 그것 자체가 욕망의 대상으로 전화했다고 해도 아무런 불가사의한 일이 아니다.

하지만 신용 화폐론에는 약점도 있다. 앞의 단순화했던 예에서, 예를 들어 A_1은 A_0의 일을 잘 알고 신용하고 있어서 A_0가 내민 차용증서 m을 받아들일 것이다. A_0는 어쨌든 갚을 것이라고 A_1는 믿고 있기 때문이다. 그러나 후속하는 타자들 A_2, A_3, A_4……는 어떨까. A_0로부터 멀리 떨어져 있는 자들은 A_0를 신뢰할 수 없다. A_2는, A_3는, A_4는 m에 의한 지불을 거부하는지도 모른다. 하지만 화폐를 화폐답게 하고 있는 건, 제3절에서 이야기했듯이 후속 지불이 반드시 받아들여질 것이라는 (근거 없는) 확신이다. 신용 화폐론은, 이와 같은 확신을 어떻게 설명한다면 좋을까.

그러나 가령 A_0가 한갓 별 볼일 없는 인물이 아니라, 국왕이나 황제였다고 한다면 어떨까. A_0가 발행한 차용증서 m이 널리 유통될 개연성이 한꺼번에 높아질 게 틀림없다. 이처럼 지적한다면, 결국 화폐를 가능한 것으로 만들고 있는 건 국가나 법이나 정치 권력이라고 주장하고 있다고 생각할는지 모른다. 그와 같은 주장이라면 전통적인 화폐 법제설(물물 교환에 화폐의 원천을 보는 화폐 상품설에 대항하는 또 하나의 이론)에 가까운 게 된다. 그러나 여기서 말하고 싶은 건 이런 게 아니다. 화폐 법제설에는 두 가지 문제가 있다. 첫째로, 가령 화폐의 근거에 국가나 정치 권력을 두더라도 수수께끼는 전혀 사라지지 않는다. 화폐를 둘러싼 수수께끼를, 그대로 정치 권력 쪽에 던져버리고 있을 뿐이다. 둘째로, 사실 문제로서, 화폐의 유통 범위는 정치 권력이 타당한 영역과 반드시 합치하지 않는다. 정치 권력은 전혀 미치지 못하는데 화폐가 유통하는 일도 있다. 정치 권력은 확실하게 미치고 있는데 화폐를 유통시킬 수 없을 때도 있다.

그러면 왜, 여기서 "국왕"이나 "황제"를 언급했는가. 사람들이 다른 인간에게 의지하는 신뢰에는 비상한 유연성이 있다는 걸 상기하기 위해서다. 그건, 대부분 무한하다고 말해도 좋을 만큼 불어나는 일도 있다면, 전적으로 무로 귀결되는 경우도 있다. 사물에 관련된 확신이나 예측에는 이런 커다란 신축성은 없다. 이 점을 고려한다면 다음과 같이 말할 수는 없을까. 확실히 화폐 신용론은 화폐에서 체현되어 있는 부채에 대한 변제가 반드시 청산될 게 틀림없다는 확신이 어떻게 널리 사회적으로 일반화하는지를 설명할 수 없다. 이 점은 추가적인 이론에 의해서 보완되지 않으면 안 된다. 하지만 방금 이야기한 것과 같은, 타자에 대한 신뢰가 갖는 극단적인 유연성이라는 점을 고려한다면 이런 이론이 충분하게 가능하다는 예측을 할 수 있을까.

여기서는 화폐의 본성은 부채에 있다고 하는 이론을, 기본적으로 받아들인 것으로 해보자. 다만 여기에 약간의 수정을 가하고 싶다. 원점에 있는 부채의 성질에 관한 사항이다.

등가 교환의 전제로서의
부등가 교환

이 장의 앞부분에서 소개한 얍 섬의 사회는 화폐는 본래적으로 신용(크레딧)이라고 하는 이 설을 뒷받침한다.

더 이상 없을 만큼 명백한 실례다. 그들의 석화 페이는 신용 거래의 장부가 되는 계산 화폐다. 페이에 의해서, 누가 누구에 대해서 얼마만큼 부채가 있는지가 기록된다. 구체적으로는 다음과 같이 된다. 얍 섬에서는 생선, 코코넛, 해삼이, 그리고 또한 돼지가 거래된다. "채권"과 "채무"는 서로 상쇄됨으로써 결제를 한다. 결제는, 1회의 거래로 이루어질 경우도 있지만, 하루의 끝이나 1주 동안의 끝 등에 몰아서 이루어지는 일도 있다. 결제 뒤에 남은 차액은 다음 회로 거듭 넘어간다. 이때 거래 상대방이 원하는 경우에는 남아 있는 채무와 똑같은 가치의 통화, 곧 페이가 교환되어서 결제되게 된다.

얍 섬의 케이스에 대해, 우리는 이렇게 생각해야 할 것이다. 원래 부채로서의 화폐는 관념적인 형태로 존재해 있고, 그들의 거래에서 유통되고 있다. 부채가 완전히 청산되지 않았을 때 남겨진 부채가 때로 페이로서 물화物化되는 것이다. 원래 부채가 만질 수 있는 물체일 필요는 없다. 따라서 해저에 가라앉은 채로, 누구도 본 적이 없는 페이여도 기능하는 것이다.

그래서 여기서 화폐화된 부채의 논리적인 위치에 대해 다음과 같이 상정한다면 어떻게 될까. 제1장에서 가장 원초적인 교환 양식은 (광의의) 증여라고 이야기했다. 증여에는 기묘한 양의성이 있는 걸 확인해두었다. 한편에서 그건 호수화되는 걸 강하게 부정하고 있다. 다른 편에서 증여는 답례에 대한 암묵적인 기대와 더불어 이루어지고 있고, 호수화되는 걸 바라고도 있다. 이 사실에 근거해서 화폐=부채의 성질에 대해 가설적인 추론을 제기해보자. 곧 **화폐란 호수화되지 않은 증여**는 아닌가라고. 호수성으로 회수되는 걸 거절받고 있는 증여가 부채로서 남고, 화폐로서 유통하는 건 아닐까. 화폐의 원천은 호수성에 대해서 이율배반적인 지향성을 갖는 증여에 있는 건 아닐까.

이와 같은 추론에 대한 간접적인 증거가 되는 사례를 간단히 검토해보자. 그건 "쿨라kula'"라 불리는 교환으로 알려져 있는, 트로브리안드 제도의 예다. 이 섬의 사회 실태는 말리노프스키의 상세한 보고에 의해서 세부까지 알려져 있다(Malinowski, 1922=2010). 쿨라는 특정한 물재의 대규모 교환으로, 섬과 섬 사이에서 - 엄밀하게는 어떤 섬의 사내와 다른 섬의 그 사내의 파트너 사이에서 - 집행된다. 교환된 물건 속에서 가장 중요한 건 봐이가로 불리는 보물이다. 보물에는 두 종류 있다. 팔찌와 목도리다. 이 두 가지 재보는 각각 일정한 방향으로 건네져간다. 건네져가는 경로는 전체로서 대체로 섬들을 묶는 원환이 되고 있지만, 팔찌와 목도리가 플로우해가는 방향은 완전 거꾸로다. 쿨라는 무문자 사회에게는 곧잘 나타나는, 의례적인 증여의 전형이다. 팔찌와 목도리가 직접 교환되지는 않는다. 각각의 건네진 사슬은 독립적인 증여의 경로로서 연출된다. 어느 쪽의 경로나 "호수성의 거절"이라는 증여의 성질이 강하게 나타나고 있다. 따라서 정작 재보가 절대로 환류하지 않고서 엄밀하게 일정 방향으로 증여되어 있는 것이다.

여기서 주목하고 싶은 건 쿨라의 세부가 아니다. 트로브리안드 제도에는 쿨라와는 다른, 또 하나의 교환 시스템이 있다. 그들은 그걸 김와리라 부르고 있다. 김와리는 전형적인 물물 교환이다. 화폐를 물물 교환으로부터 설명하고 싶은 경제학자가 추적하고 있는 건 바로 이와 같은 타입의 교환은 아닐까, 그처럼 말하고 싶어지는 행동 방식이 여기에 있다. 하지만 이걸 화폐 이전의, 그리고 화폐의 묘상이 되는 물물 교환으로 해석할 수는 없다. 김와리와 쿨라 사이의 독특한 관계를 염두에 둘 때 이 점이 명확해진다.

　트로브리안드 사람들은 쿨라와 김와리가 전적으로 다른 원리에 근거한 교환인 걸 강하게 의식하고 있다. 말리노프스키에 따르면, 실패한 쿨라에 대한 최대의 모멸적 표현은 "마치 김와리와 같은 쿨라"라는 말이다. 쿨라의 실패, 곧 체재體裁가 나쁜 쿨라란 다음과 같은 상황을 가리킨다. 이야기했듯이, 쿨라의 가장 중요한 취지는 한 명의 사내가 인근 섬의 자신의 파트너가 되는 사내에게 상징적인 재보(팔찌나 목도리)를 증여하는 데 있다. 그와 같은 중심적인 노림만을 듣는다면 아주 간단한 것으로 생각해버리지만, 실제로는 그렇지 않다. 쿨라는 사내에게 있어서 인생을 건 할레의 무대이고, 대규모로 복잡한 의례다. 그 속에는 몇 가지의 증여나 반대 증여가 집어넣어져 있다. 이때 증여와 반대 증여 사이의 가치를 균등화시키는 데 구애받고서 파트너들이 논의를 한다든지 다투는 건 곧바로 수치스럽다고 여겨졌다. 혹은 반대 증여의 타이밍이 너무 빨라서 최초의 증여에 대한 지불처럼 보여버리는 것도 나쁜 쿨라다. 이런 쿨라가 김와리(물물 교환) 같다고 비난받았던 것이다.

　이처럼 트로브리안드 섬 사람들은 쿨라와 김와리의 구별에 민감하다. 그러나 양자 사이에 어떤 종류의 관계가 있다고 그들은 생각하고 있는 것 같다. 먼저, "김와리 같은 쿨라"라는 악담이 보여주고 있듯이, 쿨라 쪽을 훨씬 격이 높은 행동으로 간주하고 있다. 곧 양자 사이에 규범적인 가치에 관한 서열이 세워져 있다. 그러나 이것만은 아니다.

우리의 연구에게 있어서 더 한층 흥미로운 점은 쿨라가 김와리에 대해서 논리적인 선행성(프라이어리티)을 가진 것처럼 취급되어 있다는 것이다. 어째서인가. 김와리는 아무렇게나 자유롭게 집행되는 건 아니다. 김와리의 거래가 가능한 건 쿨라에 의해 결부되어 있는 공동체 멤버 사이뿐이다. 촌 V의 사내 v와 촌 W의 사내 w가 쿨라의 파트너라고 한다면 촌 V의 멤버와 W의 멤버는 김와리의 교역을 집행할 수 있다. 쿨라에는 공동체 사이의 관계를, 물물 교환이 가능한 통로로 변용시키는 힘이 깃들어 있는……것처럼 보인다.

이걸 어떻게 생각하면 좋을까. 김와리(물물 교환)에서 배려되어야 할 건 교환된 물건의 가치 사이의 밸런스다. 교환 당사자들은 두 가지 물건이 등가이지 않으면 안 된다고 판단하고 있다. 따라서 상대방이 댓가로서 위치지운 물품의 양이 충분하지 않다고 생각한다면 상대방을 비난하고, 더 많은 걸 가지고 오도록 공공연히 요구할 수 있다. 거꾸로 상대방이 제출한 물품의 가치나 양이 엄청난 게 아니라고 보았을 때는 값을 깎는 것도 허락되어 있다. 그러나 쿨라에서는 이런 종류의 일은 터무니없이 수치스러운 행위로 간주된다. 김와리(물물 교환)는 쿨라가 열어젖힌 통로 속에서 이루어진다. 쿨라란 (아직) 호수화되지 않은 증여다. 쿨라 뒤에는 부채가 청산되지 않은 채 남아 있다.

따라서 트로브리안드 섬 사람들이 그들의 행동에 의해서 보여주고 있는 건 등가성의 판단의 전제에 부채가 있다는 것이다. 거래를 위한 장을 성립시키는 전제 조건에, 부채=부등가 교환이 있다. 그 전제 조건이 만족되어 있을 때 비로소 등가성을 지향하는 교환이 가능해지고 있는 것이다. 이 등가 교환의 전제에 있는 "부채"를, 한 개의 대상으로서 구체화한다면 그게 화폐가 되는 건 아닐까.

부정 판단과
무한 판단

차용증서가 화폐로서의 역할을 수행한다. 화폐 신용론에 따라서, 이처럼 주장해왔다. 그렇다고 한다면 화폐에 의해 표시되어 있는 부채에는 이율배반이 있다. A_0가 발행한 차용증서 m이 유통하고, 화폐가 되는 건 그걸 받아들인 자가 부채는 (A_0에 의해서) 반드시 변제된다고 확신하고 있기 때문이다. 그러나 가령 A_0가 진짜 변제해버린다면 그 차용증서 m은 화폐가 되지 않는다. 차용증서 m은 A_0가 부채를 변제하지 않는 한, 화폐다. 그 때문에 화폐에서 구체화되어 있는 부채는 변제되지 않으면 안 되고, 동시에 변제되어서는 안 된다.

이 부채로서의 화폐의 독특한 스테이터스를, 칸트가 제기한 개념에 대응시키면서 이해할 수 있다. 칸트는 "부정 판단"과 "무한 판단"을 구별했다(Kant 1787=2012). 이 구별이, 우리의 당면 고찰에 역할을 한다. 이 점을 설명해보자.

① 혼은 가사假死적이다. Die Seele ist sterbliche. The soul is mortal.……긍정 판단
② 혼은 가사적이지 않다. Die Seele ist nicht sterbliche. The

soul is not mortal.……부정 판단

판단은 이 두 종류로 끝나는 것처럼 생각된다. 그러나 칸트에 따르면, 판단은 또 한 종류 있다.

③ 혼은 비-가사적이다. Die Seele ist nichtsterbliche. The soul
 is not-mortal.

판단 ②와 판단 ③은 전적으로 똑같은 걸 의미하고 있는 것처럼 보인다. 하지만 그렇지 않다고 칸트는 말한다. ③이 무한 판단이다. 부정 판단과 무한 판단은 어떻게 다를까.

먼저 – 지젝이 이야기하고 있는데 – 부정 판단은 등가 교환의 논리 속에서 기능하고 있다(Žižek 1993=2006). 이 점을 이해해둔다면 무한 판단과의 구별이 알기 쉬워진다. 어째서 부정 판단이 등가 교환의 일종으로 간주할 수 있는가. 부정한다란 하나의 걸 잃는 것이다. 예를 들어 ②에 의해서 "가사적인 혼"이 방기된다. 그것과 바꿈에, 부정 판단은 그 잃었던 것에 어울리는 다른 무언가를 적극적·긍정적인 대상으로서 손에 넣고도 있다. ②에 관해서 말하자면, "불가사의 혼"이라는 적극적인 대상이 조정揩定되고 획득되어 있다. 부정 판단에서는 상실과 획득이 서로 맞물려 있는 것이다.

무한 판단은 그렇지 않다. 순수한 상실(부정)만이 있어서 아무것도 얻지 못한다. ③은, 혼은 가사성이라는 규정에 의해서는 끝나지 않는다고 주장하고 있다. 그러나 그렇다고 하더라도 "가사적인 혼"

과는 별개의 "불가사의 혼"이 되는 것의 존재가 긍정되어 있는 건 아니다. 무한 판단에서도 방기되는 것(가사적인 혼)은 있지만, 그 댓가는 없는 것이다.

따라서 **무한 판단은 준 것에 답례를 얻지 못하는 상태, 아직 결제되지 않은 부채**에 대응시킬 수 있다. 요컨대 무한 판단은 이 장에서 살펴본 것과 같은(화폐 신용론이 상정하고 있는 것과 같은) 부채와 유비적으로 파악할 수 있는 것이다. 우리는 이렇게 이야기해왔다. 부채로서의 화폐가 유통함으로써 상품 교환(등가 교환)이 가능해지고 있는 것이라고. 칸트 철학과 관련지운다면 이건 다음과 같은 취지로서 해석할 수 있다. 즉 무한 판단에 의해서, **부정 판단이** ─ 그 때문에 **긍정 판단도** ─ **가능한 영역이 개척되는** 것이다. 이런 의미에서 무한 판단은 부정 판단보다도 본원적이다. 화폐를 지불에 사용하고 유통시키고 있을 때 우리는 의식하지 않고서 부단히 무한 판단과 부정 판단 사이의 이런 관계를 실증해서 보이고 있는 것이다.

*

그래서 이 장에서는 화폐의 본질은 부채(크레딧)라고 하는 이론을 긍정적으로 계승했다. 이 점은, 그러나 이 이론에 의해서는 아직 해결하지 못하는 문제를 계승하는 것이기도 하다. 답하지 못한 문제는 두 가지다.

첫째로, 부채로서의 화폐는 어째서 사회적으로 일반화하고, 끝나지 않는 지불의 사슬을 구성할 수 있는가. 화폐가 차용증서와 같은 것으로 해서 그걸 발행한 인물 A_0를 잘 아는 A_1이 그걸 받아들이고 변제를 기대할 뿐이라고 한다면 잘 알 수 있다. 그러나 이것만이라면 차용증서는 화폐가 되지 못한다. 화폐가 성립하기 위해서는 A_0를 구체적으로 알지 못하는 자도, 곧 그 사람에게 있어서는 A_0가 추상적인 존재가 되어버리는 것과 같은 자도 그 차용증서를 받아들이지 않으면 안 된다. 어째서 그런 일이 가능했는가. 제1장 제2절에서 제기한 두 가지 문제 가운데 최초의 물음(증여와 상품 교환의 관계)에 대해서는, 이 제2장에서 부분적으로 답했다. 그러나 역시 방금 이야기한 의문이 남는다.

둘째로, 증여로의 충동은 어디에서 오는 것인가. 화폐는 호수화되지 않은 증여로 해석할 수 있다고 서술했다. 그렇다는 건 원점에 증여가 있다는 것이다. 어째서 사람들은 증여로 내몰리게 되는 것일까. 왜 그런 충동이 생기는가. 경제가 대처하려 하는 근본 문제가 희소성이라고 한다면 그것에 대한 반응이 "점취"라는 건 알기 쉽다. 점취는 희소성에 대한 자연적인 대처법이다. 하지만 증여는 점취를 정면에서 부정하는 행위다. 단적으로 점취만이 아니라, 동시에 증여가 있는 것이라고 한다면 우리는 그 유래를 묻지 않으면 안 된다. 이건 제1장 제2절에서 제기한 두 가지 문제 가운데 뒤의 문제다. 이 물음은 아직 그대로 남아 있다.

3

원시 화폐와
사내의 명예

승인된 약탈

증여와 약탈, 주는 것과 빼앗는 건 정반대처럼 보여도, 도리어 표리일체의 관계에 있다. 마이너스의 가치를 갖는 물건을 증여하는 게 약탈이라고 해석할 수 있다. 곧 상대방으로부터 무언가를 빼앗는 건 때로 상대방에게 마이너스의 가치에 상당하는 증여를 했던 것과 똑같은 일이다. 혹은 이렇게 말해도 좋다. 빼앗긴 자에 의해서 용인(승인)된 약탈이 증여라고. 주요한 교환 양식이 호수적인 증여인 사회는 부족 사이의 피의 복수를 의무화하고 있다. 피의 복수는, 물론 서로 부족의 멤버의 목숨을 빼앗는 일이다. 이 사실도 또한, 증여의 호수가 상호적인 약탈의 극한으로도 간주해야 할 피의 복수와 똑같은 감각을 베이스에 두고 있는 걸 보여주고 있다.

제1장에서 서술했듯이, 원초적인 "코뮤니즘(각인은 능력에 따라 주고, 필요에 따라서 차지한다)"도 또한 증여의 순수 형태라고 하는 게 우리의 입장이다. 여기서 새삼스럽게 확인해두고 싶은 건 코뮤니즘과는 거꾸로의 의미에서 전형적인 증여에 대립하고 있는 것처럼 보이는, (용인된) 약탈이나 보복 전쟁도 또한 광의의 증여나 호수 속에 포함된다고 하는 점이다.

마샬 샬린즈는 공동 기탁寄託(코뮤니즘)은 세대 내의 활동이어서 (세대와 세대 사이에 있는) 호수적 증여와는 다르다는 입장이기는 하지만, 중핵에 있는 가족에서의 호수를 기점으로 해서, 호수를 3종류로 나누고서 그것들의 연속성을 시사하고 있다(Sahlins 1974=2012: 112). 첫째로, 가족 내에서의 "일반화된 호수"가 있고, 그게 최대한의 연대성을 보이는 극極(리니지 권역)이라고 여겨진다. 둘째로, 촌락 권역에서의 "균형화된 호수"가 있고, 연대의 레벨로서는 중간적이다(부족 권역). 셋째로, 부족 간 권역에서의 "부정적 호수"가 있고, 연대라는 규준에서 보자면 이건 마이너스여서 비사교적인 극으로 여겨진다. 부정적 호수로서, 샬린즈는 경제적인 거래에서의 흥정, 사기, 그리고 절도 등을 열거하고 있지만, 물론 이 방향을 강조한다면 피의 복수도 이것에 포함될 것이다(柄谷 2010: 55).

이 샬린즈의 분석에서는 촌락 권역에서의 호수가 전형적인 쌍방향적인 증여이지만, 그것을 제1의 타입 쪽으로 가까이 간다면 코뮤니즘도 포함하게 될 것이다. 거꾸로 제3의 타입 쪽으로 확장해간다면 약탈이나 보복 전쟁과 같은 것도 광의의 (호수적) 증여 속에 포함하게 된다.

레비-스트로스의 견해와 그에 대한 피에르 클라스트레의 비판이 우리의 당면 고찰과 관련되어 있다. 레비-스트로스의 생각으로는 부족과 부족 사이에는 증여에 의해서 평화적인 관계가 구축되지만, 증여가 실패한다면 양자 사이에서 전쟁이 벌어진다. 앞 장에서『슬픈 열대』로부터 인용한 남비쿠와라족의 거래 양상은 이런 이해를 지지하고 있는 것처럼 생각된다. 그들은 한 걸음 잘못 내딛으면 전쟁이 될지도 모르는 것과 같은 위험한 상황 속에서 겨우 거래를 실행하고 있었다.

클라스트레는, 그러나 레비-스트로스의 이런 이해를 비판하고 있다(Clastres 1977=2003). 서양 문명과의 접촉에 의해서 원초적인 공동체 그 자체가 이미 변용해버리고 있는 걸 레비-스트로스는 놓치고 있다고. 오래된 민족학[민속학]적 조사의 보고는 미개한 여러 부족이 몹시 공격적이어서 서로 간에 빈번하게 전쟁하고 있다고 하는 사실을 많이 기록하고 있다. 현재도 아마존 오지에 있다든지 해서 서양 문명과의 접촉이 거의 없었던 민족의 경우에 - 예를 들어 NHK의 프로그램에 의해서도 알려지고 있는 야노마미족 - 전쟁만 하고 있다. 클라스트레의 생각으로는, 호수적인 증여 교환은 전쟁을 위한 전략, 곧 동맹을 결성하기 위해 전적으로 이루어지고 있다. 소규모 공동체 사이에 끊임없이 전쟁이 있기 때문에 그들 집단이 국가로 전화하는 걸 방해하고 있다고 하는 게 클라스트레의 잘 알려진 주장이다.

레비-스트로스는 증여를 기본으로 하고, 그 실패로서 전쟁을 위치 지웠다. 클라스트레는 거꾸로, 전쟁이 기본적이고, 증여는 그 파생적 산물이다. 어느 쪽이 올바른가. 어느 쪽이나 올바르다. 곧 두 사람의 견해는 모두 긍정되어야 한다. 호수적 증여와 전쟁은 표리일체의 문제이고, 한쪽으로부터 다른 쪽으로 쉽게 반전하는 것이다.

*

이처럼 보복적인 전쟁이나 용인된 약탈도 또한 광의의 증여 속에 포함해서 생각하지 않으면 안 된다. 그 위에서, 물음을 개시해보자. 인간의 공동체에게 어째서 증여로의 충동이 깃드는가?

약탈이나 사기와 같은, 타자의 부를 희생으로 삼아서 자신의 부를 늘리는 행위에 관해서는, 그것이 초래된 이유는 쉽게 설명할 수 있을 것처럼 생각된다. 그건 경제의 근본 문제다. "희소성"에 대한 자연스러운 대응, 곧 점유를 목표로 삼는 행동의 일종으로 해석할 수 있기 때문이다(원래 앞 장에서 이야기했듯이, 희소성 자체가 자명하게 전제로 삼을 수 있는 객관적인 현실이 아니라, 사회 시스템에 매개된 인식[환경에 대한 관찰]의 산물이다).

하지만 약탈마저도 증여의 일종으로 간주할 수 있다면 그렇게 간단하게는 설명할 수 없다. 도대체 증여로의 충동에 관한 물음을 구성하는 건 사람들은 왜 증여하는가라는 의문만은 아니다. 사람들은 왜 받아들이는가. 이 의문들은, 받아들이는 자에게 있어서는 명백한 이익을 불러일으키는 것이어서, 답은 자명한 것처럼 생각된다. 하지만 그렇지 않다. 증여를 받는 건 받는 자에게, 주는 자에 대한 부채를 지는 것이고, 받는 자를 종속적인 포지션에 둔다. 그렇다고 한다면 사람들이 증여물을 받아들이는 것도, 반드시 늘 명백한 건 아니다. 그 위에서, 타자로부터 빼앗는 것도 또한, 곧 그 타자로부터의 증여로 전환할 수 있는 것이라고 한다면 어떨까. 그렇다고 한다면 부정적 증여도 또한, 보이는 만큼 자명한 현상은 아니다.

더하여 경쟁 – 전쟁에 한없이 가까운 경쟁 – 이 그 자체로 통상적인 의미에서의(곧 긍정적인 형태의) 증여로서 수행되는 것도 있다는 것도 고려하지 않으면 안 된다. 북미 선주민 사이에서 벌어지던 포틀래치와 같은, 영웅적인 증여가 긍정적 증여를 수반하는 경쟁이다. 포틀래치에서, 부족은 희소성의 극복이라는 관점에서 보자면 명백하게 그에 반하는 것과 같은 행동을 굳이 취하고 있다. 이와 같은 타입의 경쟁은 "희소성"으로부터는 (적어도 직접적으로는) 설명할 수 없다.

이와 같은 케이스도 포함해서, 인간 사회에 보편적으로 증여가 보인다. 사람들을 증여로 몰아붙이는 일반적인 요인을 추출하는 것, 그게 우리의 목적이다.

원시 화폐

　　　　　여기서 증여 교환이 주된 교환 양식이 되고 있는 무문자 사회 – 국가를 갖지 못한 사회 – 에 일반적으로 보이는 현상을, 고찰을 위한 실마리로 삼아보자. 그와 같은 사회에서는 화폐의 원초 형태처럼 보이는 상징적인 재화가 존재해 있다. 초기 문화 인류학자는, 이걸 "원시 화폐primitive money, primitive currency"로 부르고 있다. 이 이름을 방기할 필요는 없지만, 이것에 미스 리딩되지 않도록 유의하지 않으면 안 된다. 원시 화폐로부터 직접, 현재의 시장에서 사용되고 있는 것과 같은 화폐가 발전했다고 간주할 수는 없기 때문이다. 곧 원시 화폐는, 우리가 오늘날 알고 있는 것과 같은 의미에서의 화폐가 아니다. 원시 화폐는 (시장에 있는) 임의의 물건을 그것에 의해 살 수 있는 일반적인 교환 매체가 아닌 것이다. 곧 그걸 사용해서 자유롭게 무언가를 살 수는 없는 것이다. 게다가 중요한 점을 덧붙이자면, 원시 화폐에 의해서 세[금]를 바칠 수도 없다.

　원시 화폐가 사용된 건 특정한 상호 행위, 의례적인 함축도 갖는 특정한 상호 행위에서다. 특히 결혼을 둘러싼 상호 행위야말로 원시 화폐가 사용되는 가장 중요하고 우선적인 장면이다. 그리고 증여를 통해서 얻을 수 있는 가장 중요한 물건은 배우자일 것이다. 공동체의 존속이 관련되어 있기 때문이다. 결혼은 가장 중요한 증여, 증여 중의 증여다. 원시 화폐는 이때 필요하다. 칼 폴라니Karl Polanyi가 도입한 유형을 사용하자면, 원시 화폐는 – 다목적 화폐와 대비된 – 특수 목적 화폐로 간주할 수 있을 것이다. 폴라니는 시장에서의 일반적인 교환 매체이고, 그 점을 통해서 화폐의 모든 기능, 계산 수단이나 가치 축장을 포함하는 모든 기능을 수행하는 화폐를 다목적 화폐로 불렀다. 좀 더 덧붙이자면, 앞 장에서 소개한 얍 섬의 석화 페이는 이제부터 검토의 대상으로 삼는 원시 화폐가 아니다. 페이는 얼마 되지 않는 수의 상품밖에 없는 조그만 시장에서이기는 할지언정 무언가를 사는데도 사용할 수 있는 가치의 계산이나 축장의 수단이기도 하고, 다목적 화폐가 되어 있었기 때문이다.

원시 화폐는 어떻게 사용되는가. 전형적으로는, 예전에 "신부값bride-price"이라 불리고 있던 것에 원시 화폐가 사용된다. 어떤 가족이 다른 가족의 여성을, 며느리로서 영입한다고 해보자. 곧 전자의 가족이 후자의 가족으로부터 "여성"을 증여받는다고. 이때 결혼자 쪽의 가족이 여성 쪽 가족에게 각각의 공동체마다에 정해져 있는 원시 화폐 – 개의 이빨이나 조개껍질이든 특수한 매트라든지 – 가 증여된다. 이걸 보면, 여성은 그 원시 화폐에 의해서 팔리고 있다고 해석되게 된다. 실제로 20세기 초반의 식민지 행정관은 이처럼 보고 있고, 마침내 국제 연맹에서 이런 종류의 결혼은 노예 매매의 한 형태로서 금지 대상으로 삼으려 했다고까지 논의되었다. 그러나 현지의 결혼을 엄밀하게 관찰하고 있던 문화인류학자들은 이에 강하게 반대했다.

인류학자에 따르면, 신부값을 지불하는 건 노예를 사는 것과는 다르다. 곧 이건 돼지나 도끼를 사는 것과는 다른 사태라는 것이다. 예를 들어 내가 돼지를 샀다고 한다면 나는 돼지를 어떻게라도 처분할 수 있다. 그러나 지아비와 처의 관계는 이와는 전혀 다르다. 첫째로, 지아비는 처에 대해서 – 처가 지아비에 대할 때와 마찬가지로 – 많은 의무를 지는 셈이다. 둘째로, 지아비는 처를 전매하고 처분할 수 없다. 셋째로, 신부값에 의해서 지불한 쪽의 공동체가 얻은 게 있다고 한다면 그건 여성 그 자체가 아니라 여성을 통해서 얻은 아이의 소속이다. 그녀나 그녀의 아이가 낳은 자손은 신부값을 지불한 공동체에 소속하는 셈이다.

이처럼 구혼자의 가족이 원시 화폐에 의해서 신부값에 상당하는 몫을 지불했다고 해도 처가 되는 여성 그 자체를 사고 있는 건 아니다. 그 때문에 "신부값"이라는 말은 부적절하다고 해서, 오늘날에는 일반적으로 "혼자婚資bride-wealth[금]"로 부르고 있다. 하지만 그런데도 의문은 남는다. 혼자[혼수]금은 무엇을 위해 지불되어 있는가. 혼자금이 의미하고 있는 건 무엇인가. 몇 가지 생각이 든다. 예를 들어 서사모아의 구혼자 가족이 여성의 출신 가족에게 매트를 건네는 건 그 여성의 처나 어미로서의 노동에 대한 댓가를 미리 지불하고 있는 게 아닌지. 혹은 여성의 자궁의 사용권을 얻어서 그 잠재적인 다산성을 샀다고 해석할 수도 있을 것이다.

역시 방금, 남성 쪽이 여성 쪽에게 혼자금을 지불하는 케이스로 설명해왔지만, 거꾸로 여성 쪽이 결혼에 즈음해서 남성 쪽에 지참금dowry을 주는 사회도 있다. 인류학에서는 남성 쪽이 여성 쪽에 혼자금을 지불하는지, 거꾸로 여성 쪽이 지참금을 남성 쪽에 주는지는 인구와 토지 사이의 상대적인 밸런스와 관계되어 있다고 하는 경향 쪽이 알려져 있다. 인구가 적고 토지가 충분할 때는 혼자금이 일반적이게 되는 경향이 있고, 거꾸로 인구가 과잉이고 토지가 부족할 때는 지참금이 보급되는 경향이 있다. 전자에서는 정치의 중심은 노동 관리이고, 신부가 새로운 일꾼이 되는 건 지아비 쪽에게 있어서는 고마운 일인 것이다. 후자에서는 여성이 더해지는 건 먹는 자가 늘어나는 것이어서 신부의 부친도 얼마인가의 원조를 할 의무가 있다고 생각되고 있다. 하지만 아무튼 원시 화폐와 같은, 무언가 별개의 걸 사는 데 사용할 수 없는 것에 의해서 여성(또는 남성)을 처(또는 지아비)로서 얻는 것에 대한 지불이 이루어지는 건 어째서인가라는 수수께끼는 풀리지 않는다.

프랑스의 인류학자 필리프 로스파베는 아주 있을 법한 그런 해석을 배척하고서 놀라울만한 창조적인 설명을 하고 있다(Rospabé 1995). 원시 화폐가 표시하고 있는 건 ─ 로스파베에 따르면 ─ "이 부채는 변제 불능이다"라고 하는 것이다. 원시 화폐는 아무렇게나 지불할 수 없는 것과 같은 부채가 존재하고 있다고 하는 걸 승인하는 방법이다. 구혼자 쪽이 원시 화폐로 혼자금을 지불할 때 "우리들은 당신 쪽으로부터 여성을 증여받음으로써 생긴 당신 쪽에 대한 부채는 아무리해도 변제할 수 없다"고 하는 걸 상대방 쪽에 보여주고 있다. 여성을 증여하는 쪽은 원시 화폐를 받아들임으로써 여성을 받아들이는 가족이 "부채를 영원히 반환할 수 없다"고 말하고 있다는 걸 확인하고 승인하는 것이다. 엄밀하게 말하자면, 한 가지만 부채를 변제할 방법이 있다. 똑같은 것, 곧 (자신들의 공동체의) 여성을 상대방에게 증여하는 것이다.

 이 로스파베의 주장을 뒷받침하는 사례를 하나만 소개해보자. 나이지리아 중부에 거주하는 티바족의 케이스다. 나이지리아는 예전에 대영 제국의 식민지였다. 티바족에 대한 학술적인 조사는, 그 무렵에 이루어졌다(Duggan 1932, Abraham 1933, Graeber 2011=2016: 201-3).

 티바족에게는 결혼은 본래는 자매의 교환이라는 형식을 취해야 한다는 강한 규범 의식이 있다고 한다. 가족 1의 사내 M_1이 자신의 자매 F_1을 다른 가족 2의 사내 M_2와 결혼시켰을 경우에 M_1은 M_2의 자매 F_2와 결혼한다. 이것이야말로 이상적인 결혼이다.

 하지만 이처럼 사정이 좋은 것에 한정되지 않는다. 예를 들어 사내 M_1이 F_2가 마음에 들지 않을 때는 어떻게 하는가. 이 경우에 기본적으로는 "한정 교환"을 "일반 교환"으로 전환해서 "자매의 교환"을 실현시킨다. 이상적인 결혼은, 방금 이야기했듯이 가족 1과 가족 2 사이의 여성의 한정 교환이지만, 그게 꼭 들어맞지는 않는다. 이 경우에 M_2는 자신의 자매인 F_2의 후견인이 되어서 F_2의 결혼 상대방을 결정할 권리를 갖는다. F_2가 마음에 들지 않았던 M_1은 사내 M_3의 자매 F_3와의 결혼을 바라고 있다고 한다. 가령 M_2가 자신의 자매 F_2를 M_3와 결혼시킬 수 있다면 M_1은 F_3와 결혼할 수 있다. 이때 가족 1→가족 2에게 F_1이, 가족 2→가족 3에게 F_2가, 가족 3→가족 1에게 F_3가 주어져 세 가족 사이에서 여자가 일순하는 일반 교환이 성립한다. 이것이라면, 결국 여자를 직접 교환했던 것과 실질적으로는 똑같다는 의미다. 그러나 이 행동 방식은 대단히 복잡한 것으로 발전할 수 있다. 머지않아 많은 처를 획득할 수 있는 사내와, 어지간히 결혼할 수 없는 사내라는 격차도 생겨난다.

자매의 교환이라는 이상적인 결혼이 실현될 수 없는 경우에 채용되는 또 하나의 방법이 있다. 이 또 하나의 방법에서야말로 티바족의 원시 화폐가 활약한다. 그들의 원시 화폐는 동여맨 놋쇠 막대기다. 놋쇠 막대기는 희소해서 대단히 "고가"로 여겨지고 있지만, 그러나 시장에서의 매매에서 사용되는 건 아니었다. 그리고 놋쇠 막대기를 보유하고 있는 건 사내뿐이다.

그 또 하나의 방법이란 어떤 것이었는가. 세세한 수순이 있지만, 골격만 서술한다면 간단하다. 사내는 계집을 약탈하는 것이다 – 좀 더 온당하게 말하자면, 사내는 여자와 사랑의 도피를 하는 것이다. 다만 사내는 계집을 데리고 가기 전에, 그녀의 양친에게 놋쇠 막대기를 조금이나마 증여해둔다. 사내에 의한 계집의 약탈은 원칙상으로는 계집의 가족에게는 예상도 하지 못한 불의의 일격이지만, 사내는 사전의 증여물에 의해서 사랑의 도피를 예정하고 있는 걸 상대방 가족에게 암암리에 알리고 있는 것이다. 계집을 빼앗긴 쪽의 가족은 격노한다(적어도 격노하는 척한다). 이 노여움을 누르기 위해 사내는 계집의 양친과 그녀의 후견인(보통은 여자 형제)에게 놋쇠 막대기를 보낸다. 놋쇠 막대기 증여물은 1회에 그치지 않는다. 이념상으로는 후견인에 대한 놋쇠 막대기의 지불은 영원히 끝나지 않게 되어 있고, 실제로 사내 쪽은 약탈해서 자신의 처로 삼았던 계집의 후견인에게 해마다 놋쇠 막대기를 계속 지불하지 않으면 안 된다.

놋쇠 막대기 더미에 의해서 계집이 팔리고 있는……것과 같은 인상을 주지만, 잘 보면 그렇지 않다는 걸 알 수 있다. 지아비가 된 사내가 처인 그 계집을 처분한다든지 전매하는 건 절대로 불가능하다. 계집은 결혼 뒤에도 여전히 출신 가족이나 후견인에게 속해 있어서 지아비의 것이 되는 건 아니다. 그리고 무엇보다도 지아비 쪽은 놋쇠 막대기를 아무리 보내도 지불을 완결할 수 없다는 설정이 명백히 보여주고 있듯이, 놋쇠 막대기가 표현하고 있는 건 계집을 얻음으로써 해소되지 않는 부채가 있다는 걸 표시하고 있는 것이다.

이처럼 원시 화폐는 바로 그 화폐에 의해서는 청산 불가능한 부채가 존재하고 있는 걸 선언하고, 상대방에게 그 확인을 구하는 것으로서, 보내고 있다.

"이건 지불이 아니다"

하지만 그렇다고 한다면 원시 화폐는 곧바로 역설적인 화폐다. 원시 화폐는 부정적으로 자기 언급하고 있는 셈이기 때문이다. 한편에서 그건 헷갈리지 않고서 사내 쪽으로부터 계집의 가족에게 지불되어 있다. 그러나 다른 편에서 지불되어 있는 그 화폐가 의미하고 있는 건 이건 지불이 아니라는 불가능성이다. 따라서 원시 화폐의 지불 행위가 의미하고 있는 건 거짓말쟁이 패러독스와 똑같은 형식의 역설이다. "이 명제는 거짓이다"라는 명제와 똑같이, "이건 지불이 아니다"라는 지불이다.

여기는 앞 장에서 이야기한 걸 재확인해야 할 바다. (성숙한) 화폐

의 본질은 부채라고. 화폐란 일반적으로 받아들여져 유통하는 차용
서다. 물론 부채는 (아무튼) 변제된다고 하는 상정이 없다면 그게 화
폐로서 (후속) 타자들에게 받아들여지고 유통되는 건 아니다. 그렇다
고 한다면 시장에서 유통하고 있는 화폐는 원시 화폐와는 정반대의
지향을 담당하고 있는 셈이다. 원시 화폐 쪽은 부채는 어떻게 하더라
도 변제되지 않을 것이라고 하는 걸 표현하고 있기 때문이다.

그러나 상황을 조금만 자세하게 관찰한다면 양자의 관계에는 또
하나의 비틂도 덧붙여지고 있는 걸 알 수 있다. 시장에서 화폐가 유
통하기 위해서는 - 변제 가능성에 대한 상정을 유지한 채로 - 실제로
는 결코 거기에 함의되어 있는 부채는 변제되어서는 안 되었다. 그렇
다고 한다면 시장에서 유통하고 있는 일반 화폐도 또한, "이건 (아직)
지불이 아니다"라는 표시가 되어 있는 셈이다. 원시 화폐가 논리적으
로 함의하고 있는 걸, 통상의 화폐는 시간적으로 - 미래로 앞서 보냄
으로써 - 전개되어 있는 것처럼도 보인다.

아무튼 원시 화폐가 그것에 대한 지불이 불가능하다고 선언하고
있는 대상은 임의의 증여물이 아니라, 특정한 증여물이다. 원시 화폐
가 어떠한 수단에 의해서도 청산될 수 없다고 하고 있는 증여물은 인
간 - 전형적으로는 여성 - 이다. 따라서 원시 화폐와 일반 화폐를 대
비한다면 몇 차례나 반전이 생기고 있는 셈이다. 먼저, 원시 화폐로
부터 일반 화폐로 이행하기 위해서는 지불에 관해서 상정되어 있는
대상이 특정한 대상(인간)에서부터 임의의 대상으로 보편화되지 않
으면 안 된다. 또한 지불의 불가능성은 지불의 가능성으로 역전하는
것이지만, 동시에 "지불되지는 않는다"는 각인은, (논리적으로가 아니

라) 사실 수준에서 보존되어 있다.

*

　그렇다고 하더라도 어째서 인간(여성)을 보낼 때 그것에 의해서 생긴 부채는 결코 변제할 수 없는 것으로서, 곧 무한한 크기로서 나타나는 것일까. 인간 한 사람 한 사람의 목숨은 귀하고, 지구보다 무겁다 따위라는 근대적인 휴머니즘과 같은 걸 말해서 결말지을 수는 없다. 데이비드 그레버는 "사람의 생명은 절대적인 가치"이고, "그것에 대한 등가물은 있을 수 없다"고 설파하고 있지만 이건 토톨로지다(Graeber 2011=2016: 221).

　무엇이, "사람의 생명"에 그와 같은 특권을 부여하고 있는가. 인간(여성)의 증여에 대해서 지불할 때는 다른 물건을 "팔" 때와는 무언가 근본적으로 다른 파격적인 성질이 있다고 느껴지고 있는 것이다. 그건 무엇일까.

　개인은, 자신이 소속하는 가족이나 공동체 속에서 무언가의 규정된 역할을 맡고, 그것에 의해서 동일성identity을 얻는다. 예를 들어 육아를 하는 모친으로서, 음식물의 채집 노동에 종사하는 주부로서……. 인간(계집)의 증여에서 그 인간(계집)이 공동체 속에서 수행할 수 있는 이런 기능(만)이 주제가 되어 있는 것이라고 한다면 그것에 관해서 "지불의 불가능성"이라는 특이한 성질이 깃드는 건 기묘하다고 말할 수밖에 없다. 갖가지 기능을 담지한 다른 사물, 예를 들어 식용 돼지라든지 걸을 때 사용하는 짚신은 지불이 가능한 대상으로 여겨지고 있기 때문이다.

그렇다면 무엇이 인간(계집)을, 그것에 대한 지불이 불가능한 특권적인 대상으로 만들고 있을까. 추상적인 "생명의 가치"에 호소하는 논리와는 별개로, 곧바로 떠오르는 이유는 "나의 누이", "나의 딸"은 전적으로 특이하고, 둘도 없기 때문이라는 게 있다. 그와 같은 논거에도 그레버는 호소하고 있고, 이 논리는 현대인에게는 알기 쉬운 것이기도 하지만, 방금 우리가 주목하고 있는 현상은 이것으로는 설명할 수 없는 건 명백하다. 원시 화폐에 의해서 신부에 대한 지불을 할 수 없지만 남성 쪽 가족도 또한 자신의 누이나 딸을 변제로서 준다면 지불이 완결했다고 간주되기 때문이다. 내 누이는 그의 누이와 대체 가능한 셈이다. 대체 불능인 특이성(단독성)이 인정되어 있다고 해도 그 대상이 되고 있는 건 개인 레벨(내 누이, 내 딸)이 아니라, 어딘가 다른 레벨일 것이다.

"이건 지불이다"

　　　　　　　　　원시 화폐는 지불되지 않는 부채 승인의 토큰(증표)이다. 로스파베에 따라서 이렇게 서술했다. 그렇지만 똑같은 원시 화폐가 보통 화폐처럼 사용되는 경우가 있다. 곧 원시 화폐가 보통 지불에, 곧 부채를 삭감시키는 것과 같은 지불에 사용되는 경우도 있는 것이다. 원시 화폐의 의미가 완전히 역전된다. 어떻게 해서 이와 같은 전화轉化가 생기는가. 이 점을 명백히 하는 게, 앞 절에서 제기한 물음을 풀기 위한 힌트를 준다.

원시 화폐의 사용법은 어떠한 케이스에서 반전하는가. 본래 지불 불가능성의 증표였던 원시 화폐가 어떠한 케이스에서 곧바로 유통의 지불에 사용될 수 있는 것인가. 또다시 티바족의 예를 살펴보자 (Graeber 2011=2016: 221-2). 앞 절에서 이야기했듯이, 사내가 처를 맞이하는 데 있어서 그 처를 바꿈에 양보할 수 있는 적당한 자매를 갖고 있지 못할 때 원시 화폐를, 처가 되어야 할 계집의 양친이나 후견인에게 보내면 좋다. 하지만 이 행동 방식은 사내의 입장에서 보자면 한계가 있다. 계집은 완전하게는 그의 것이 되지는 못하고(계집은 출신 가족에게 최종적으로는 소속해 있다고 간주되고), 더구나 사내는 영원히 계속 지불하지 않으면 안 된다. 하지만 어떤 예외적인 케이스에서는 사내는 계집을 완전히 자신의 것으로 삼을 수 있다. 곧 계집을 살 수 있는 것이다.

어떠한 경우인가. 충분하게 먼 나라로부터 유괴해온 여성(곧 노예)이라면 사내는 살 수 있었다. 사내는 혼자금으로 사용되는 것과 똑같은 원시 화폐에 의해서 그 계집을 손에 넣었던 것이다. 이 케이스에서는, 사내는 그의 기분에 따라서 계집을 다른 데로 전매할 수도 있다. 물론 대부분의 사내는 그렇지는 않고서, 계집을 통상의 처로서 대우했지만.

여기서 중요한 점은 계집은 먼 나라로부터의 전리품, 전쟁에서 얻은 포로라고 하는 것이다. 가까이로부터는 소용없는 것이다. 아주 가까운 나라나 부족과의 전쟁, 가까운 나라·부족으로부터의 약탈은, 이 장의 앞부분에서 살펴보았듯이 호수적인 증여의 일종으로서 의미 지워져버린다. 애초에, 앞 절에서 살펴보았듯이 통상의 결혼 케이스에서도 사내는 계집을, 상대방의 가족으로부터 약탈한 것처럼 처신하는 것이다. 이 경우에는, 그러나 원시 화폐는 부채를 소멸시키는 건 아니다. 원시 화폐로 계집을 살 수 있는 건 계집이 진짜 전쟁에 의해서 얻게 되는 노예의 경우, 곧 보복 전쟁으로 전화하지 않는, 훨씬 원격지에 있는 나라와의 전쟁에서 획득한 계집인 경우에 한한다.

일반 결혼에서는 원시 화폐는 계집이 증여됨으로써 생긴 부채가 어떻게 해도 변제될 수 없다는 걸 표시하고 있었다. 그러나 먼 나라로부터 강탈해온 계집과의 결혼에서는 원시 화폐로 계집을 살 수 있었다. 원시 화폐(티바족의 경우에는 놋쇠 막대기 더미)를 P, 계집을 A라고 한다면 일반 결혼에서는,

$$P \neq A$$

이다. 등호가 성립하지 않는 건 유한한 가치를 갖는 좌변 P에 대해서, 우변의 가치 A가 무한대로 간주되어 있기 때문이다. 그에 반해서 계집 A가 노예였다고 한다면,

$$P = A$$

이다. 이건 보통 매매 때와 똑같다. 두 가지 식의 차이를 불러일으키는 건, 물론 우변이다.

차이의 포인트는 어디에 있는가. 차이를 불러일으키고 있는 요인을, 정확히 특정한다면 어떻게 될까. 이 점에 관해서는, 그레버가 적

확한 답을 제출하고 있다. 멀리서부터 유괴되어온 계집은 사회적 맥락으로부터 물리적으로 분리되어 있다. 일반적으로 사람들은 자신이 소속하는 가족이나 공동체 속에서 – 가족이나 공동체를 구성하는 여러 관계의 그물망 속에서 – 어떤 자인가이다. 그러나 노예나 포로는 어떤 자인가로서의 동일성identity을 부여하는 사회적 맥락으로부터 박탈당한 자들이다. 일반 결혼에서는 사랑의 도피와 같은 방식으로 데려오더라도 여성은 여전히 출신 가족이나 출신 부족의 사회적 맥락에 짜넣어져 있다. 그러나 멀리까지 유괴되어온 노예는 그런 사회적 배경을 완전히 상실한 자들인 것이다.

인간을 매매의 대상으로 삼기 위해서는 그 인간을 사회적 맥락으로부터 – 폭력을 써서 물리적으로 – 떼어낼 필요가 있다. 하지만 사회적 맥락 속에 위치지워져 있는 한은 인간(여성)은 어떠한 지불에 의해서도 양도되지 않는 대상으로 나타난다. 그와 같은 인간(여성)을 증여받은 자는 변제할 수 없는 부채를 지는 셈이다. 어째서인가. 생명의 존엄과 같은 것으로는 설명할 수 없는 건 명백하다. 노예도 생겨나고 있기 때문이다.

*

왜 인간(여성)은 그것에 대한 지불이 불가능한 대상으로서 나타나는가. 그 점에 답하기 전에, 또 하나만 유의해두고 싶은 게 있다. 무엇이, 곧 어떠한 물질이 원시 화폐로서 사용되는가. 그건 공동체마다, 지역마다 갖가지다. 티바족은 놋쇠 막대기였다. 메어리 더글러스의 조사에 의해 알려져 있는, 아메리카의 레레족에서는 라피아[야자]

포라는 옷감이나 캄우드로 불리는 막대기가 사용되고 있다. 이외에 지역마다 장식용 구슬, 조개껍데기, 새털, 개의 이빨, 그리고 물론 금이나 은, 팔찌나 목걸이 등등이 사용된다. 매우 다양하지만, 이들 사이에는 명백한 공통성이 있다. 이들 대부분이 신체의 장식에 사용되는 물건인 것이다(Graeber 2011=2016: 221, 241). 예를 들어 레레족의 라피아포는 의류를 위한 주요한 옷감이고, 캄우드 막대기는 남녀의 화장에 사용되는 붉은 도색가루의 소재라고 한다. 티바족의 놋쇠 막대기는 장신구의 소재이고, 또한 그냥 꼬아서 춤출 때 장착한다든지도 한다. 예외도 있지만, 대부분이 신체의 장식품과 관계되어 있다(예외 가운데서 최대의 것은 "소"인데, 그것에 대해서는 뒤에 논한다).

신체를 이들 물품에 의해서 장식하는 의미는 어디에 있는가. 그것들은 살아 있는 신체를 사회적 존재로 변용시킨다. 장식물이나 의류가 없는 벌거벗은 신체는 전前사회적이고 동물적인 수준에 있다. 장식함으로써 신체는 사회 내 존재가 되고, 공동체의 정식 멤버로서 — 다른 멤버들로부터 — 승인되는 것이다. 신체에 대해서 이와 같은 효과를 갖는 물체가 그대로 원시 화폐의 소재로서 활용되고 있는 셈이다. 게다가 재인식되지 않으면 안 된다. 사회 내 존재로서의 신체는 신체를 사회화하는 효과를 가진 물체로부터 이루어지는 원시 화폐를 아무리 거듭 쌓아도 그것에 의해서는 지불되지 않는 잉여를 띠는 것으로서 드러나고 있는 것이라고.

차이로부터 모순으로
─ 헤겔『대논리학』을 실마리로

여기까지 준비한다면 이 잉여가 어디서부터 오는지에 대한 고찰을 앞으로 밀어붙일 수 있다. 인간(여성)에 대해서는 어째서 지불이 불가능한가. 그 불가능성이 역설적인 성질을 가진 원시 화폐의 지불에 따라서 특별하게 보여주지 않으면 안 되는 건 어째서인가? 여기에 어떠한 논리가 작동하고 있는가?

이 문맥에서 헤겔『대논리학』의 어떤 한 구절이, 우리의 탐구에 구조선을 보내온다. 거기서 그는 "아버지"를 예로 들어서, 사회적 역할에 관한 규정이 차이로부터 모순으로 이행한다고 논하고 있다. "차이"는 동일성의 이면이다. 예를 들어 "아버지"라는 동일성은 "아이"와의 차이에서 규정된다. "차이"는, 그 때문에 무언가로서 적극적으로 동정할 수 있는 것이어서, 의미 작용을 부여하고 있는 상징적인 것 (원시 화폐)과 등호로 결부될 수 있다. 그러나 "모순"은 무언가로서의 동정으로부터 도망치고 있는 것이어서, 그와 같은 등호가 성립하지 않는다. 헤겔은 어떠한 논리로, 차이로부터 모순으로 이행하는지 논하고 있는가

아버지는 아이의 타자이고, 아이는 아버지의 타자여서 각각은 이처럼 타자의 타자로서만이다. 더구나 동시에, 한쪽의 규정은 다른 쪽과의 관계에서만이다.……아버지는 아이에 대한 관계를 벗어나도 독립적으로 늘 있는 것이다. 그러나 그 경우에 아버지는 아버지가 아니고 사내 일반이다.……서로 대립한 두 가지 것은 그것들의

동일한 견지에서 부정적으로 관계하는 것이고, 혹은 상호 지양하고, 상호 무관심한 그 한에서 모순을 포함하고 있다.(Hegel 1812-16=1994→2002. 인용은 『ヘーゲル 大論理学 中巻』 武市健人 訳, 80쪽)

여기서 헤겔은 어디에 "모순"이 포함되어 있다고 말하고 있는 것일까. 곧잘 이루어져온 해석은, 내가(아이와의 관계에서는) 아버지이고, (자신의 아버지와의 관계에서는) 아이라는 게 모순이라는 것이다. 그러나 아버지라는 규정과 아이라는 규정은 다른 관계를 전제하고 있기 때문에 그 양면이라는 건 모순도 아무것도 아니거니와, 헤겔은 실제로 그런 건 문제삼지 않는다.

주목해야 할 부분은 아버지인 나는 아이와의 관계로부터 벗어나서도 자신의 존재를 보유하고 있는 것인데, 이때는 단순한 "사내 일반이다"에 지나지 않는다. 곧 아무것도 아니다 – 무無이다 – 로 여겨지고 있는 것이다. 모순은 여기에, 곧 내가 아버지이자 동시에 무라는 부분에 있는 것이다. 내가 타자(아이)에 대해서 무엇인지(아버지다)라는 것과 – 내가 타자와의 관계로부터 벗어나서 자기 자신에서 – 혹은 자기 자신에 대해서 – 무엇인지(무이다)라는 건 서로 부정적으로 관계하고 있고, 모순을 포함하고 있다. 헤겔은 이처럼 논하고 있는데, 좀 더 자세히 해석해보자.

마르크스가 말하고 있듯이, 인간은 여러 관계의 총체ensemble이고, 타자와의 관계로부터 벗어나버린다면 아무것도 아니다. 그럼에도 불구하고 그 "무"라고 하는 레벨을 고려하지 않으면 안 된다는 게 헤겔의 주장인 것이다. 긴요한 것으로서 거듭 확인해보자. 내가 타자와의 관계의 내부에서 무언가이다. 바로 그 한에서 내가 관계로부터 떨어져나갔을 때는 무라는 게 의미를 갖는다(앞에서 인용한 문장 속에서 "동일한 견지에서"라고 하는 건 이 점을 지적한다). 거꾸로 말하자면, 나의 이타 존재, 나의 사회적 존재가 처음부터 무시할 수 있는 것이라면 내가 "무"라는 수준도 문제가 되지 않으면 안 된다, 어째서인가? 어째서 내가 타자와의 관계에서 무엇인가일 때 그런 관계로부터 떼어낸 나의 "무"가 필요해지는가?

그건 다음과 같이 설명할 수 있을 것이다. 나는 타자와의 관계 속에서 무언가로서, 예를 들어 "아버지"로서 규정된다. 이와 같은 규정이 효력을 갖는 건, 곧 내가 "아버지"가 되는 게 무엇이어야 할지를 자각하고, "아버지"답게 처신한다든지, "아버지"의 규범에 반했을 때는 죄의 의식을 갖는다든지 하는 건 내가 나에게 "아버지"라는 역할을 배분하는 관계의 네트워크 전체를 긍정하고, 그걸 굳이 선택해서 인수하고 있는 한에서. "관계의 네트워크 전체"란 "아버지"를 위치지우는 가족 내적인 관계의 모든 것이든, 혹은 가족을 그 내부에 포함하는 공동체 내부의 사회 관계의 네트워크 전부다. 그런 "관계의 네트워크 전체"를 인수하는 "나"란 무엇인가 하고 생각할 때 나는 타자와의 관계로부터 떼어낸다면 아무것도 아닌 것이기 때문에 그건, 결국 우선은 "무"라고 할 수밖에 없는 것이다. 그리고 내가 이처럼 공허인 이상은, 나에게 있어서의 대상, 내가 인수하려 하고 있는 "관계의 네트워크 전체"도 또한 적극적으로는 무엇이라고도 규정할 수 없는 "무"로서 나타난다. 여기서는, 말하자면 무(관계의 네트워크 전체)의 자기 규정, 자기 언급이 문제가 되고 있는 것이다.

＊

혜겔을 경유한 이상의 고찰을 실마리로 해서 본래의 물음에 대한 결론을 끌어낼 수 있다. 인간(여성)을 증여함으로써 생긴 부채가 어째서 변제할 수 없는 것으로서 나타나는가? 곧 인간(여성)이 그것에 대한 댓가가 불가능한 대상이 되는가?

여성은, 가족이든 씨족이든, 혹은 부족이라고 하는 자신이 소속해 있는 공동체에서 무언가로서의 사회적인 동일성identity을 갖는다. 그녀는 출신 가족에서 "딸"이고, "자매"이다. 이때 동시에, 혜겔에 따라서 살펴보았던 것과 같은 논리가 작용해서 그녀가 커밋트하고 인수하고 있는 "관계의 네트워크 전체"도 주제화되어 있다. 곧 그녀가 소속해 있는 가족이나 씨족이나 부족이 무엇인지가 주제가 되어 있다.

그 때문에 남성의 가족이, 별개의 가족 속에서 "딸"이고 "자매"이기도 했던 여성을, 처로서 보내졌을 때 그 여성에게는 그녀의 출신 공동체(출신 가족)의 동일성 그 자체가 맡겨지고 있다. 그렇다고 한다면 여성의 수취자가 되는 남성 쪽 가족은 여성의 유용성에 대해서가 아니라, 그 여성의 배경이 되는 상대방 공동체의 동일성에 대해서 지불하지 않으면 안 된다. 하지만 그 동일성은 적극적으로는 규정할 수 없는 것으로서, 곧 "무"로서 나타날 수밖에 없다고 하는 걸 서술해왔다. 원시 화폐와 같은 상징적인 재화가 의미하는 역설, "그것에 대해서 등가인 걸 갚음으로써 지불하는 건 불가능하다"는 표시는. 여성들에게 맡겨져 있는 공동체의 동일성의 규정 불가능성에 대응하고 있는 건 아닐까.

원시 화폐는 많은 경우에 인간의 사회적인 존재 성격을 표시하는 물체다. 여성을 보내게 될 때 "이것에 의해서 지불하는 건 불가능하다"는 걸 보여주는 토큰으로서 원시 화폐가 지불된 것이었다. 이 원시 화폐에 의해서 의미지워져 있고, 그걸 한편이 주고 다른 편이 받아들임으로써 양자가 승인하는 건 증여된 여성에게 가탁假託된 그녀의 출신 공동체의 동일성이다. 더구나 그 동일성은 "규정 불가능하다"는 역설의 형식으로 지시되어 있다. 이 역설이 원시 화폐의 역설("이건 지불이 아니다")에 정확히 대응해 있다.

앞서 "원시 화폐가 계집에 대한 지불이 될 수 없는 건 계집을 보낸 가족에게 있어서 딸이든지 자매라고 하는 그 계집이 둘도 없는 개인이기 때문이다"라고 하는 현대인에게도 알기 쉬운 논리를 접어두었다. 하지만 이 논리에는 반쪽의 진실이 있다. "둘도 없는"이라는 단일성, 어떠한 술어에 의해서도 서술할 수 없는 특이성이 규정되어 있는 건 그 여성 개인이 아니라 여성이 소속해 있는 공동체다.

그러나 여성을, 소속 공동체로부터 폭력적으로, 물리적으로 떼어내버리면, 곧 여성으로부터 그 사회적인 존재 성격을 빼앗아버린다면 방금 이야기한 것과 같은 복잡한 문제는 모조리 사라진다. 여성은 이제야, 그 신체의 직접적인 유용성에 의해서 매매되는 셈이다. 노동력으로서의 가치, 출산 능력으로서의 가치는 계산 가능하고, 그것에 대한 지불도 가능하다. 먼 나라로부터 전리품으로서 빼앗아온 여성, 노예로서의 여성에 대해서라면 원시 화폐에 의해서 지불을 완결지울 수 있다.

사내의 명예

먼 나라로부터의 전리품으로서 빼앗아온 여성을 노예화했을 때 그 노예에 대해서는 원시 화폐는 지불 수단으로서 기능한다. 여기에 원시 화폐로부터 통상적인 화폐로의 전환의 전조가 있다. 이 논점의 연장선상에서 데이비드 그레버는 "명예" ─ 인간으로서의 기본적인 존엄을 넘어선 명예 ─ , 특히 "사내의 명예"에 관해서 몹시 흥미로운 견해를 제기하고 있고, 검토할 값어치가 있다 (Graeber 2011＝2016: 250-9).

그레버에 따르면, 명예honor는 존엄 그 자체와는 별개의 것이어서, 말하자면 잉여 존엄surplus dignity(과잉한 존엄)이다. 자본가가 얻는 잉여 가치는 노동자의 노동력 착취에 근거해 있다. 그와 마찬가지로, 잉여 존엄인 명예는 타자의 명예의 약탈과 상관되어 있다. 한편의 쪽에 명예가 발생하고 있을 때 다른 편 쪽에서는 그것과 정확히 들어맞는 명예 박탈degradation이 생기고 있다고 하는 것이다. 어째서인가. 그리고 이 점이, 이제까지의 논의와는 어떻게 관계하고 있는 것인가.

어떤 자 a가 누군가 다른 자 b를, b가 소속해 있는 가족이든 부족이라는 사회적 맥락인 공동체 B로부터 떼어내어서 ─ 전형적으로는 노예로서 탈취하여 ─ 자기 자신의 사회적 맥락 A 속에 재정위했다고 해보자. 여기서 또 한번 확인해보자. 인간 b는 B로부터 떼어내지 못하는 사회적 존재로서는 무한한 가치를 갖고, 그것에 대한 지불은 불가능했었다. 곧 b에게는 존엄이 있었다. 그러나 b가 B로부터 폭력적으로 떼어내져버린다면 b는 통상적인 상품처럼 매매 가능한 것이 된다. 이때 b를 빼앗긴 공동체(가족이나 부족) B 쪽에게는 명예 저하가 생기고 있다. 이 저하한 몫만큼의 존엄의 잉여가 b를 빼앗은 쪽 – 곧 a와 A – 에게는 발생하고 있는 것이다. 이것이 "명예"의 기원이라는 게 그레버의 설이다. 명예는 "교환"의 게임, 일종의 제로섬 게임에서 발생한다는 셈이다.

그레버는 몇 가지 역사적 사실에 의해서 명예를 둘러싼 이와 같은 해석을 뒷받침하려 하고 있다. 가장 단순한 예만 소개해보자. 중세 초기의 아일랜드 경제다(Graeber 2011=2016: 259-66, Doherty 1980: 67-89, Eska 2011: 29-39). 그 내부에서는 대부분 시장다운 건 없었다. 곧 증여에 의한 호수적인 교환이 주요한 경제의 형태여서, 일용품 등은 가격을 전혀 갖지 못했다. 증여에서 지불로서 사용되는, 원시 화폐의 대표는 "소"였다. 예를 들어 영주는 신하에게는 소를 증여하고, 신하는 영주에게 정기적으로 음식물을 납부하지 않으면 안 되었다. 다만 외국과의 사이에서는 교역이 이루어지고 있었다. 그러나 아일랜드에게는 대단한 광물 자원이 없어서 외국으로부터의 사치품에 대한 지불로서 사용되었던 "화폐"는 "소와 인간(노예)"이었다고 말해지고 있다. 설령 현존하는 가장 오래된 기록이 있는 600년 전후에는 이미 노예 교역은 – 아마 그리스도교의 영향으로 – 삭감되어 있어서 교역의 지불은 소나 컵, 은제품(브로치 따위)이, 또한 거래가 소규모일 때는 밀이나 귀리의 푸대가 사용되고 있었다고 한다. 여기서 주목하고 싶은 건 아일랜드 내부에서 이루어진 증여에서도, 또한 외부의 나라와의 교역에 관해서도 부채를 계산하는 화폐의 단위가 "쿠말cumal"이었던 것이다. 쿠말은 소녀 노예인 것이다. 왜 쿠말인가. 이미 소녀 노예에 의해서 지불되는 건 없었는데.

명예는, 아일랜드에서도 특별히 중요한 관념이었다. 명예는, 타자의 눈에 비친 존엄의 도장이고, 그 때문에 "면목face" 그 자체다. 또한 어떤 인물의 명예는 모욕이나 불명예로부터 그 자신이나 그의 가족 · 종자從者를 지키는 능력이라는 의미에서 "힘"이기도 하다고 그레버는 서술한다. 당시의 아일랜드 사회에서는 모든 자유인에게, 명예 댓가honor price가 정해져 있었다. 명예 댓가란 그 인물의 존엄에 대한 모욕에 대해서 지불하지 않으면 안 되는 가격이다. 등급매겨져 있고, 이것이야말로 곧바로 "쿠말"로 계산되어 있었다. 예를 들어 왕의 명예 댓가는 7쿠말, 곧 소녀 노예 7명 몫이다. 하지만 방금 이야기했듯이, 왕을 모욕했을 때 모욕자가 실제로 지불했던 건 노예가 아니라 젖소(21두)나 은(21온스)이었다. 그러나 쿠말로 명예 댓가는 표시되었던 것이다.

명예 댓가는 "속죄금"과는 별개의 것이다. 속죄금이란 생명의 가격이고, 그 인물을 살해했을 때 지불하지 않으면 안 되는 배상금에 해당한다. 그 인물의 중요성 여하에 관계없이 얼마 되지 않는 모욕에 의해서 명예 댓가의 지불 의무가 발생했다고 한다. 예를 들어 그 인물을 향연에 초대하지 않았다든지, 수치스러운 이름을 붙인다든지, 풍자에 의해 모욕하든지 하는 것이다. 풍자에 관해서 말하자면, 중세 아일랜드에서는 그건 세련된 기예여서 시인은 마술사 부류로 간주되어 있던 바가 흥미롭다. 교묘한 – 예를 들어 상수上手에게 운韻을 단다 – 풍자에 의해서 장난을 친다든지, 적대자를 다치게 할 수 있는 것이라고. 풍자의 이런 마술은 아마 상대방의 존엄에 대한 공격성의 유추에서부터 오고 있는 건 아닐까.

너무나 불명예로운 짓을 했을 경우에는 그 인물의 명예 댓가가 떨어지는 일도 있었다고 한다. 불명예스러운 짓은 방문한 부호를 문전 박대한다든지, 도망자를 숨겨둔다든지, 도둑질한 걸 알고 있는 소의 스테이크를 먹는다든지, 자신을 모욕하는 시인에 의해서 풍자당한 채로 재판소에 소송을 걸지 않았다든지 하는 것이다. 이 제도를 보자면, 중세 아일랜드에서는 정치 권력과 사법 권력이 분리되어 있던 걸 알 수 있다, 정치 권력의 정점에 있는 왕에 대해서조차도 전쟁에서 도망친다든지, 왕의 위엄에 어울리지 않는 노동(밭 일 등)을 했다든지 하는 걸 이유로 해서 재판관은 명예 댓가의 강등을 명령했기 때문이다.

그렇다고 해도 의문은, 왜 쿠말인가이다. 명예 댓가는 어째서 쿠말로 계산되고 있는가. 호수적인 증여에서의 부채는 어째서 실제로는 사용되지 않는 소녀 노예로 계산되었는가. 교역에서의 화폐 가치의 계산 단위가 쿠말이었던 건 어떤 이유인가. 노예의 유용성의 유비적인 확장이라는 것으로는 설명할 수 없다. 애초에 노예란 명예 댓가가 제로인 자인 것이다. 그걸 아무리 거듭 쌓더라도 자유인의 명예 댓가와 같을 수는 없을 것이다. 또한 노예의 유용성이 중요하다면 왜 실정에 맞춰서 소의 유용성으로 계산하지 않았을까. 여기서 살펴본 모든 사용례에서 소녀 노예에 의해서 표시하는 게 가장 적절하다는 감각이 있었을 것이다. 그건 무엇인가.

어떤 개인을 노예로 삼는다. 그 노예화에 의해서 그 개인으로부터 존엄은 박탈당한다. 그 빼앗긴 존엄의 크기가 "명예"의 표현에 어울린다는 감각이 있었을 것이다. 결국 어떤 개인의 명예란 타자의 존엄(명예)을 탈취할 수 있는 능력이었기 때문이다. 존엄을 빼앗긴 자는 그것에 대한 지불이 가능한 사물이 된다. 화폐의 가치도 또한, 노예에 의해서 표현되었던 건 이 때문일 것이다.

*

명예를 — 그레버에 따라서 — 이처럼 파악한다면, 예를 들어 왕이 일반적으로 주위에 많은 노예나 환관을 거느리게 되는 건 어째서인지도 이해할 수 있을 것이다. 일반적으로 왕의 명예는 말하자면, 그가 노예화할 수 있는 타자들의 존엄의 총량이다. 이 점을 과시하기 위해서 왕은 노예나 환관을 주위에 둔다. 이처럼 해서 최대한으로 상찬賞讚받는 신체와 최고로 핍박받고 있는 신체 사이에는 표리일체의 관계가 구성된다.

호메로스의 시대(기원전 8세기)는 그리스도 시장 경제가 미발달 단계에 있다. 서양 문학의 최초의 걸작으로 여겨지는 건 말할 것도 없이 『일리아스』다. 이 장편 서사시의 발단에 위치한 이야기는, 오늘날의 우리가 보기에는 매우 시시한 다툼이다. 트로이를 공격하고 있는 그리스군 내부에서 총대장 아가멤논과 용자 아킬레우스가 다투고 있는 것이다. 아킬레우스가 지니고 있던 노예를, 아가멤논이 얼토당토하지 않은 이유로 거두어들였는데, 그 처리를 그리스군 동료도 지지했기 때문에 아킬레우스는 격노하여 자신의 군대를 물려버린다. 이 다툼의 원인이 되었던 계집 노예는 아킬레우스의 전리품이다. 그는 트로이의 어떤 마을에서 그녀의 아버지와 형제를 살해하고서 계집을 유괴해왔던 것이다. 여기서 노예화함으로써 빼앗긴 존엄이야말로 명예로서 축적된다는 그레버의 설을 받아들인다면 아킬레우스의 노여움의 의미가 오늘날의 우리에게도 이해될 것이다.『일리아스』에서는 이 계집 노예는 아킬레우스를 사랑하고 있었다고 말해지고 있지만, 그건 분식粉飾이고, 강간을 찬미하고 있는 것처럼 생각되는 점에 마음 편안하지 못함을 느낀 시인이 사실(혹은 토대가 되었던 전승)을 비튼 건 아닌지라고 그레버는 추측하고 있다(Graeber 2011=2016: 691).

아무리 명예가 있는 자라도 불행한 전투에서 패해서 포로가 되어버린다면 어김없이 노예가 된다.『오디세이아』의 오디세우스는 이타케로의 귀환 도중에 몇 차례나 노예가 된다. 싸운다는 건 전사에게 있어서 명예의 모든 걸 거는 것이다. 다른 관점에서 보자면, 질 때 실추하는 양이 크면 클수록 위대한 전사였던 셈이다. 그레버는 3세기 로마 황제 발레리아누스의 에피소드를 인용하고 있다(Graeber 2011=2016: 285). 그는 에딧세 전투에서 패해 포로가 되고, 나머지 인생을 사산조의 황제 세브레 1세가 말을 탈 때 족대로서 지냈다……고 한다. 다분히 이건 사실이 아니다. 하지만 사람들은 황제의 영락에 크게 감동하고 마음이 끌린 것이다. 이것이야말로, 거꾸로 황제의 위엄과 명예를 뒤쪽에서부터 비춰내고 있기 때문이다.

가부장제의
하나의 기원

여기서 다시, 통상의 결혼 쪽으로 눈을 돌려보자, 계집을 전쟁에 의해 강탈해서 노예로 삼는다면 그 반작용으로서, 빼앗은 사내 쪽에는 잉여 존엄으로서의 명예가 발생한다고 서술했다. 통상적인 결혼도 승인된 약탈의 형식을 취하고 있고 – 앞서 소개한 티바족의 결혼을 상기해보면 좋을 것이다 –, 그런 의미에서는 똑같은 지향성을 갖고 있다. 곧 사내는 계집을 빼앗고, 자신의 명예로 삼으려 하고 있다. 하지만 통상적인 결혼에서는 그건 성공하지 못한다. 결혼해서도, 계집은 원래의 가족이나 후견인에 대한 소속을 잃지 않기 때문이다. 그 점의 표현이, 거듭해서 이야기했듯이 원시 화폐의 본래의 사용법이다. 곧 계집을 증여받은 사내와 그 친족에게, 변제할 수 없는 부채가 남아 있다는 걸 보여주는 게 원시 화폐다.

거꾸로 말하자면, 계집이 실로 빼앗겨버린다면 이 사실은 빼앗긴 쪽의 가족이나 공동체에게 있어서는 엄청난 모욕, 명예 박탈을 의미한다. 앞 절에서 호메로스의 『일리아스』에서 언급한 것으로, 여기서도 이 서사시를 상기해보자. 그리스인(아카이아인)과 트로이 사이에서 어째서 전쟁이 벌어졌는가. 그것은 트로이의 사내(파리스)가 그리스 쪽의 계집(스파르타 왕 메네라오스의 비 헬레네)을 빼앗아가버렸기 때문이다. 신화나 서사시 속의 일이라고는 해도 고대 그리스에서는 계집을 빼앗기는 건 원정군을 보내서 10년이나 계속 싸우기에 충분한 이유가 될 수 있는 것이다.

"여자를 빼앗긴다"는 건 본래는 계집을 전쟁 등에서의 폭력에 의해서 데려가는 걸 의미하고 있을 테지만, 이제까지의 논의를 전제로 생각한다면 그것만은 아닌 걸 알 수 있을 것이다. 화폐에 의해서 계집을 사버린다면 그 계집은 빼앗긴 것과 똑같은 셈이다. 거듭 이야기했듯이, 여성을 받음으로써 생긴 부채는 본래는 변제할 수 없다. 그러나 가령 계집을 받아들인 것에 대해서, 완전하게 지불이 이루어져버리게 된다면 계집은 출신 가족으로부터 빼앗는 셈이다. 지불의 완결은 그 계집이 본래의 사회적 맥락으로부터 완전하게 떼어낸 걸 의미하고 있기 때문이다. 그리고 또다시 확인하자면, 그건 빼앗긴 쪽에게 있어서는 대단한 굴욕이다.

화폐의 사용이 일반화되고, 그것과 더불어 빈부의 차가 나타난다면 빈자에게 있어서는 "결혼"이 사실상 딸을 매각하는 걸 의미하는 것처럼 된다. 가난한 가족에게 있어서는 그 구성원은 임대한다든지, 매각할 수 있는 상품이 되는 것이다. 가장이 처나 딸에게 매춘시키는 일도 있었다. 페미니스트 역사가 겔더 러너에 따르면, 상업 매춘의 하나의 원천은 농민의 궁핍화나 (기아에서 살아남기 위한 차입금에 기인하는) 채무 노예의 발생에 있다. 아이가 차입금의 담보로서 양도된다든지, "양자"의 명목으로 팔린다든지 하는 일도 있었다. 노예에 대신하는 수단으로서, 계집들이 스스로 매춘부가 되는 것도 있었다고 한다(Lerner 1986=1996).

여기서 흥미로운 건 부유층의 반응이다. 가족의 계집을 판다든지 빼앗기는 건 그 가족(의 사내)에게 있어서는 엄청 불명예스러운 일이다. 따라서 일정 정도 이상으로 부유한 가족은 자신들의 딸이나 자매의 신체가 어떠한 조건이 붙어 있더라도 매매의 대상은 될 수 없다고 하는 걸 외부 사람들에게 과시하지 않으면 안 된다고 하는 셈이다. 예를 들어 딸의 처녀성이라는 게 가족에게 있어서 중요한 가치를 갖는 게 된다. 처녀성에 구애받았던 건 그 여성의 형제나 부친이다. 미혼 여성이 처녀가 아니다―처녀가 이미 박탈당해 있다―라는 이야기가 들린다는 건 그녀를 보호하고 있는 형제나 부친에게 있어서 불명예스런 일이었기 때문이다. 이리하여 성적 존재로서의 여성이 특정한 남성의 사적 영역 속에 짜여넣어지고, 영구히 귀속된다는 일이 생긴다.

예를 들어 오늘날 이슬람교와의 관계에서 곧잘 문제시되는, 여성의 베일 착용 관행의 원류도 이런 상황에 있다. 베일은 여성의 육체성이 사내의 사적 영역 외부에 드러나는 걸 방지하기 위한 것이다. 베일은 그녀가 팔리는 일이 없는 계집, 비천하지 않은respectable 계집이라는 걸 표시했다. 중동에서의 베일 착용은 이슬람교가 가져온 건 아니다. 러너에 따르면, 기원전 1400년부터 기원전 1100년 사이에 제정된 아시리아 시대의 법전에 베일 착용에 대한, 알려질 수 있는 한에서의 가장 오래된 언급이 보인다고 한다. 매매의 대상이 되는 비천한 계집과 매매되지 않는 비천하지 않은 계집 사이의 구별을 정하고 관리하는 게 국가의 책임이라고 간주되고 있던 것이다. 이 법전은 고귀한 계집에서부터 비천한 계집까지를, 5가지 랭크로 구별하고 있다고 한다. 오늘날의 우리에게 있어서 의외로 생각되는 건 처벌은, 마땅히 그래야 할 여성이 베일을 착용하지 않았을 때 부과되는 게 아니라, 거꾸로 창부나 노예인데 베일을 착용한 여성에게 향해졌다는 점이다.

가부장제는, 어떤 종류의 "순결"의 보호라는 목적 때문에 여성을,

남성이 지배하는 가족의 사적 영역으로 가두어놓고서 여성의 자유를 빼앗는, 이와 같은 행동 방식에 하나의 기원을 갖고 있다 ─ 고 그레버에 따라서 이렇게 말해도 좋을지 모르겠다(Graeber 2011=2016: 275-6). 그렇다고 한다면 가부장제는 (여성의) 성적인 신체도 상품이 될 수 있는 시장화에 대한 반동, 시장화의 거절에 ─ 모든 건 아니어도 하나의 ─ 원천이라는 셈일 것이다. 시장의 침투에 저항해서, 아버지에 의한 통제를 유지하고 재강화하려 했던 산물로서 가부장제가 생겨났던 것이다.

*

매춘에 대해서는 뒤에서 논하기 위해, 좀 더 서술해두지 않으면 안 되는 게 있다. 고대의 문명 사회 중에는 곧잘 신들에게 바친다든지, 신들과 결혼했다고 간주되는 여성이 있다. 예를 들어 수메르인 신전의 여신관이 그런 종류의 여성에 포함된다(일본의 이세진구伊勢神宮의 제관齊官도 또한 똑같은 종류의 여성이다). 그러나 신들과 결혼하고 있다(신들에게 바쳐지고 있다)는 건 구체적으로는 어떠한 행동을 띠는 것일까. 신들과 결혼한 이상은 인간과는 결혼해서는 안 된다 ─ 실질적으로는 독신으로 산다 ─ 는 케이스도 있다. 또한 인간 사내와 결혼해도 좋지만 아이를 갖는 건 허락되지 않는다는 케이스도 있다. 엘리트층의 정부情婦가 되는(엘리트층의 패트론을 갖는) 게 공인되어 있는 케이스도 있다. 그리고 신전에 대한 참배자에 대해서 성적인 서비스를 하는 데 책임을 지는 경우도 있었다고 한다. 이 경우에 여성이 하고 있던 일은 매춘과 똑같은 것이다(Graeber 2011=2016: 273, Stol

1995 123-44).

어떠한 행동을 하는 경우에도 이들 신에게 속하는 여성들은 "문명화"라는 걸 체현하고 있다고 생각되고 있었다. 어째서인가. 신들과 결혼했다는 건, 그 여성은 자신이 소속해 있던 가족이나 부족으로부터 떼어내졌다는 것이다. 그런 의미에서 여성은 이제는 증여 교환을 중심으로 하는 경제 속에는 있지 않다. 신들의 아내들은 시장이나 도시에 의해서 특징지어지는 세계로 이행해 있는 것이다. 그녀들이 문명화의 화신으로서 간주되는 건 이 때문이다. 실제로 그녀들은 무용이나 음악과 같은 기예에서, 혹은 생활하는 방식에서도 매우 세련되어 있었다.

성스러운 신관적 여성과 문명의 결합을 표현하고 있는 실례로서, 그레버는 『길가메시 서사시』의 엔키두 이야기를 인용하고 있다 (Graeber 2011=2016: 274). 『길가메시 서사시』는 반신반인의 영웅으로서 우르크의 왕 길가메시의 활약을 노래한 서사시다. 엔키두는 길가메시의 친구가 되는 인물로, 길가메시와 함께 싸우고 모험한다. 엔키두는, 그러나 신의 피가 섞여 있는 길가메시와는 달리, 최초에는 반쪽은 동물이다. 그는 언제나 벗고서 지냈고, 온몸이 털투성이고, 동물들과 함께 생활하고 있었다. 엔키두는 엄청 강해서 도시 사람들은 그를 쳐부술 수 없었다. 그래서 길가메시와 시민들은 이슈타르라는 신의 신관이기도 했던 성창부를 그의 밑으로 보낸다. 그녀는 엔키두 앞에서 나체가 되고, 6박 7일에 걸쳐서 그와 교접을 계속하였다. 그러자 엔키두는 탈동물화했던 것이다. 동료였던 맹수들이 그로부터 도망쳐버리고, 그의 쪽에서도 맹수의 말을 이해할 수 없다는 걸 알아차린다.

신성을 띤 여성과 교접함으로써 엔키두는 동물성으로부터 이탈하고, 예지를 몸에 지니고, 문명화된 인간이 되었다는 것이다.

엔키두 이야기는, 그러나 서사시의 종반에 불길한 역전이 암시되어 있다. 불행한 전개 끝에, 엔키두는 신들로부터 죽음을 선고받는다(신들의 힘에 의해서 치사적인 병에 걸린다). 이 운명을 한탄한 그는, 자신을 동물적 경계로부터 떼어내서 인간화했던 저 성창녀를 격하게 저주해버린다. 창부로 몸을 팔라고. 취해서 돈을 내는 손님을 상대로 삼는 것과 같은 계집이 되어버리라고. 그 뒤에, 그는 태양신에게 설득당하여 회개하고서 성창녀에게 신의 가호가 있기를 기도하지만, 그 전의 그의 저주는 창부의 양의성의 표현이 되고 있다. 성창녀와 가창街娼은 종이 한 장 차이인 것이다.

신들을 섬기는 계집은 신에 의해서 (그녀의 출신 공동체로부터) 빼앗긴 자다. 신들에게 바쳐지고, 신들에게 특별히 가깝다고 하는 것으로 보자면 그녀에게는 고귀함이나 성성聖性이 깃들어 있다. 그러나 그녀를 원래 후견하고 있던 사회적 맥락을 박탈당하고 있다는 관점에서 여성을 파악한다면 그녀는 존엄 없는 비천한 신체와 똑같은 것이다.

*

이 장에서의 고찰은 인간을 증여로 내몰고 있는 건 무엇인가라고 하는 본래의 탐구 목표로부터 크게 일탈한 것처럼 보일지도 모른다. 그러나 이 장에서 도출한 것들은 모두 다음 장에서, 이 물음에 따라서 탐구를 전진시키기 위한 복선인 셈이다.

4

소유와 증여

증여의 대립물로서의
소유

사람들은 왜 증여로 내몰리는가. 이 문제를 풀기 위해서, 또다시 증여와는 대립하는 상태를 고찰해보자. 증여와 대립하는 행위는 – 약탈이 아니라 – 점취다. 점취에 반복 가능성을 부여해서 코드화했을 때 "소유(와 비소유)"가 된다. "소유"라는 코드는, 루만에 따르면 갖가지 양식의 교환, 특히 상품 교환과 세트가 되지 않는다면 안정적으로 기능하지 않는다. 소유는 반드시 비소유자를 낳지만, 희소성을 증대시킨 비소유자에게 만회의 가능성을 부여하지 않으면 안 되기 때문이다. 말할 것도 없이, 상품 교환은 화폐에 의해서 매개된다. 따라서 "소유"라는 코드와 "화폐"라는 미디어는 상보적인 관계에 있다.

증여의 반대물 계열을 추적해가면 상품 교환에 다다른다. 호수성을 지향하는 증여와 상품 교환은, 언뜻 보기에 유사하다. 귀중한 재화의 이동이 대조적이고 쌍방향적이라는 것, 그리고 교환 당사자의 평등성이 – 당위로서 – 상정되어 있는 것, 이들 점에서 양자는 공통한다. 그러나 상품 교환과 증여 교환 사이에는 현저한 차이가 있다. "소유"라는 개념을 전제로 해서 양자를 비교했을 때 다음과 같이 말할 수 있다. 제1장 제4절에서도 이야기했듯이, 상품 교환에서는 교환에 제공된 대상에 대한 소유권이 포괄적으로 이동하지만, 후자에서는 증여 속에도 소유권의 뿌리가 증여자에게 남아 있다고. 혹은 보다 엄밀하게는 증여에서는 소유(권)라는 개념이 기능하지 않는다고 해야 할 것이다. 무언가를 산다는 건 그 무언가의 소유권이 사는 자의 것이 된다는 것과 같은 뜻이다. 증여에서는 흡사 물건에 붙어 있는 껌과 같은 실이 결합되어 있는 것과 같은 것이고, 그 실의 발단점은 (최초의) 증여자 아래 머물러 있다. 곧 증여된 물건은 최후까지, 궁극적으로는 증여자에게 소속해 있는 것이다.

상품 교환은 - 소유권을 포괄적으로 이동시켜버리기 때문에 - 인간들 사이에 관계를 형성하는 힘을 갖지 않는다. 관계는 상품이 교환되고 있는 그 장소만의 것에 한정된다. 상품 교환의 현장을 넘는 관계가 형성되는 건 아니다. 그에 반해서 증여는 주는 쪽과 받아들이는 쪽 사이에 증여의 순간을 뛰어넘어서 잔존하는 (반)영구적인 관계를 형성한다. 앞 장에서 우리는 로스파베에 시사받으면서 인간(여성)은 그것에 대한 변제가 불가능한 것으로서 증여된다고 서술했다. 증여가 형성하는 관계는 이 완전하게는 소멸하지 않는 부채의 그림자다.

이처럼 증여와 (상품 교환과 필연적으로 결합되어 있는) 소유는 대립적인 관계에 있다. 그래서 먼저, "소유"라고 하는 개념의 내적인 구성을 살펴보도록 하자. 그 위에서, 이른바 "소유"로부터 역산하는 것처럼 해서 "증여"를 성립시키고 있는 틀을 풀어보자.

*

상품 교환의 지배, 상품 교환이 그 사회의 패권적인 교환 양식이 될 때, 동시에 소유(권)의 관념이 성립한다. 그리고 소유권이야말로 모든 권리의 원형이다. 우리는 무엇무엇의 권리를 소유한다, 등을 말한다. 게다가 소유권 자체가 자기 적용적으로 소유의 대상이 된다("소유권을 소유하고 있다"라고). 이 관념을 법적으로 정비했던 건, 물론 서양이다. 서양에서의 소유권 개념의 기원을 개관해보자.

이 개념의 원류도, 다른 모든 중요한 법적 개념과 마찬가지로 로마법에 있다. 루돌프 폰 예링에게는, 로마 제국은 3차례 세계를 정복했다고 하는 유명한 말이 있다. 첫 번째는 군대에 의한 정복이고, 두 번째는 종교에 의한 정복, 그리고 세 번째는 법률에 의한다(Ihering 1877). 그레버는 뒤로 갈수록 정복의 정도가 철저하다고 예링의 격언에 사족적인 문언을 덧붙이고 있다(Graeber 2011=2016: 300). 확실히 첫 번째는 로마 제국 자체도 군사적으로 붕괴하고 있다는 걸 생각한다면 일시적인 정복에 불과하고, 또한 공간적으로도, 지금으로부터 되돌아보자면 유라시아 대륙의 일부를 정복했을 뿐이어서 뒤에는 훨씬 커다란 제국도 나타나고 있다. 두 번째의 정복은 확실히 보다 지속적이고 동시에 광범위하게 미치는 것이지만 로마 제국에 의한 정복이라기보다 로마 제국도 또한 그것에 의해서 정복당한 종교인 그리스도교에 의한 정복을 가리키고 있다. 이들에 반해서 세 번째의 정복은 절대적인 로마 제국에 의한 정복이고, 동시에 근대 생활에 불가결한 개념에 많은 걸 제공하고, 오늘날의 우리도 그 영향권 속에 있다.

그렇다면 로마법에서 소유dominium란 무엇인가. 그건, 사람들이 물건에 대해서 갖는 절대적인 권력에 의해서 특징지어지는 "사람과 사물의 관계"로서 정의된다. 하지만 이 정의는 너무나도 간단히 이해할 수 있는 동시에, 너무나도 어렵다. 무엇이 어려운가. 법적으로 주제가 되어야 할 "관계", 법에게 있어서 적절한relevant "관계"란 전적으로 "사람과 사람의 관계"는 아닐까. 사람이 사물에 대해서 갖는 관계 따위란 건 법적으로는 의미를 갖지 않는다. 사람이 어떤 사물에 대해서 절대적인 권력을 행사한다는 건 어떠한 것인가. 대상이 단적인 사물일 때 이 점은 아무것도 의미하지 않는다.

하지만 사태를 잘 관찰하고 반성해보면, 소유를 성립시키고 있는 건 사람과 사물의 관계가 아닌 걸 알 수 있다. 소유를 뒷받침하고 있는 건, 사물을 둘러싼 사람들의 요해나 암묵적인 약정이다. 어떠한 요해·약정인가. 예를 들어 내가 나이프를 소유하고 있다고 해보자. 내가 나이프에 대해서 절대적인 권력을 갖고 있다고 하는 건 어떠한 상태인가. 나는, 나이프를 어떻게 사용하는 것도 허용되어 있다는 것인가. 명백히 틀렸다. 나이프의 사용법의 대다수는 나에게 허용되지 않는다. 예를 들어 나이프로 타인을 찌르는 건 허용되지 않는다. 그렇다면 무엇이 "소유"인 것의 조건인가. 타자가―임의의 타자가―나이프를, 어떻게든 사용하는 걸 정지할 권리가 나에게 있을 때 나는 그 나이프를 소유하고 있다고 하는 게 된다. 타자에 의한 그 사용법이 나에 대해서라면 적절한 일로서 허용되어 있는 것과 같은 종류의 것이어도―예를 들어 "과일을 짜른다"는 것과 같은 것이어도―나는 그걸 멈춰세울 수 있다. 내가 이와 같은 약속을 전 세계의 임의의 타자들과 암묵적으로 결부되어 있을 때 나는 소유하고 있는 셈이다. 적극적·의식적으로 결부되지 않은 약속이 디폴트[定數]로 결부되어 있는 셈이라는 것이다.

이샤아 벌린의 자유에 관한 구분, 소극적 자유/적극적 자유를 사용한다면(Berlin 1969=2018), 소유의 성립에 관여하고 있는 건 독특한 소극적 자유다. 내가 나이프를 소유하고 있는 상태란, 나 이외의 모든 타자가 그 나이프에 대해서 최소한의 소극적 자유마저도 없는 상태다. 타자가 그 나이프를 사용하려 한다면 적어도 한 사람의 다른 자로 부터의 간섭을 받고, 그 간섭은 세상의 모든 사람에 의해서 – 디폴트 로서 – 승인되어 있기 때문이다. 그 "한 사람"이 나다.

이와 같은 착종된 사정이 있음에도 불구하고 로마법은 소유의 원형을 사적 소유로 간주한 위에서, 그 사적 소유를 소극적 자유가 아니라 적극적 자유의 선에서 규정했다. 사적 소유란 소유자가 소유물에 대해서, 바라는 걸 아무것이라도 할 수 있는 권력이라고. 곧 사물의 소유란 소유물에 적극적인 자유를 행사할 수 있다는 것이라고 여겨지는 셈이다. 적극적 자유에 의해서 소유를 정의한다면 소유가 사람과 사람의 사회 관계에 기초지어져 있다는 사정이 지각되지 못하고서 직접적으로 사람과 사물의 관계로부터 유도되는 것과 같은 착각이 생긴다.

그리고 로마법의 사적 소유의 이 개념을 계승했던, 유럽 중세의 법학자들은 소유의 요건이 되는 절대적 권력을 세 종류로 분류했다. 사용과 수익과 처분이다. 이 모든 게 갖춰져 있다면 소유의 조건을 만족시키게 된다. 이 이해는, 기본적으로는 오늘날까지도 계승되어 있다.

그렇다는 건 어떠한 교과서에나 대개 모두 씌어져 있다. 사회학적인 관점에서 생기는 의문은 이런 경위經緯 밖에 있다. 곧 로마 제국은 어째서, "소유"라는 점에 특별하게 강한 흥미를 가졌는가. 인간이 사물을 사용한다든지, 그걸 처분한다는 건 어디에나 있는 일이지만 소유의 이론을 전개했던 건 로마 제국뿐이다. 예를 들어 내가 나이프를 손에 넣었다고 해서 그 나이프에 관해서, 내가 그것으로 나무를 깎을지, 그걸 쪼개버릴지. 녹여버릴지, 혹은 또 누구에게 양도하든지, 팔고서 얼마의 돈을 얻을지 마음대로 해도 무방하다. 이걸 법에 의해서 엄밀하게 규정해야 하는 게 흥미롭게도 중요한 현상이다……라고 생각하는 것과 같은 학자가 있던 건 로마 제국뿐이었던 것이다. 법을 발달시킨 문명은 이외에도 몇 가지 있지만, "소유"라는 점에 로마 제국만큼 구속받은 곳은 없다. 다른 모든 사회가 취하기에 족하지 않는 시시한 것으로서 관심을 향하지 않았던 것에 일부러 "소유"라는 개념을 주었던 로마 제국이란 대관절 어떤 사회였을까.

노예와 호모 사케르

　　　　　　이 물음에 대해서는, 올랜드 패터슨이 한 설명이 가장 설득력이 있다고 그레버는 이야기하고 있다. 바로 그대로다. 패터슨에 따르면, 사적 소유의 관념은 노예제의 경험에서 유래한다. 노예가 있던 사회는 고대 로마 이외에도 몇 가지나 있던 건 아닌가라고 생각할 테지만, 좀 뒤에 서술하듯이 로마는 인구에 대한 노예의 비율이 유달리 높았던 것이다. 로마법의 정의에 따르면, 노예란 사물res인 인간이다. 이로부터 우리는 보통, 인간과 사물 사이의 소유의 관계가 있어서 그걸 인간과 인간의 관계로 전용해서 노예의 정의를 얻고 있다고 생각해버리지만, 패터슨에 따르면 추상의 순서는 이와는 거꾸로다(Patterson 1982=2001).

　단서에는, 역시 인간과 인간의 관계가 있다. 그와 같은 관계 속에서, 곧 그와 같은 관계의 하나의 극단적인 배리언트로서, 때로 한쪽의 "인간"성을 영[0]도로 삼을 수 있는 관계, 한편의 "인간"으로부터 인간으로서의 존엄을 빼앗고서 사물과 똑같이 취급할 수 있는 관계가 생겨난다. 그 "인간"의 인간인 바를 제로로까지 환원시켜버렸던 인간에 대해서는 — 그건 이제는 사물과 똑같은 것이어서 — , 도덕성을 문제삼을 필요가 없어진다. 그것이야말로 바로 주인의 노예에 대한 관계다.

그리고 이 [사]물화된 인간(노예)에 대한 관계를, 실제의 사물로 전용한다면 그게 (사적) 소유라는 게 된다. 이와 같은 이로理路는 실제로 역사적 사실에 의해 뒷받침된다, 초기 로마법 — 곧 가장 오래된 성문법인 기원전 450년 무렵의 12표법 — 에서는 노예는 아직 인간으로서, 가치는 낮지만 역시 인간으로서 취급되어 있었다(노예에 대해서 위해를 가할 때는 자유민에 대한 위해의 반액의 보상이 필요했다). 그러나 공화정 후기에는 노예는 사물res로서 정의되어 있고, 노예에 대한 위해와 가축에 대한 위해는 동일시되게 되었다. 이 공화정 후기야말로 "소유dominium"라는 개념이 출현한 시기에 해당된다. 곧 인간과 인간의 관계에서, 한편의 "인간"성의 성분의 가치가 점점 줄어들게 되고, 마침내 그게 제로가 되었을 때 그 제로가 된 "인간"과의 관계가 "소유"라고 하는 것에 기본적인 도식을 주었을 것이다. 패터슨은 다음과 같이 이야기하고 있다.

로마인이 어째서 사람과 사물 사이의 관계라는 관념을 발명하려고 했는지, 이해하는 건 어렵다(그건 대부분 형이상학적 관념이어서 그것 이외의 영역에서의 로마적 사고법과는 너무나도 다르다).

왜 그들이 사물에 대한 내적이고 심적인 힘을 바라고 있는지를 파악하는 건 불가능하다. 하지만 대부분의 경우에 그들이 염두에 두고 있던 "사물"이란 노예였다고 하는 걸 이해할 때 의문은 풀린다 (ibid: 31).

방금 이야기했듯이, 사적 소유를 의미하는 dominium이라는 말이 라틴어에 나타난 건 로마 공화정 후기에서다. 이 말 "dominium"은 "주인"이나 "노예 소유자"를 의미하는 "dominius"로부터의 파생어다. "노예 소유주"를 의미했던 말이 소유 일반을 의미하는 말로 전용되어 있기 때문에 이제까지의 논의와 아주 정합한다. 게다가 주목하고 싶은 건 "dominius"는 "주인"을 의미하고 있다는 점이다. 이 말을 더욱 어원 쪽으로 거슬러간다면 "domus"에 도달한다. 이 "domus"의 의미는 "가家", "세대"이거니와, 현대 영어의 "domestic"은 물론, 이 말에서의 파생이다. 그레버가 지적하고 있듯이, domus는 의미상으로는 familia, 곧 family와 겹쳐 있다. 곧 "소유dominium"는 "가족"과 관계된 개념이다. "노예"를 매개로 하자면, 양자의 연계가 보다 확실하게 보인다. "가족familia"의 궁극적인 어원은 "falumus"라고 한다. 이 말의 의미는 "노예"다.

가족familia이란 한 사람의 paterfamilia(家父)의 권위 아래 있는 인간의 집합을 가리킨다고 지적하는 그레버에 따라서, 이렇게 말할 수 있을 것이다. 로마의 법학자들은 "소유dominium" 개념 속에, 가장의 가정 내에서의 권위의 원리를 짜넣었던 것이라고. 가장의 권력은, 적어도 처에 대해서는 절대적인 건 아니었다. 가장의 처에 대한 권력이 한정적이었던 건, 처는 그녀 자신의 부친 – 또 한 사람의 가장 – 의 보호 아래 있었기 때문이다. 그러나 가장은 아이들에 대해서는, 또한 사용인이나 노예에 대해서는 절대적인 권력을 갖고 있고, 그들을 채찍질한다든지 팔아버리는 게 전적으로 자유였다. 이 가장의 아이에 대한 관계를, 인간이 사물에 대해서도 갖고 있을 때 그 인간은 사물을 사적으로 소유하고 있는 셈인 것이다.

*

이처럼 보게 되면 "소유"라는 개념은 "주권sovereignity"이라는 정치적 개념과 비슷한 곳에서 유래하고 있는 걸 알 수 있다. 조르조 아감벤은, 유럽에서 "주권"이라는 개념이 어디서부터 왔는지를 탐구했다. 아감벤이 주목했던 건 로마법에서 "호모 사케르Homo Sacer"라 불렸던 인물들이다(Agamben, 1995=2003). 호모 사케르로 뒤에 불리게 되는 카테고리에 들어가는 형상은 고대 그리스 단계부터 있던 것 같다. 호모 사케르란 무언가의 사정에 의해서(예를 들어 무언가의 죄에 의해서) 종교적인 법과 세속적인 법 양쪽의 적용 범위로부터 체념당한 자들이다. 곧 호모 사케르는 그것에 대해서 법적 · 도덕적인 관계가 의미를 이루지 못하는 인간이다. 가령 누군가가 호모 사케르를 살해해도 그 죄를 묻지 않는다. 호모 사케르와 노예의 유사성은 명백할 것이다. 노예의 주인에게 있어서 노예는 호모 사케르다. 아감벤은 또한 호모 사케르에 대한 권력과 동질적인 걸, 로마 가장이 아이에 대해서 행사할 수 있는 권한에서 찾아내고 있다.

주권 개념의 원천에 호모 사케르가 있다는 건 양자 사이에 쌍대적인 관계가 있는 걸 생각한다면 추측할 수 없는 게 아니다. 주권자 sovereign란 그에 대해서는 모든 사람이 잠재적으로는 호모 사케르인 것과 같은 인물인 것이다. 똑같은 건 이렇게 바꿔 말할 수도 있다. 호모 사케르란 모든 사람이 그와의 관계에서는 주권자가 되는 것과 같은 인물이라고.

　서양의 법의 역사에서 "소유(권)"와 "주권"은 형제와 같은 것이다. 노예(호모 사케르)에 대한 주권이 "사물'"에 대해서 발휘된다면 그게 "소유"가 된다. 이와 같이 생각할 수 있을 것이다.

　고대 로마에서 노예제의 체험을 베이스로 해서, 소유 개념이 창조되고 단련되었다. 이처럼 이야기했다. 하지만 그렇다고 해도 어째서 고대 로마인지, 노예가 있던 건 로마뿐이 아닌 데라는 의문이 생긴다. 그 원인은 정확히는 알 수 없지만, 앞서 이야기한 것 이상은 말할 수 없다. 곧 거의 틀림없이 확실한 건 고대 로마만큼 전 인구에 대한 노예의 비율이 높았던 사회는 인류사 속에서는 따로 없었다는 것이다. 어느 정도 노예가 있던 것인가. 하나의 추정에 따르면, 공화정 말기에는 이탈리아 반도의 당시 인구의 3~4할이 노예였다고 추정되고 있다(Hopkins 1978). 잇따른 전쟁과 그 승리에 의해서 노예의 수는 이상하게 팽창하고 있던 것이다. 그와 같은 사회에서 소유 개념이 창조되었다.

주인과 노예의
변증법

이 장의 여기까지의 논의와 앞 장에서 논했던 것의 연계는 명백할 것이다. 앞 장에서 우리는 다음과 같이 논했다. 인간(여성)은 공동체에 내속해 있는 한에서 그것에 대한 지불이 불가능한 무한한 가치를 갖는 것으로 간주되었다. 그러나 인간(여성)을, 그 사회적 콘텍스트로부터 떼어내서 "노예"로 삼으면 그 인간은 그것에 대한 지불이 가능한 대상으로 변모한다. 이 인간의 노예화에 수반되어서 상대방 공동체에 초래된 명예 박탈에 정확히 상당하는 잉여 존엄이 노예를 빼앗은 쪽에서 "사내의 명예"로서 축적된다.

이게 앞 장에서 논했던 것인데, 이 점을 이 장에서 이야기한 것에 접속하자면 다음과 같이 말할 수 있을 것이다. 타자의 노예화가 "사내의 명예"를 반작용으로서 초래하고 있다고 한다면 소유자가 소유물에 대해서 갖는다고 여겨지는 절대적인 권력은 "사내의 명예"의 축적의 산물이다. "사내의 명예"를 불러일으켰던 메커니즘이 제도화되고 지속된다면 "소유권"이 법적으로 확립되는 것이라고 말해도 무방할 것이다.

게다가 다음 점도 부가해보자. 앞 장에서 사내들은 "명예 박탈"을 두려워해서 계집들을 – 딸이나 자매를 – 가족의 사적 영역 속에 가두어놓는다고 이야기했다. 여기에 가부장제의 하나의 기원이 있다. 이때 사내가 계집들에게 미치는 권력은, 앞 장에서 시사했듯이 사적 소유를 초래하는 권력과 동질의 것이다.

*

이 장의 이제까지의 논의에서 가장 중요한 포인트는 다음 점에 있다. 소유는 일반적으로는 주체적·능동적인 인간과 불활성한 사물의 비대칭적인 관계로서 정의되어왔다. 그러나 그렇지는 않다. 이런 관계의 전제로서, 우선은 함께 능동적인 것과 같은, 대칭적인 이항의 관계 – 인간과 인간의 관계 – 가 있는 것이다. 거기서부터 출발해서 한쪽에 능동성이 독점되어 있는 것과 같은 상태가 "소유"다. 그리고 또한 "주권"이다.

그래서 그렇다고 한다면 우리는 이 논의에, 헤겔이 『정신현상학』에서 전개한 유명한 논리에 접속하여 후자에 의해서 전자를 기초지울수 있다. 여기서 염두에 두는 건 「자기 의식」의 장에 포함되어 있는, 저 "주인(지배)과 노예(예속)의 변증법"의 논리다((Hegel 1807=2018: 上 297-319). 여기서 헤겔이 고찰하고 있는 건 "자기 의식"의 복수성이 어떠한 갈등을 결과로 낳는가라는 문제다. 헤겔은 두 가지 대칭적인 자기 의식의 관계로부터 어떻게 해서 "주인-노예"의 관계가 생성되는지를 설명하려 하고 있는 것이다.

자기 의식은 정의상, 단독적singular이다. 자기 의식으로서의 〈나〉에 대해서는 세계가 그 총체로서 드러나 있다. 이 점은 〈나〉라는 자기 의식을, 공동체라든지 類라고 했던 집합의 한 요소로서 상대화할 수 없다고 하는 걸 함의하고 있다. 〈나〉는 – 이 〈나〉에게 있어서는 – 그것에 대해서 세계가 총체로서 눈앞에 나타나는 유일자·단독자일 수밖에 없다.

이때 자기 의식으로서의 〈나〉는 보편적인 타당성이라는 것에 대해서 무한한 권리를 주장할 수 있는 셈이다. 이건 당장은 아주 자명한 걸 이야기하고 있는 데 불과하다. 〈나〉를 공동체나 유의 멤버로서 상대화한다든지, 특수화하는 게 불가능해서 세계가 〈나〉에게 단독적으로 귀속하고 있다면 〈나〉에게 있어서 성립하고 있는 건 세계 전체에서 타당한 것 같은 보편성을 인정하지 않으면 안 되기 때문이다. 〈나〉는 단독적이기 때문에, 보편성에 대한 권리를 갖는 것이다. 단독성과 보편성은 〈나〉에서 역설적으로 합치한다.

어려운 문제는 그 앞에 있다. 〈나〉는 자신 앞에 있는, 다른 자기 의식을 만난다. 이때 무엇이 일어나는가. 〈나〉도 또한 눈앞의 〈타자〉도, 방금 이야기했던 이유에 의해서 집합적인 일반성으로 환원되지 않는다. 〈나〉는 그와 같은 환원을 철저하게 거부할 것이다. 여기서 벌어지고 있는 건 두 가지(복수의) 보편성의 만남이다. 그렇다고 하더라도 복수의 보편성이란 자기 모순이다. 보편성이 곧바로 보편적이기 위해서는 단일적이지 않으면 안 된다. 이리하여 자기 의식 사이의 갈등이 불가피하게 생긴다. 갈등은 각각의 자기 의식이 이기적이든지, 양자가 사이가 나쁘기 때문에 생기고 있는 건 아니다. 헤겔이 생각하기로는, 갈등은 자기 의식이란 것이 성립하기 때문에 생기는 구조적인 필연이다.

갈등은 어떻게 되는가. 결국 "용기"가 없는 쪽이 진다. 즉 헤겔에 따르면, "죽음의 공포"를 뛰어넘지 못하는 쪽이 지고, 다른 쪽에 대해서 노예(종속자)가 되는 걸 감수할 수밖에 없다. "죽음의 공포"에 사로잡혀 있다는 건, 여기서는 자신의 존재 의미의 보편성을 방기하고서 자신이 상대방의 세계 속의 내적이고 특수한 요소로서 위치지어지는 걸 받아들인다는 걸 의미하고 있다. 이리하여 두 가지 자기 의식의 싸움은 (우선) 결말이 난다. "주인" 쪽의 자기 의식이 곧바로 자기 의식으로서의 능동성만이 남고, 노예는 주인의 자기 의식에게 있어서의 수동적인 대상이 되는 것이다.

우리가 패터슨이나 그레버에 의거하면서 서술해온 건 "소유"라고 하는 현상은 이 "주인과 노예" 관계의 연장선상에 있다는 것이다. 주인 쪽의 자기 의식의 노예 쪽의 자기 의식에 대한 억압이 극대가 되었을 때 주인 쪽의 자기 의식만 남고, 노예 쪽의 자기 의식이 토탈로 부정당했을 때 주인은 노예를 사적으로 사유하고 있는 셈이다.

중동태

　　　　　　　　하지만 헤겔의 논의는 여기서 끝나지 않는다. 일단 형성된 주인-노예의 관계는 역전된다. 주인의 자기 의식에 의한 노예의 자기 의식의 부정은 완전한 것이 원리적으로 될 수 없기 때문이다. 주인이 주인이 될 수 있는 건 노예가 바로 그를 주인으로서 인정하는 한에서의 일이기 때문이다. 주인이야말로 노예에 의존해 있던 셈이다. 바꿔 말하자면, 노예의 자기 의식은 무화되지는 않고, 도리어 주인이야말로 노예의 자기 의식의 권 내로, 곧 노예에게 눈앞에 나타나고 있는 세계에 내적 요소이다. 헤겔의 중핵적인 논점은 주인-노예를 둘러싼 자기 의식 사이의 투쟁은 역전의 잠재적인 가능성을 불가피하게 품고 있다는 데 있다.

"소유"는 능동성과 능동성의 투쟁 속에서 한쪽의 능동성이 부인당할 때 성립한다. 헤겔의 논리는, 이 투쟁이 "소유"나 "주권"의 성립에 의해서는 종식되지 않은 채 반전의 가능성을 언제까지나 남기고 있는 걸, 따라서 능동적인 것의 복수성이 소거될 수 없는 걸 시사하고 있다. 방금 소유 개념을 "능동성"이라는 어휘를 사용해서 특징짓고 있는 데는 하나의 의도가 있다. "소유"라는 개념을, 언어 사용의 문맥에 위치지우고, 법보다 훨씬 기저적인 체험의 층에 결부짓는 것, 이게 그 의도다.

유럽 언어에는 능동태active voice라는 상aspect이 있어서 이게 수동태passive voice와 대對를 이루고 있다. ……라고 하는 건 영어를 배우기 시작한 중학생도 알고 있는 것이다. 하지만 이 상식은 잘못되어 있다. 비교언어학의 연구에 따라서 인도-유럽어에는 본래 능동태와 수동태의 대립은 존재하지 않았던 게 알려져 있다. "인도-유럽어"란 현재의 영불독로어 등의 토대가 되었던 여러 언어의 그룹(어족)이다. 이 어족의 언어는 고대에는 - 적어도 8천 년 이상 이전의 고대에는 - 인도로부터 유럽에 걸친 지역에서 널리 분포해 있었다.

인도-유럽어의 동사 시스템에는 능동태와 수동태의 대립은 존재하지 않았던 것이다. 수동태라는 게 존재하지 않았기 때문이다. 수동태는 한참 뒤에야 생긴 파생물이다. 수동태는 무엇으로부터 파생했는가. 중동태中動態middle voice다. 오늘날에는 중동태는 거의 보이지 않는다. 그러나 토대에 있던 대립은 능동태와 중동태다.

능동태에 의해서 서술할 수 있는 것과 같은 경험의 극에 "소유"가 있다. 이 경험이 어떻게 해서 생겨났는가. 그건 본래 무엇이었는가.

그리고 이 "소유"로 결실하는 경험을 상대화할 수 있는 별개의 경험이 있다고 한다면 그건 무엇인가. 능동태가 소유와 결부된 것이라고 한다면 중동태와 결부되는 원체험은 무엇일까.

여기서 또다시 우리의 본래 목적을 상기해보자. 우리는 증여로의 충동이 어디서부터 오는가를 탐구하고 있는 것이었다. 그러기 위해, 감히 증여와 대립하는 상태에, 곧 소유에 착안했던 것이다. 능동태와의 대항 관계에 있는 게 중동태였다고 한다면 여기에야말로 우리가 찾고 있는 답이 있는 건 아닐까.

*

도대체 중동태란 무엇인가. 오늘날의 유럽 여러 언어에는 그 흔적이 많이 남아 있지 않다. 하지만 현재의 언어사 연구에 의해서는 그 실태를 아는 게 전혀 불가능하지는 않을 만큼은 아니다. 예를 들어 고대 그리스어 문법 교과서에는 "중동태"가 포함되어 있다. 산스크리트어에도 중동태(反射態)가 있다. 하지만 중동태의 흔적은 시대가 지남에 따라서 줄어들고 있는 것도 확실하다. 라틴어에서조차도 그다지 많은 흔적이 없다. 많은 경우에 중동태는 소극적으로, 곧 "능동태도 수동태도 아니다"라고 말하는 형태로 정의된다. 라틴어에는 "형식소상形式所相 동사"로 이름붙여진 동사 그룹이 있다. "모양상으로는 수동태이지만 의미는 능동"이 되는 동사다. 이 형식소상 동사는 라틴어 속의 중동태의 흔적이다. 아무튼 중동태는 현대 유럽어의 여러 언어로부터는 사라져버렸다.

그러나 중동태의 중요성은 몇 사람인가의 현대 철학자나 언어학자에 의해 간파되어 있다. 예를 들어 자크 데리다는 논문 「차연」에서 중동태와 (서양) 철학의 관계를 다음과 같이 서술하고 있다.

어쩌면 철학은 이와 같은 중동태, 곧 어떤 종류의 비-타동사를 우선 처음에 능동태와 수동태로 분배하고, 그리하여 이 억압 속에서 자기를 구성했을지 모르는 것이다(Derrida 1972=2007: 44. 번역을 일부 변경했다).

곧 데리다에 따르면, "능동태/수동태"라는 다이코토미에 의해서 중동태를 억압했던 게 철학의 기원이다. "소유" 개념도, 중동태와의 대결, 거기서의 승리에 의한 중동태의 억압, 요컨대 중동태를 수동태로 치환하는 것의 결과로서 생겨난 산물의 하나일지도 모른다. 아무튼 "소유"로 결실한 경험을 원점에까지 거슬러가게 되면, 그리고 그 경험에 대항한 또 하나의 경험의 양태를 찾아내기 위해서는 중동태의 복원이 불가결하다. 여기서 코쿠분 코이치로國分功一郎의 최근 연구가 우리의 탐구에 매우 어울리는 방침과 지도를 주고 있다. 중동태에 대한 우리의 이해는 코쿠분의 저서에 크게 빚지고 있다(國分 2017).

코쿠분은 다양한 언어학자나 철학자에 의한 중동태의 정의를 비교한 위에서, 결국 반베니스트에 의한 정의가 그 본질을 가장 잘 파악하고 있다고 결론짓고 있다. 반베니스트는 이렇게 말하고 있다. 능동과 중동은 주어와 과정 사이의 관계와 관련된 구별이다. 능동에서는 동사는 주어로부터 출발해서 주어의 밖에서 완수하는 과정을 지시하고 있다. 그에 반해서 중동에서는 동사는 주어가 그 자리siege인 것과 같은 과정을 가리키고 있다. 곧 중동에서는 주어는 과정의 내부에 있다. 능동에서는 과정은 주어 밖으로 향해간다. 우리는 "소유"가 – 그리고 또한 "주권"이 – 이 능동의 원리에 따르고 있는 걸 재확인할 수 있다. 동사가 지시하는, 주어의 밖으로 향하는 과정의, 그 다름 앞에 있는 게 소유 대상이다.

　능동과 수동의 대립보다도 이전에, 능동과 중동의 대립이 있었다. 코쿠분은 더욱 깊이 파고들어서 "능동태/중동태"의 대립 자체가 "중동태"로부터의 파생물이었던 건 아닌지, 곧 능동태보다도 중동태 쪽이 본원적이고, 중동태가 자신의 대립물로서의 능동태를 만들어내지는 않았는가라고 하는 추측을 개진하고 있다. 좀 더 상세하게 말하자면, 코쿠분은 실증적인 근거가 없는 억측이라고 단정하면서 동사의 기원과 파생 관계에 대해 다음과 같은 전개가 그럴 듯한 일이라고 서술하고 있다(國分 2017: 190-1). 우선은 "명사"다. 거기서부터 발전해서 출현한 최초의 동사는 "비인칭 동사"와 같은 것일 것이다. 비인칭 동사는 머지않아 뒤로 되돌아가서 보자면 "중동태"에 의해서 담당되고 있는 것과 같은 의미를 획득하게 된다. 언어의 한층 더의 복잡화에 의해서 중동태는 자신에게 대립하는 파생체로서의 "능동태"를 만들어낸다. 이리하여 "중동태/능동태"라는 안정적인 이항 대립이 형성되었다. 중동태는, 그러나 자신에게서 유래하는 또 하나의 파생체로서의 "수동태"에 의해서 그 지위를 빼앗긴다. 이리하여 최종적으로 "수동태/능동태"라는 대립이 남게 된다. 대략 이상과 같은 계보 관계가 있던 건 아닐까. 이게 코쿠분의 가설이다.

일본어의 중동태

중동태의 동사에 의해서 서술된 경험이 어떠한 것인지는, 그러나 내적으로밖에 이해할 수 없다. 곧 말의 특징을 외적으로 서술할 뿐만 아니라, 이것에 의해서 말하는 자의 내적인 감각을 알지 못하면 안 된다. 이 점에서 일본어의 화자는 유리하다. 왜냐면 일본어에는 중동태가 존재하고, 일본어의 화자는 그걸 자주 일상적으로 사용하고 있기 때문이다. 인도-유럽어에서는 중동태가 거의 사멸했다고 앞 절에서 이야기했다. 데리다는 중동태의 억압위에 철학이 성립해 있다고까지 말하는 것이었다. 그러나 일본어에서는 사정이 다르다. 일본어 속에서는 중동태가 조금도 억압당하지않고서 살아 있다. 하지만 일본인은 그 점을 알아차리지 못한다. 일본인은 일본어 문법을, 영어를 필두로 하는 서양어 문법에 대응시킴으로써 이해하려 했다. 그 때문에 일본어에는 분명하게 존재하고 있는중동태를 놓쳐버렸던 것이다. 일본어의 어디에 중동태가 있는가. 이하, 일본어에서의 "중동태"에 대해서는 일본어 학자 카나타니 타케히로金谷武洋와 영어 학자 호소에 잇키細江逸記의 통찰에 빚지고 있다(金谷 2002, 細江 1928).

먼저, 능동/수동의 대립 쪽에서 탐색해보자. 능동과 수동의 구별이가능한 동사는 타동사다……로 여겨지고 있지만, 일본어에서는 자동사도 수신受身(수동)의 형태를 취한다. 자동사의 수신인 용법은, 일본어에서는 아주 보통이다. 예를 들어 자동사 "죽는다死ぬ". "어머니가 죽었다母に死なれた"(←"母が死んだ")라고 할 수 있다. 혹은 비나 눈이 "내린다降る"도 또한 자동사이지만, "비가 내렸다雨に降られた"(←"雨が降った")고 할 수 있다. 예를 들어 "날이 새기 전에 아우가 왔기夜が明ける前に弟が来た" 때문에 나는 미혹했다고 해보자. 이걸 나는 "夜が明ける前に弟に来られた"라고 말할 수 있다.

이로부터 일본어의 자동사/타동사는 서양어의 자동사/타동사 구별과는 근본적으로 다른 걸 알 수 있다. "母が死んだ"라는 일을 "母に死なれた"라는 수신에 의해서도 서술할 수 있는 건 어째서인가라고 말하면 자동사야말로 중동태였기 때문이다. "주어가 그 자리에 있는 것과 같은 과정"을 서술하고 있다는 반베니스트의 중동의 동사의 정의를, 일본어의 자동사는 만족시키고 있다. "죽는다死ぬ"는 "어머니母"에서 생기고 있는 과정이다. 그에 반해서 (일본어의) 타동사는 반베네스트의 "능동" 동사의 정의 ─ 주어로부터 출발해서 그 밖에서 완수하는 과정 ─ 에 해당된다.

*

일본어에는 자동사라는 형태에서 중동태가 살아 있다. 그렇다면, 먼저 주목해야 할 건 "자동사/타동사"의 대립이다. 학교 문법적으로는 직접 목적어를 가질 수 있는 동사, 곧 격조사 "오を[을]"을 취할 수 있는 동사가 타동사로, 그것 이외가 자동사라고 설명되어 있다. 이건 영어 등의 서양어로부터의 유추에 의한 정의다. 그러나 자동사 문장이 수신문이 될 수 있다는 점이 이미 보여주고 있듯이, 영어와의 유비로 일본의 자/타동사를 구별할 수는 없다.

실제로 "を"라고 하는 조격사를 취할 수 있는 자동사는 많다. 예를 들어 "요시츠는 아타카나세키[지명]를 통과했다義経は安宅の関を通った"(자동사: 通る/타동사: 通す). 혹은 "우에다는 회사를 바꾸었다上田は会社を変わった"(자동사: 変わる/타동사 変える). "프랑스어를 마츠우라 선생에게 배웠다フランス語を松浦先生に教わた"(자동사: 教わる/타동사: 教える).

그렇다면 일본어에서는 어떻게 해서 자/타동사를 구별하면 좋은가. 간단하다. 일본어에서는 어휘 그 자체의 레벨에서 자/타동사의 대립이 있다. "出る/出す", "起きる/起こす", "預ける/預かる" 등등. 영어 등에서는 어휘 그 자체에는 대립이 없어서, 어떤 구문을 만들어야 (수신문이 되든가, 직접 목적어를 갖든가 해서) 자/타동사를 판별하게 되지만, 일본어에서는 동사 그 자체에 의해서 구별이 가능하다. 그렇다면 "食べる"라든가 "食む"라고 하는 자동사/타동사의 페어를 만들 수 없는 동사의 경우에는 어디로 분류되는가. 이것도 간단해서, 이런 동사의 경우에는 자동사도 타동사도 아니다. 그런 구별에는 불관여한다고 생각하지 않으면 안 된다. 곧 일본어의 모든 동사가 수신문(수동문)과 능동문으로 분류되지는 않는다.

또 하나 풀지 않으면 안 되는 오해는 수신문(수동문)과 능동문은 서로 뒤집힌 관계에 있고, 의미를 바꾸지 않고서 서로 바꿔 말할 수 있다고 하는 상식이다. 실제로 영어에서는 약간의 예외(수량을 수반하는 문장)를 별개로 한다면 능동문을 수신문으로 바꾸어도 본질적인 의미의 차이가 생기지 않는다. 그러나 일본어의 경우에는 그렇지 않다. 자동사 문장에 대응하는 수신문의 예로서 들었던 "날이 새기 전에 아우가 왔다夜が明ける前に弟が来た"에서 생각해보자. 이것에 대응하는 능동문 "새벽 5시에 아우가 왔다早朝五時に弟が来た"는 사실의 뉴트럴한 보고이지만, 전자의 수신문의 함의와는 전혀 다르다. 수신문에는 아우가 온 게, 나에게 있어서는 예상 밖으로 놀란다든지 미혹이라는 강한 뉘앙스가 들어 있다. 일본어의 수신문에서는, 따라서 주격 등의 보어가 들어가는 경우에는 그 의미소로서 "유생성有生性"(무생성이 아니라 살아 있는 것이라는 것)이 들어 있지 않으면 이상해진다. 살아 있지 않고서는 미혹한다든지, 곤란하지 않기 때문이다.

*

그 때문에 일본어에서는 수신문을 능동문과 대응해서 보는 건 부적절하다. 그렇다면 수신(수동)과 무엇을 대조시키면 좋은가. "사역使役"이다. 상호 행위에서 한쪽에게 수신에 의해서 표현되는 체험은 다른 쪽에게는 사역의 체험으로서 표현된다. 따라서 수신과 사역의 대립에는 확실한 합리성이 있다. 여기서 "소유"의 원점은 주인의 노예에 대한 관계였던 걸 상기해보면 좋을 것이다. "주인-노예" 관계를 서술하는 데 가장 적합한 동사의 타입은 사역이지는 않을까.

카나타니 타케히로는 "수신-사역"이라는 대립과 "자동사(중동태)-타동사"라는 대립의 관계에 대해 몹시 흥미로운 걸 찾아냈다. 후자의 대립은 전자의 대립 속에 집어넣어져 있는 것이다. 한쪽 끝에 수신이 있고, 다른 쪽 끝에는 사역이 있다. 양자를 연결하는 연속선 속에 자동사-타동사의 대립이 포함되어 있다. 자동사(중동태)는 사역과는 먼 쪽, 곧 수신에 가까운 쪽에 있다. 요컨대 "수신-자동사-타동사-사역"이라는 순서의 계열이 있는 것이다. 이와 같은 계열을 생각해도 좋은 근거를, 카나타니의 설명에 따라서 살펴보자.

"食べられる(수신)-食べる(보통형)-食べさせる(사역)"를 예로 들어보자. 일본어에서 수신을 만들고 있는 건 "れる・られる"-곧 -(R)ARERU라는 형태소다. 이것의 고형古形은 -(R)ARU다. 이게 "有る・生る" 등으로 씌어진 존재의 동사 "ある"에서 유래하는 건 명백할 것이다. 곧 존재의 동사 "ある"가 수신을 만들기 위해 전용되어 있는 것이다. 그렇다면 사역인 걸 보여주는 형태소는 무엇인가. 그건 "せる・させる"로, 그 고형은 -(S)ASU다. 이건 동사 "す"의 전용이다. "す"는, 현대 일본어에서는 물론 "する"에 대응하고 있다.

あるARU - 전용 → 수신
すSU   - 전용 → 사역

왜 수신에 가까운 쪽에 자동사문을, 사역에 가까운 쪽에 타동사문을 각각 배치하는가. 5조의 자/타동사의 예를 사용해서 해설해보자. "通る/通す", "出る/出す", "教わる/教える", "預かる/預ける", "変わる/変える". 뒤의 3조의 자동사를 보면 모두 -ARU가 붙어 있는 걸 알 수 있다.

教わるosow-ARU, 預かるazuk-ARU, 変わるkaw-ARU

이 밖에도 -ARU로 끝나는 자동사는 많다. "分かる・始まる・止まる・すわる". 수신을 의미하는 형태소 ARU가 들어감으로써 그 동사

가 자동사라고 마크(유표화)되어 있는 것이다. 이로부터 자동사와 수신의 근연성近緣性이 드러나고 있다.

앞의 5조 중의 나머지(앞의) 2조에 대해서는 이번에는 타동사에 SU가 붙어 있다.

通すtoo-Su, 出すda-Su

타동사 쪽은 사역의 형태소 Su에 의해서 마크되어 있다. 곧 타동사와 사역에는 결부가 있는 것이다.

자/타동사의 페어 속, 어느 쪽 동사가 -ARU 또는 -Su에 의해서 마크되어서 자동사 또는 타동사로 결정되면 그 상대방은 자동적으로 자동사인지 타동사인지가 결정되어서 마크가 붙지 않더라도 무방하다(무표). 예를 들어 "教わる"가 -ARU에 의해서 자동사라고 결정된다면 그 파트너 "教える"는 마크가 없어도 타동사인 걸 안다. 때로는 -ARU와 -Su 양쪽에 의해서 마크되어 있는 페어도 있지만("回る/回す", "渡る/渡す" 등), "최소 노력의 법칙"이 작동하고 있기 때문에 페어 속의 한 쪽만에 마크가 붙어 있는 케이스가 많다.

이처럼 형태소의 특징으로부터, "수신-자동사-타동사-사역"이라는 계열이 있는 게 명백해진다. 문제는, 이게 무엇을 의미하고 있는가다. 곧 이 계열이 자동사와 타동사의 기능에 대해 무엇을 가리키고 있는가. 알기 쉬운, "타동사-사역"의 조부터 살펴보자. 이것들은 동사의 "する"(고형은 "す")가 전용되어 있는 것이다. 이것들은 동사가 귀속되는 자의 의도적·인위적인 행위인 걸 함의하고 있다. 행위의 대

상이 되는 자에게도 그것 고유의 의도가 있었다고 해석할 수 있을 때 (그리고 그 의도를 부정하고 좌절시킬 때) 그건 사역이 되고, 대상에게 는 의도가 없을 때 다만 타동사가 된다. 사역과 타동사의 관계는 다시 "노예"를 둘러싼 경험과 "소유"라는 경험 사이의 관계를 연상시킨다. 곧 사역으로부터 타동사로의 이행은 "주인-노예" 관계로부터 통상의 "사물의 소유"로의 이행과 똑같다.

경험의 타원적 구성
 － 증여의 원천

우리의 고찰에서 보다 중요한 건 "ある"에 의해서 특징지어지고 있는 "수신 자동사"의 조다. 먼저, 수신의 형태 인 －ARERU에는 이 밖에, "존경(선생은 그 점을 이야기하셨다)", "가 능(오늘은 함께 저녁을 먹었습니다)", "자발(고인의 일이 생각난다)"의 세 가지 용법이 있는 점에 유의하자. 수신 · 존경 · 가능 · 자발의 4용 법을 관통하는 의미는 무엇일까. 그건 "어떤 행위가 주체의 컨트롤을 넘은 곳에서 생기 · 생성하고 있다"는 것이다. 그 점이 특히 확실해져 있는 게 자발과 수신일 것이다. 내가 컨트롤할 수 없는 형태로 무슨 일인지가 자연스럽게 자율적으로 생성하고 있는 상태가 자발이고, 그게 나 자신을 강요하는 것처럼 느껴진다면 수신이 된다. 또한 존경 하고 있는 사람의 행위는 내가 컨트롤할 수 없는 것이어서 수신이나 자발과 똑같은 －ARERU가 사용된 것이다. 흥미로운 건, 이들과 나란

히 "가능"이 들어가 있지만 이 점에 대해서는 조금 뒤에 논하자.

　-ARERU를, 그 본래의 형태 "ある"로 되돌아와서 보자면, 이와 같은 해석이 타당한 게 새삼스레 확인된다. "ある(生る·有る)"는 "사태가 생겨난다"를 의미하고 있기 때문이다. 곧 그건 존재·생기·출현을 의미하고 있기 때문이다. 일본어에서는 "ある"와 "なる"는 근접해 있다. 예를 들어 "여러 고성가小諸なる古城のほとり"의 "なる"는 "에 있다にある"이고, "전하께 옵소서殿様のおなぁりい"는 출현을 함의하고 있다.

　자동사에는 "수신·존경·가능·자발" 속에 집어넣은 "ある"의 의미가 포함되어 있다. 이 점은 다음과 같은 걸 시사하고 있다. 내가 자동사로 서술하려는 것과 같은 행위를 수행했다고 해보자. 이때 나는 그 행위에 대해, 그게 확실히 나의 신체상에서 현상하고 있다고 해도 역시, 내가 컨트롤할 수 없는 것으로서 생성하고 있는 것처럼 감각하고 있는 것이다. 더 깊이 파고들어서 단도직입적으로 말하자면, 자동사로 서술되는 행위는 나의 (신체에서의) 행위이면서, 그 행위의 선택성이나 제어권이 나 이외의 정해지지 않은 타자에게 귀속해 있는 것처럼 경험되고 있는 것이다. 이때 나는 일종의 꼭두각시 인형과 같은 게 되어 있다. 이 감각을 명시적으로 표현한다면 수신이 될 것이다. 일본어에서는 자동사문으로부터 수신문을 만들어낼 수 있는 건 이 때문이다.

　여기서 흥미로운 건, 바로 조금 전에 주의를 환기했던 것, 곧 -(R)ARERU에는 수신 등의 용법과 나란히, "가능"이 포함되어 있다는 점이다. 나에게 가능하다는 것, 곧 내가 "무언지 할 수 있다"는 건 내가

그걸 자유롭게 선택할 수 있다든지, 그걸 의지에 의해서 제어할 수 있다는 것이라고 보통은 생각하고 있다. 그러나 일본어의 중동태 – 곧 자동사 – 에서 시사되어 있는 "가능"이나 "자유"의 감각은 이와는 전적으로 정반대다. 내가 무언가를 할 수 있다, 나에게 무언지가 가능하다는 건 내 자신이 특히 선택의 의식이나 제어의 자각을 갖지 않더라도, 다만 타자에게서 유래하는 생성의 운동에 수동적으로 몸을 맡길 뿐으로, 이것들이 순조롭게 진행되어 있는 상태다. 예를 들어 "알다分かる"라는 자동사(이것에 대응하는 타동사는 "나누다分ける")에는 이와 같은 의미에서의 "가능"의 감각이 깃들어 있다. "分かる"란 내가 대상을 작위적으로 분절화하지 않고도 이들 쪽이 자연스럽게 알고 있듯이 나타나고 있다는 것이다.

*

일본어의 자동사를 소재로 해서 찾아냈던 건 보편성이 있다. 그건 중동태의 일례에 불과하기 때문이다. 소유는 동사로서는 "능동태"에 의해서, 혹은 "사역"으로 이어주는 "타동사"에 의해서 지시되는 경험의 구성에 기원이 있다. 하지만 이와는 별개로, 이와 대립하는 것으로서, 혹은 – 코쿠분의 추론이 타당하다면 – 그것보다 원류에 해당하는 부분에 "중동태"에 의해서 지시되는 경험의 구성이 있다.

반베니스트의 정의에서는, 능동의 동사는 주어를 중심으로 한 원모양의 영역 밖으로 향하는 과정을 표시하고 있다. 그에 반해서 중동태의 동사의 경우에는 주어의 작동이 그 원의 안쪽에 머물러 있다는 게 반베니스트가 말했던 바이다. 일본어의 케이스를 경유해서 우리가 찾아낸 건 중동태의 과정을 서술하는 "원"의 안쪽에는 작동의 중심이 2개 있다는 점이다. 내가 무엇을 하고 있을 때, 동시에 나에게는 없는 정해지지 않은 타자야말로 그걸 하고 있는 것이어서 나는, 그 정해지지 않은 타자에게 강요받는 것처럼도 느껴진다. 이때 작동의 중심은 나와 그 정해지지 않은 타자 둘이 된다. 이처럼 중동태에서는 동작의 과정이 전개되는 자리는 엄밀하게는 원이 아니라, 두 가지 중심을 갖는 "타원"으로서 묘사되어야 할 것이다. 중동태의 동작이, 이 자리 밖으로는 나가지 못하는 것처럼 보이는 건 하나의 중심에서부터 촉발하는 작동이, 또 하나의 중심에 부딪쳐서 반사해가기 때문이다.

증여로의 충동은 어디서부터 오는가. 이게 우리의 본래 물음이었다. 이 물음에 답하기 위한 준비가 갖춰져 있다. 증여를 설명하기 위해서는 두 가지 물음에 답하지 않으면 안 된다. 왜 증여인가. 왜 받아들이는가. 이 두 가지 의문을 푸는 열쇠가 중동태를 통해서 찾아낸 경험의 구성에는 있다.

먼저, 왜 사람들은 (증여된 물건을) 받아들이는가. 받아들인다는 건, 증여자에 대해서 부채를 지는 걸 의미하고 있기 때문에, 곧잘 받아들이는 자는 종속적이고 불리한 입장에 몰아넣어지는 셈이다. 그런데도 받는 자는 의무처럼, 그걸 받아들인다. 어째서인가. 중동태가 서술하는 경험의 구조를 생각하면 그 이유를 알게 된다. 중동태는 "(내가) X를 한다"라는 것과 "(내가 누군가에게) X를 시킨다"라는 감각이 모순 없이 양립한다는 걸 가르친다. 이 양립을 압축해서 더 알기 쉽게 말을 바꿔버린다면 "(내가 타자에게) X로서 받는다"는 것이다. 이처럼 인간의 행위는 타자에 대한 의존에 대해서 처음부터 열린 구조를 갖고 있는 것이다. 내가 세계에 대해서 무슨 일인가를 하는 주체라는 건 내거 타자를 경유해서 그걸 해서 받는다, 시켜서 받는 것이다.

이 타자에 대한 본원적인 의존에, 가치 있는 물건을 개재시키면 곧바로 그게 타자로부터의 증여가 되는 건 아닐까. 중동태라는 모습이 시사하고 있는 건 사람들이 타자로부터 주어지는 것, 주어진 것에 있어서 그 타자에게 의존하는 것으로, 본래적으로 열려 있다는 점이다. 이 열린 구조를 현실화했던 게 증여라는 현상이다.

하지만 도대체 어째서 주는 것인가. 이 점에 관해서도 또한, 중동태를 통해서 찾아내온 게 실마리를 준다. 이야기했듯이, 경험이 본래적으로 타원 구조를 갖고 있다고 한다. 그 점은, 설령 객관적으로는 단독으로 행동하고 있는 것처럼 보일 때도 사람들은 누군가 정해지지 않은 타자에게 해달라고 하고 있는 것처럼, 타자에게 도움받고 있는 것처럼 느낀다는 걸 함의한다. 그렇다는 건 **인간은 누구라고 특정할 수 없는 부정**不定**의 타자에 대해서 본질적으로 부채가 있다** – 부채가 있는 것처럼 느낄 수밖에 없다는 것이다.

그렇다고 한다면 사람들은 그 본원적인 부채에 대해서 변제하지 않으면 안 된다. 그게 증여할 수밖에 없다, 증여하지 않으면 안 된다는 충동의 원천이지는 않을까. 마르셀 모스는 증여는 "증여할 의무", "받아들일 의무", "답례할 의무" 세 가지로 이루어진다고 논했다. 이 가운데서 가장 간단하게 답할 수 있는 그런 건 답례의 의무이고, 가장 불가해한 건 증여할 의무다. 그러나 증여할 의무는 답례의 임무와 똑같은 것이다. 최초의 증여는, 이미 본원적인 부채에 대한 변제다. 증여는, 늘 이미 부채에게 선취당하고 매개되어 있다. 이리하여 사람들은 증여할 수밖에 없다.

*

여기서 또다시 헤겔의 "주인과 노예의 변증법"을 상기해보자. 그건 두 가지 자기 의식의 투쟁이었다. 그 때문에 기점의 구도는 역시 타원이다. 거기에는 두 가지 중심이 있다. 때문에 주인-노예의 관계의 확립은 중심의 일원화이고, 타원이 완전한 원으로 변모하는 것이기도 하다. 하지만 일단 확립된 주인-노예 관계는 반전하는 것이었다. 왜 인가. 일단 구성된 원이 타원으로 회귀할 수밖에 없기 때문이다. 능동태적·타동사적인 경험은 중동태적인 타원 구조의 경험을 억압하지만, 그 억압당한 건 회귀해간다.

우리는 이 장에서, 고대 로마에서 노예제의 침투와 상관해서 "소유"의 법적 관념이 확립되었다고 논해왔다. 노예의 반대는, 물론 "자유"다. 그런데 영어의 free는 friend를 의미하는 게르만어 계열의 어휘에서 유래한다고 한다. 자유라는 것 속에, "벗"이, "타자"가 깃들어 있다. 자유롭다는 건 그 타자와 함께 있는 것, 타자에게 도움받고 있는 걸 의미하고 있던 건 아닐까.

헤겔의 "본질론"

이상의 설명은, 그러나 특정한 타입의 동사에 나타나고 있는 우리의 경험 구조로부터의 유추에 크게 의존해 있다. 여기서 추출한 논리가 일반성을 갖는 걸, 이 장의 최후에 보여주고 싶다. 그러기 위해서 헤겔의『논리학』에 도움을 구해보자. 여기서 참조하는 건, 본질론으로 알려져 있는 부분이다. 헤겔의『논리학』(대논리학)은 3권으로 구성되어 있고, 그 제2권이 본질론이다(제1권은 "유론有論", 제3권은 "개념론[주관적 논리학]")(Hegel 1812-16=1994-95→2002).

왜 여기서 본질론을 참조하는가. 여기서 헤겔은 무언가의 동일성 identity을 규정할 때 불가피하게 생기는 모순(적대 관계)에 주목하고 있기 때문이다. 여기서 앞 장에서 이야기했던 걸 상기해보자. 여성을 증여할 때 그 여성에게는 그녀가 소속해 있던 공동체의 동일성이 기탁되어 있다. 무언가로도 규정되지 않는 동일성이, 이다. 받아들이는 쪽은 여성과 더불어, 그 동일성을 받아들인다. 그 동일성이 무언가로도 규정 불가능하다는 "무"가 여성에게 "그것에 대한 지불이 불가능한 것"이라는 성격을 부여한다. 이처럼 논했다. 헤겔의 본질론이, 우리의 고찰에서 유용한 건 증여에 각각의 공동체의 동일성이 걸려 있기 때문이다.

헤겔은 본질론을 통해서, 사물의 동일성에서 불가피한 하나의 갈등을 문제삼고 있는 것처럼 보인다. 어떤 사물의 내재적 본질, 내재적인 근거와, 그런 본질이 현실이 되기 위해 필요했던 외재적 조건, 이 두 가지 사이의 갈등이다. 예를 들어 스승이 제자를 키워서 그 제자가 무언가 창조적인 위업을 달성했다고 해보자. 이때 제자 속에, 창조적인 포텐셜은 처음부터 있던 (내재적 근거) 것일 수 있거니와, 그건 스승이 준 것에 전면적으로 의거해 있고, 제자 자신에게 있어서는 외재적인, 스승의 가르침이라는 조건이야말로 결과를 초래했다고 설명할 수도 있다. 어느 쪽이나 상응하는 설득력이 있지만, 양자는 서로 모순되어 있다. 이 모순을, 모순인 채로 집약하는 게 헤겔의 노림이다.

먼저, 헤겔의 "즉자an sich/대자für sich"라는 개념의 양의성을 확인해보면 좋을 것이다. 보통 헤겔은 "즉자로부터 대자로"라는 발전에 대해 논했다고 되어 있다. 하지만 헤겔의 논의는 이런 종류의 발전론과는 무관하다. "즉자"라는 개념은 두 가지 의미를 갖고 있는 것처럼 보인다. 첫째로, 뒤의 가능성이 외화外化되어버렸던 시점에서 되돌아왔을 때 확실히 알 수 있는 것과 같은 가능성이 아직 내적으로 잠재적인 채로 머물러 있는 상태. 둘째로, 객체 그 자체 – 주체에 의해서 인식적으로 매개되지 않은 상태. 두 가지 의미는 서로 독립해서, 그것들을 하나의 말 아래 포섭하는 건 단순한 개념적인 혼란으로 보인다. 그러나 그렇지 않다. 이 두 가지가 똑같은 셈이라는 걸 억누르는 게 헤겔의 본질론을 이해하는 데에서의 포인트다.

헤겔의 텍스트의 세부에 들어갈 여유가 없어서 실례를 들어서 한꺼번에 해설해보자. 내셔널리즘을 예로 취한다. 어떤 인민이 자신의 공동성을, 내셔널 아이덴티티로서 구성할 때 무엇이 일어날까. 역사나 전통이 재발견된다. 역사학이나 고고학은 내셔널리즘과 엄밀하게 상관해 있다. 어떤 나라가 네이션으로서의 아이덴티티를 확립할 때 거기에는 반드시 고고학이나 역사학의 붐이 일어난다. 혹은 대학에 역사학이나 고고학의 정식 강좌가 설치되고, 실제로 위대한 역사학자가 등장한다.

어째서 네이션은 역사나 전통에 관심을 갖고, 그것들을 "재발견"하는가. 인민이 네이션으로서의 자기 동일성을 자각할 때 그 인민은 아득한 과거나 전통 속에서 자신들을 자신들답게 만드는 게 이미 존재하고 있었다고 하는 발견을 매개로 할 필요가 있던 것이다. 이걸, 구축주의적으로 서술하는 건 간단한 일이다. 그 발견된 전통은 발명된 것, 날조된 것이라고. 이처럼 서술할 뿐으로는, 그러나 이 현상의 가장 흥미진진하게 섬세한 부분을 놓쳐버린다. 네이션은, 자신들의 현재로부터 충분하게 거리를 둔 아득한 과거에, 자신의 전통이나 기원을 보려고 한다. 그 과거는 오래되면 오래될수록 좋다. 따라서 그 과거나 전통은, 이제 곧바로 자기 동일성을 자각하려 하는 자신들과 비슷하지는 않다. 과거나 전통은, 도리어 현재의 자신들에게 있어서는 외적이고, 소원하고, 더 확실하게 말하자면 타자적이다. 실제로 현재의 네이션과 계보적인 연속성을 단절하고 있을 정도로 타자적인 것도 있다(예를 들어 근현대의 그리스인이 고전 고대의 그리스에게 자신들의 전통을 볼 때 등).

따라서 다음과 같이 생각하지 않으면 안 된다. 네이션이 "우리들은 이것이다"라고 하는 자기 동일성을 찾아내기 위해서는 자신들에게는 (어느 정도) 소원한 외적인 조건을 매개로 하지 않으면 안 된다. 그 외적인 조건 속에, 우리들을 우리답게 하는 내적인 근거가 이미 존재해 있다고 하는 감각을 가질 수 있을 때 네이션은 아이덴티티에 도달할 수 있는 것이다(네이션의 대자화). 이와 관련하여 방금 역사적인 심도 속에서 일어난 것과 똑같은 일이 때로 공간적으로도 생긴다. 곧 네이션은 자신들의 현재의 중심에서 벗어난 곳에, 변경이나 때로는 국경선 밖에 자신들의 뿌리를, 자신들이 이미 거기에 있던 바의 것을 찾아내는 경향이 있다. 국경 분쟁이 일어나기 쉬운 건 이 때문이다.

헤겔이 본질론에서 논했던 건 이런 일의 일반화다. "나(우리)는 나(우리)다"라는 토톨로지로 회귀하는 데 있어서 일단은 외적인 조건을 경유하지 않으면 안 된다. 자신들에게 있어서 충분하게 소원하고 타자적인 조건 속에 자신들은 이미 존재하고 있었다고 생각하는 것, 그런 의미에서 외적·타자적인 조건에 자신들은 전면적으로 의존하고 있었다고 자각하는 것, 그 점을 통해서 셀프 아이덴티티의 감각이 획득된다.

이게 헤겔이 말하는 반성의 3대폭과 대응해 있다. 외적인 조건을 전제로 해서 조정하는 게 "조정적 반성"이다. "외적 반성"은 조건을 전체로서 열거해도 역시, 그것을 외적인 것으로서만 찾아낸다. "규정적 반성"은 그 외재성 속에 자기의 근거를 찾아낸다.

*

이 아이덴티티를 둘러싼 구성이 중동태를 매개로 해서 찾아낸 경로와 똑같은 형식을 갖고 있는 걸 알게 될 것이다. 중동태가 보여주고 있듯이, 내가 바로 나로서 무언가를 하고 있는 게 타자성에 의해서 매개되어 있었다. 헤겔의 논의는 이것의 일반화로서 이해할 수 있다. 그건 셀프 아이덴티티로의 회귀가 본원적으로 타자(외적 조건)에 매개되어 있는 이유를 해명하는 것이다.

이게 증여라는 주제와 어떻게 관계하고 있는가. 예를 들어 방금 네이션에서 예시한 것과 같은 구성을, 통시적(역사적)이 아니라 공시적으로 전개한다면 어떻게 될까. 곧 자신들이 이미 바로 자신들인 것과 같은 외적인 조건을, 아득한 과거의 전통이 아니라 공시적으로 외부에 있는 것과 같은 타자로 나타났다고 한다면. 이때 공동체는, 그 외부의 타자로부터의 증여를 기꺼이 받아들이지 않아서는 안 된다. 바로 그 타자성을 내화함으로써 자신들은 자신들일 수 있기 때문이다. 그리고 동시에 그 외부의 타자에 대해서, 도무지 반환할 수 없는 부채가 느껴질 것이다. 그 외부의 타자의 존재에 의존해서 비로소, 그들은 자기 동일성을 획득할 수 있기 때문이다. 그렇다고 한다면 그 외부의 타자에 대한 끝없는 증여에 힘쓰지 않으면 안 된다.

5

하이어라키의 형성
— 재분배로

화폐가 사회적으로
일반화하고 있을 때

증여 교환은 가장 원초적인 교환 양식이고, 인간이 바로 인간인 조건이기도 하다. 증여 교환으로의 충동은 어디서 오는가. 사람들은 왜 증여하는가. 왜 받아들이는가. 이 물음에 앞 장에서 답했다.

제1장에서 제기한 물음은 또 하나 있었다. 현대 사회의 지배적인 교환 양식은 상품 교환이다. 현대 사회에서는 시장에서 상품으로서 제공되어 있는 물건을 화폐에 의해서 구입하는 게 교환 양식의 압도적인 중심이다. 현대 사회에도 증여 교환은 존재하지만, 주변적이다. 우리의 제2의 물음은 이랬다. 증여 교환이 지배적인 시스템에서부터, 상품 교환이 지배적인 시스템으로의 전환은 어떻게 해서 생기는가.

두 가지 교환 양식 – 증여 교환과 상품 교환 – 사이에 무언가의 결부가 있다고 하는 것, 그리고 증여 교환이 상품 교환에 대해서 역사적으로뿐만 아니라 논리적으로도 선행한다는 것, 이 점들은 제2장의 고찰 속에 이미 함의되어 있다. 상품 교환에 필요한 화폐는 호수화 미완료의 증여다. 이렇다는 건 "화폐"라는 것의 성립에 대해서 증여가 선행해 있다. 화폐는 일종의 "부채(유통하는 차용증서)"이고, 도리어 본래는 그 가격은 마이너스다. 그게 포지티브한 가치를 띠고서, 일반적인 교환의 매체로서 사용될 수 있는 건 어째서인가. 화폐가 충분한 사회적인 일반성을 가질 때, 곧 화폐가 널리, 서로를 직접적으로 알지 못하는 다수의 사람 사이에서 사용되고 유통하는 것과 같이 될 때 다음과 같은 조건이 만족되지 않으면 안 된다.

차용증서여야 할 화폐가 가치 있는 것으로서 차례로 받아들여지고 유통한다는 건 객관적으로는 – 곧 사태를 외부에서 관찰하고 있는 우리의 관점에서 보자면 – 이 화폐가 의미하고 있는 부채가 변제되는 건 확실하다는 전제로 모든 사람이 행동하고 있는 셈이다. 그러나 화폐가 사회적으로 널리 유통되기 위해서는 이 전제가 만족되어서는 안 된다. 곧 "부채"가 변제되어서는 안 된다. "부채"가 변제되어 버린다면 화폐는 화폐가 아니게 되고, 더 이상 널리 유통되는 건 불가능해지기 때문이다. 따라서 화폐를 발행했던 자는 바로 그 화폐=차용증서에서 의미되어 있는 바의 부채를 갚을 필요가 없다는 셈이다. 이 점은 결국, 화폐를 사용하고 있는 자들이 화폐의 발행자에 대해서 그 부채에 상당하는 가치를 일방적으로 증여하고 있는 것과 똑같다. 본래는 화폐의 발행자 쪽에 부채가 있다. 그런데도 거꾸로, 화폐를 사용하고 유통시키는 자들 쪽에 본래 부채가 있던 것처럼, 그들은 화폐 발행자에 대해서 증여한다(빌리지도 않은 것에 대해서 "답례"를 한다). 채무 관계가 역전되어버리는 것이다.

실은 부채를 지고 있는 자에 대해서, 모든 사람이 마치 원죄와 같은 원초적인 부채가 있는 것처럼 처신하게 되는 것. 이게 화폐를 성립시키기 위한 조건이다. 제2장에서 "부채로서의 화폐"의 존재 방식을, 칸트의 무한 판단에 – 부정 판단에 대한 바의 무한 판단에 – 대응시켜두었다. 무한 판단은 화폐가 구현하고 있는 부채가 변제되지 않으면 안 되고, 동시에 변제되어서는 안 된다는 이율배반을 표현하고 있지만, 방금 여기서 이야기한 건 이 논의를 더 한 걸음 앞으로 나아가고 있다. 덧붙였던 건 다음 논점이다. 즉 화폐가 사회적으로 일반화하기 위해서는 – 널리 유통되기 위해서는 – 무한 판단에 대응하는 사태를 전제로 한 위에서 이 무한 판단을 억압하지 않으면 안 된다. 곧 무한 판단을 단순한 부정 판단처럼 기능시키지 않으면 안 된다. 구체적으로는 화폐는 (화폐 발행자의) 미결재 부채인데, 그 사실이 망각되고서 그것 자체로 가치 있는 실체인 것처럼 차례로 지불에 사용되어가는 것이다.

그래서 그렇다고 한다면 자신의 부채를, 거꾸로 자신으로의 부채로 전환시켜버리는 화폐 발행자가, 곧 부채의 의미를 마술적으로 역전시켜버리는 초월적인 타자가 어떻게 해서 가능한지를 묻는 것이야말로 화폐 성립을 설명하는 것이고, 그 때문에 증여 교환 시스템으로부터 상품 교환 시스템으로의 전환을 설명하는 것이기도 하다. 이리하여 제2의 물음, 증여 교환과 상품 교환 사이의 관계를 둘러싼 문제를 설명하기 위해서는 무엇을 설명하면 좋은지가 확실해진다. 이 점을 염두에 두고서 탐구를 계속해보자.

우선은, 증여 교환에 내재하는 포텐셜의 토탈로 발현했을 때 시스템은 어떠한 변용을 받는지를 검토하지 않으면 안 된다. 증여 교환의 네트워크로부터, 어떠한 시스템 구조가 출현할 수 있는가.

하이어라키화에 저항하는 사회?

피에르 클라스트레는 의례적인 증여 교환에 의해서 결합된 네트워크는 "국가"에 저항하는 성질을 갖는다고 논하고 있다(Clastres 1974=1989). 이 점은 사실에 의해서도 실증할 수 있지만, 명백한 논리적인 이유가 근거가 되고 있다. 호수성을 지향하는 증여 교환은 관계자를 대등화한다. 그에 반해서 국가는 직접적인 관계성을 훨씬 넘는 범위에까지 권력을 미칠 수 있는 특권적인 개인이나 기관이 존재하고 있는 걸 조건으로 삼고 있고, 그 때문에 사회 구조가 하이어라키hierarchy(성층성)을 갖고 있는 걸 전제로 삼는다. 증여 교환에 깃든 대등성으로의 압력이 하이어라키의 형성에 대해서 파괴적으로 작용한다. 곧 증여 교환의 네트워크는 국가적인 것으로 향할 수 있는 하이어라키를 만들어내는 데 계속 좌절한다.

국가에 저항하는 메커니즘을 조금 자세히 살펴보면 일어나고 있는 건 섬세하고 양의적인 걸 알아차릴 수 있다. 하이어라키로 향할 수 있는 작동은 도리어 부단하게 발생하고 있다. 증여는 동시에 부채를 형성한다. 한쪽이 다른 쪽에 대해서 부채를 지우는 게 증여다. 줌으로써 상대방에게 빌려준 게 있다고 자인하는 쪽과 받아들임으로써 빌린 게 있다고 인식하는 쪽 사이에는 수직적인 관계가, 힘의 불평등한 분배가 생기고 있다. 여기에는 잠정적인 조그만 하이어라키가 생기고 있다. 하지만 다름 아닌 그 똑같은 부채라고 하는 관념이 또한, 이 하이어라키에 저항하고 있다. 상대방이 받아들인 이상은 나에게 갚아야 하는 것이라는 것, 전자로부터 증여된 이상은 나는 답례해야 한다는 것, 이런 당위의 의식은 부채 관념의 기초에, 그게 본래는 대등해야 할 자들 사이의 관계라는 조건이 존재하는 걸 보여주고 있기 때문이다.

아무튼 전체로서는 증여 교환의 네트워크가 하이어라키 형성에 대해서 저항한다. 방금 이야기했듯이, 1회마다에 증여는 하이어라키로 향하는 맹아를 품고 있지만, 그건 곧 꺾여버리는, 일반적으로는 고정적인 하이어라키가 형성되지 않는다. 마이크로에는 하이어라키로의 포텐셜이 편재해 있는데, 매크로한 전체로서는 하이어라키가 생기지 않는 것과 같은 상태가 되고 있다.

*

그렇지만 때로 이런 원칙에 명백하게 반하는 케이스가 있는 것도 우리는 알고 있다. 즉 증여의 메커니즘을 통해서 하이어라키가 유지되어 있는 것처럼 보이는 경우가 있다. 그 전형이, 인도의 카스트제다. 뒤에 좀 더 엄밀하게 정의하지만, 우선 골격이 되는 부분만 설명해보자. 카스트제는 4가지 바르나(種姓)의 계층 구조를 기본으로 하고 있다. 4가지 바르나란 상위부터 바라문(브라만), 크샤트리아, 바이샤, 수드라다. 아래와 같이 바르나마다 직업이 달라지고 있다.

바라문　　　 — 사제. 의식을 집행한다.
크샤트리아 — 왕족을 포함한 전사.
바이샤　　　 — 제조업, 상인 등. "시민"으로 번역된다.
수드라　　　 — 농목업이나 수공업에 종사. "노동자"로 번역된 적
　　　　　　　도 있다.

이들 4가지 바르나의 더욱 밑에, 곧 아웃카스트로서 "불가촉민" 등으로 번역되는 아츄트achūt가 있다.

이 4가지(혹은 5가지) 층을 가진 하이어라키를 관통하고 있는 원리는 무엇인가. 증여, 더구나 가장 기본적인 증여다. 가장 기본적인 증여란 먹이 사슬인 것이다. 동물의 세계에는 약육강식의 먹이 사슬이 있다. 초식 동물은 식물을 먹는다. 초식 동물을 먹는 육식 동물이 있다. 조그만 동물을 먹는 대형 육식 동물이 있다. 이처럼 동물은 다른 동물에게 신체를 바치고 증여하고 있다. 이 사슬을 인간에게까지 (상징적인 의미에서) 연장하면 4가지 바르나의 서열을 얻을 수 있다. 각 바르나는 자신보다 하나 밑의 바르나를 먹이로 삼고 있다. 예를 들어 크샤트리아는 바이샤를 먹는 입장에 있다. 바꿔 말하자면, 바이샤는 자기 자신을 "먹이"로서 크샤트리아에게 주고 있다.

카스트는 일종의 먹이 사슬이다. 게다가 다음과 같이 말해야 할 것이다. 하위 바르나가 상위 바르나에게 자신을 주지 않으면 안 되는, 주는 게 당연하다고 간주되어 있는 건 자신에게 그 상위 바르나에 대한 부채가 있다고 느끼고 있기 때문이다. 먹이 사슬적인 증여는 그 처음부터 있는(있다고 전제로 되어 있는) 부채에 따르는 것이어서, 일종의 변제다. 그 변제는 부채를 말소하는 데까지는 이르지 못한다. 그 때문에 하이어라키는 해소되지 않는다.

혹은 똑같은 건 다음과 같이 바꿔 말해진다. 카스트의 하이어라키가 약육강식의 먹이 사슬의 이미지 속에 있는 걸 생각한다면 상위 카스트와 하위 카스트의 관계는 후자에게 있어서 강자인 상위 카스트에게 먹히는 것이지만, 그 점은 약자(하위 카스트)에게 있어서는 강자(상위 카스트) 속에 통합되는 걸 의미하고 있다. 곧 약자인 하위 카스트는 강자인 상위 카스트에게 "먹히고 있다"는 것이다. 이 경우에 강자가 약자를 먹는 건 그것 자체로 강자가 약자에게 은혜를 베푸는 것이고, 약자는 자기 자신의 신체를 바치는 걸 가지고서 그 은혜에 보답하고 있다고 볼 수 있다. 너무나 존경하고 있는 사람에게 선물을 할 때의 기분을 생각하면 좋을 것이다. 그 사람이 선물을 받아들였다는 사실이 건넨 쪽에게 있어서 즐거운 일이고, 존경하고 있는 인물로부터의 최대의 증여도 되고 있다.

그래서 여기서 하나의 이론적인 물음이 제기된다. 처음에 이야기했듯이, 증여 교환의 네트워크는 일반적으로는 하이어라키 형성을 억지하는 것처럼 작용한다. 그렇지만 카스트제에서는 바로 증여의 사슬이 기축이 되어서 하이어라키가 유지되어 있다. 이 모순을 어떻게 풀면 좋을까. 하이어라키에 대립해야 할 증여의 메커니즘이 어떻게 해서 하이어라키의 구조와 결부되어 있는가.

*

카스트제가 약육강식의 먹이 사슬의 이미지를 관념적으로 승화시켰던 것이라고 하는 사실은 곧바로 다음과 같은 추측을 불러일으키게 된다. 증여 교환과는 별개의 외적인 요인이 작용했던 건 아닌가라고. 외적인 요인이란 단순한 노골적인 폭력이다. 물리적인 폭력에 근거한 제압과 지배가 있어서, 그 결과가 카스트의 서열이라는 형태로 해석되는 걸 통해서 정당화되어 있는 건 아닐까. 동물들의 강약의 표현인 먹이 사슬의 이미지는 폭력·군사력에 의한 강약의 표현에 바로 적합하다.

하지만 이런 설명은 좌절한다. 이 논리에서는 어떻게 해도 설명할 수 없는 부분이 카스트제에는 있는 것이다. 그건 바라문과 크샤트리아의 서열이다. 카스트제의 상징적인 먹이 사슬이 물리적인 폭력에 근거한 강약을 반영하고 있다고 한다면 전사인 크샤트리아가 정점이 되어야 할 것이다. 어째서 크샤트리아보다도 위에 바라문(사제층)이 있는 것인가. 이 서열은, 물리적인 폭력에 의해서는 설명할 수 없다. 물리적인 폭력이 근거라면 서열은 거꾸로여야 할 것이기 때문이다. 인도 연구를 전문으로 하고 있는 인류학자 루이 뒤몽에 따르면, 바라문이 왕(전사)보다도 위에 오는 이 서열은 아주 이른 단계에 − 베다 시대의 끝(기원전 6세기)에는 이미 − 시작되어 있었다(Dumont 1964=1972: 72).

어째서 바라문이 최상위로, 폭력에 관해서는 가장 강해야 할 크샤트리아가 그 밑에 오는가. 상징적인 먹이 사슬이 가장 강한 인간인 크샤트리아의 곳에서 끝나지 않기 때문이다. 인간을 먹는 자가 있다. 그건 신들이다. 이런 전제를 들여오면 바라문/크샤트리아의 서열이 이해 가능해진다. 바라문의 기능은 신들이 인간을 먹는 걸 막는 데 있었던 것이다. 바라문은 신들에게 인간의 대리물을 준다. 그것이야말로 의례적인 공희供犧의 의미다. 신들의 식욕은 바라문이 제공한 대리물에 의해서 만족된다. 바꿔 말하자면, 신들은 바라문에 의해서 바람맞고 달래지고 있는 것이다. 신들에 대한 증여를 수행하는 권한을 갖는 자, 신들에 대한 증여의 행동 방식을 알고 있는 자는 바라문뿐이다. 바라문이 크샤트리아의 상위에 있는 근거는 여기에 있다.

이처럼 카스트제에서는 먹이 사슬에 의태된 증여의 사슬이 인간의 곳에서 끝나지 않고서 인간을 넘어선 존재인 신들에게까지 연장되어 있다. 그러면 우리는 물음의 지점으로 되돌아온다. 증여 교환의 관계성이 어떻게 해서 – 인도의 카스트제에서는 – 하이어라키의 구조와 결합되어 있는가. 이 점은 증여 교환에 외재하는 요인, 곧 노골적인 물리적 폭력에 의해서는 설명할 수 없다. 환상의 초인적 존재(신들)의 차원에까지 증여의 사슬이 늘어나 있고, 그 속에 물리적인 폭력에 근거한 서열은 짜여 있다. 요컨대 물리적인 폭력의 서열은 증여의 사슬에 근거한 서열에 종속해 있다. 그렇다고 한다면 하이어라키가 어떻게 해서 생성되고 유지되고 있는가라는 건 증여에 내재하는 논리에 의해서 설명되지 않으면 안 된다. 폭력이나 전쟁이 관여하고 있다고 해도 그것 자체가 증여의 논리 속에 짜넣어져 있는 것이지 않으면 안 된다. 실제로 이미 서술했듯이, 전쟁이나 복수도 또한, 경패적인 마이너스의 – 상대방에게 손해를 주는 – 증여의 일종으로서 수행되어왔던 것이기 때문이다(제3장 제1절).

카스트제

증여의 관계성으로부터, 어떻게 해서 카스트제와 같은 하이어라키가 출현했는가. 먼저, 카스트제란 무엇인가. 엄밀하게 곧바로 정의하는 것에서부터 시작해보자. 카스트제는 "카스트"라 불리는 세습 집단 사이의 하이어라키 구조다. 그러면 카스트제란 무엇인가. 사회학자 세레스탄 부글레에 따르면, 카스트는 세 가지 특징에 의해서 서로 분단되고, 동시에 결합되어 있다. 첫째로, 분리(결혼이나 신체 접촉에서의). 둘째로, 분업(각 집단은 전통적으로 하나의 직업을 갖고, 그 성원은 이 한계를 넘을 수 없다). 셋째로, 하이어라키(집단은 상호로 상위인지 하위인지로 서열화되어 있다). 여기서 하이어라키란 ─ 부글레의 정의에서는 ─ "집합을 구성하는 여러 요소를 집합 전체와의 관계에서 서열화할 때의 원리"다(Bougle 1993). 루이 뒤몽도, 부글레의 이 정의를 추인하고 있다(Dumont 1966).

카스트는 몇 개 있는가. 이제까지 카스트와 바르나를 동일시해왔지만, 엄밀하게는 양자는 별개의 것이다(그 관계에 대해서는 곧바로 뒤에 서술한다). "카스트"는 포르투칼어로, 그것에 대응하는 산스크리트어는 "쟈티jāti"다. 쟈티 체계는 엄청나게 얽혀 있고, 그 전모를 전망하는 일은 누구도 할 수 없다. 쟈티는 곧잘 주요한 카스트(쟈티)를 열거하고, 그 순위를 가르쳐보려고 하지만 이 요구 자체가 넌센스라고 이야기하고 있다. 모든 구체적인 카스트 체계가 조그만 지리적인 넓이의 내부에 한해 있기 때문이다. 예를 들어 이발사 쟈티는 인도 어디에나 있지만, 그 지위는 북부와 남부에서 다르다고 한다.

바르나varna와 쟈티는 독립적인 게 아니라 어떤 종류의 관계가 있지만, 그건 일률적으로 단순한 건 아니다. 어느 쟈티가 어느 바르나에 속하는지라는 대응은 있지만, 바르나 위에서의 서열과 쟈티로서의 서열이 완전하게 정합하고 있는 건 아니다. 그렇다고 해도 전적으로 무상관한 건 아니고, 쟈티의 서열은 대략 바르나의 서열과 합치한다. 결국 양자 사이의 관계를 어떻게 이해하면 좋을까. 이야기했듯이, 쟈티의 체계는 매우 번잡하다. 바르나의 하이어라키는 카스트의 본질, 카스트라는 것의 의미를 표현하는 도식과 같은 것이다. 우리도 현실의 본질을 이해하기 위해 현실 그 자체와는 합치하지 않는 모델이나 개념을 사용한다. 바르나는 그런 것에 비슷하다.

바르나의 하이어라키는 카스트제의 이념의 표현이고, 쟈티 체계는 카스트제의 실제적인 운용이다. 카스트제를 규정하고 있는 기본적인 원리는 무엇인가. 뒤몽은 그걸 "깨끗함[淨]/더러움[不淨]"의 이분법이 초래한 종교적 관념이라고 하고 있다. 그러나 이 인정은 아직 설명하지 않으면 안 되는 부분을 남기고 있다. 깨끗함과 더러움의 구별이 아 프리오리하게 주어져 있는 건 아니기 때문이다. 아무튼 이 구별은 카스트라는 집단의 동일성이 감각이나 지각이라는 체험의 직접적으로 신체적인 차원에 뿌리내리고 있는 걸 보여주고 있다.

카스트제의 하이어라키에는 깨끗함/더러움의 신체적인 레벨의 차이를 전제로 해서, 또 하나의 원리가 작용하고 있다. 또 하나의 원리란 증여 교환의 사슬이다. 앞 절에서 이야기했듯이, 4층(아웃카스트를 포함하면 5층)의 바르나에 관해서는 먹이 사슬로 짐작할 수 있는 수직적인 증여의 연결이 하이어라키를 관통하고 있다. 이 "먹이 사슬"은 환상적 · 신화적인 것이지만, 인도 사회의 실태를 쟈티 체계로서만 볼 경우에도, 증여 교환이 그 때때로의 현실적인 목표에 종속하는 형태로, 복잡하게 얽혀서 기능하고 있는 걸 알 수 있다. 다음은, 1930년대 초반의 연구로부터 인용한 실례다. 기록되어 있는 건 쟈티사이의 갈등과 관련된 사건이다.

이발사들이 무용수들을 배척했다. 무용수들이 이발사의 결혼식에서 춤추기를 거절했기 때문이다.

고락풀에서는 어떤 농장주가 챠마르[피혁품 직인]들의 상거래를 사악시하려 했다. 왜냐면 이 논장주가 생각하기로는, 챠마르들이 [농장주의] 소를 독살하고 있기 때문이다(챠마르에게 이와 같은 혐의가 걸려 있는 건 흔한 일이다[챠마르에게 있어서는 가축이 자주 죽어서 재료인 가죽을 많이 손에 넣는 게 도움이기 때문에]). 그래서 농장주는 자신의 소작인에게 사인이 확실하지 않은 동물의 가죽은 모두 찢어버리라고 명령했다[이 가죽이 챠마르에게 넘겨져도 제품으로 불가능하다]. 챠마르 쪽은 여자들에게 [농장주의 곳에서] 조산부로서 일하지 못하도록 시킴으로써 농장주에게 대항했다. 결국 농장주 쪽이 굴복했다.

(구쟈라트주의) 아프마다바드에서는 은행가가 과자 만드는 직인과 소송이 벌어졌다. 그 무렵 은행가는 자신의 집 지붕을 수리하고 있었다. 그런데 과자 만드는 직인은 타일을 만드는 직인에게 가서 은행가에 대한 타일 공급을 거절한다는 약속을 받았다(Dumont 1966=2001: 227-8. 번역을 일부 변경했다).

쟈티 체계는 분업에 기초한 상호 의존 네트워크다. 그러나 여기에 있는 여러 사실은, 우리의 관점에서는 유치하게 보인다. 왜인가 하면, 여기서 전개되고 있는 건 상품 교환적인 의미에서의 상호 의존과는 다른 것이기 때문이다. 곧 서로 필요한 상품을 제공하고, 각각에 이익을 불러일으키고 있는 분업으로서 봤을 때는 이 사건들은 해학이다. 그러면 여기서 묘사되어 있는 건 무엇인가.

이 사례들이 암시하고 있는 건 – 프란시스 후쿠야마도 이 사례를 토대로 지적하고 있지만(Fukuyama 2011) – 각각의 쟈티의 작동이 다른 쟈티에게 있어서는 의례적인 의미도 담지하고 있다는 점이다. 과자 만드는 직인이 타일 만드는 직인과 획책해서 은행가에 대한 타일 공급을 중단시켰을 때 은행가가 잃고 있는 건 지붕 재료 이상의 것(혹은 재료 이외의 것)이다. 그건 타일 안에 머물러 있던 영적인 생명력(의 쪼가리)과 같은 것이다. 혹은 농장주가 챠마르에게 보내야 할 가죽을 상처냈을 때 그가 진짜 데미지를 주고 있는 건 챠마르의 혼에 접촉한 무언가이다.

곧 쟈티 체계는 상품 교환을 토대로 한 분업일 뿐만 아니라, 그것 이상으로 증여 교환 – 특히 의례적인 증여 교환 – 의 네트워크다. 바르나의 하이어라키로서 파악했을 때는 카스트제는 뼈대가 굵은 한 개의 – 마치 대동맥 같은 – 증여의 사슬이다. 쟈티의 덩어리는 그 커다란 혈관 주위를 길게 도는 모세혈관과 같은 것으로서 파악할 수 있다. 아무튼 카스트제의 근간에는 증여 교환이 있다.

*

바르나의 서열은, 카스트제의 이념의 표현인 셈이다. 그걸 관통하는 기본적인 이미지는 신들을 정점으로 한 먹이 사슬이라고 서술했다. 그게 초기 산스크리트어 종교 문학의 문헌, 곧 베다 등에서는 어떻게 설명되어 있는가. 아주 간단히 설명해보자(Aglietta, Orléan eds. 1998=2012. 특히 이 책에 수록된 샤를르 말라무 「베다 · 인도에서의 제식祭式적 행위에 대한 지불」. 이 밖에 Kane 1973, Graeber 2011=2106: 제3장에 의거하고 있다).

가장 초기의 − 기원전 15세기부터 기원전 12세기 무렵 − 베다의 시는 부채에 대한 예사롭지 않은 관심을 표현하고 있다고 한다. 이때 "부채"는 일반적으로는 죄와 똑같은 의미이고. 동시에 단순하게 금전적인 부채도 가리키고 있었다. 앞서 하위 바르나가 상위 바르나에게 자신을 바치지 않으면 안 된다는 당위의 의식은 전자의 후자에 대한 부채의 감각이 있는 걸 의미하고 있다고 이야기했는데, 초기 베다의 문헌 속에 있는 부채에 대한 언급의 편재는, 이런 우리의 이해를 뒷받침하고 있다고 말할 수는 없을까. 여기까지 제시한 해석에 따르면, 부채의 최종적인 형태는 신들에 대한 부채이지 않으면 안 된다. 카스트제에 내재하는 시점에서 보자면 인간이 존재하고 있다는 것, 그것 자체가 신들에 대한 부채를 함의하고 있는 것이다.

실제로 부채로 언급하는 베다의 성가聖歌 속에서 특히 중요한 역할을 수행하고 있는 게 죽음의 신 야마다. 죽음의 신이 중요한 건 부채를 진다는 게 죽음으로 정해져 있다는 것과 똑같다고 생각되고 있기 때문이다. 이 부채는 신들에 대해서 빚지고 있는 것이다. 인간은, 그 부채를 계속 변제한다는 점에서 생존해 있다. 부채가 없었다면 인간은 존재하지 않는다. 그러나 그 부채를 방치한 채로도 인간은 살아갈 수 없다. 부채를 해소하려 함으로써 인간은 존재한다.

인간의 존재 그 자체와 동일시되어 있는 그 부채의 변제는, 인간이 자신을 (신들에게) 바치는 것으로 여겨진다. 실제로는 자기 자신이 아니라, 몸값을 희생으로서 바친다. 그 공희의 의식을 수행하는 게 바라문이다. 게다가 쟈티 체계와 바르나 체계에서 완전히 합치하는 유일한 카테고리가 바라문이라는 걸 덧붙여두자. 어떤 하이어라키에서

나 바라문이 최상위다.

　인간 대신에 신에게 생찬으로서 제공된 사물의 대표가 목우牧牛다. 인도에 한하지 않고, 목우가 생찬에 쓰이는 케이스는 많다. 여기에 제3장에서 남겨두었던 조그만 문제에 대한 답이 있다. 의례적인 증여 교환에 쓰이는 원시 화폐는 대부분 신체를 장식하는 품목 따위였다고 서술한 문맥에서 "소"만이 그런 견해에 해당하지 않는다고 지적해두었다. 아주 초기의 화폐로서 소가 곧잘 사용된 원인은 실은 여기에, 곧 목우가 곧잘 신에 대한 생찬으로서 사용되고 있었다고 하는 점에 있는 건 아닐까.

　아무튼 지금 관심의 중심은 인도다. 거듭하자면, 베다의 텍스트는 어째서 우리 인간은 신들에게 공물을 제공하지 않으면 안 되는가라는 물음에, 확실히 "우리 인간은 신들에 대해서 부채를 갖기 때문이다"라는 답을 준비하고 있다. 고대 인도의 연구가 샤를르 말라무는 이렇게 정리하고 있다. 베다의 이론에서는 "우리는 태어났을 때 태어났다는 사실만으로부터 부채를 지고, 채무자로 형성된 것이라고 여겨진다(Aglietta, Orléan eds. 1998=2012: 89).

　부채와 변제(공희)의 관념은, 더욱이 경험의 다른 영역으로 일반화되고 확장해서 해석되어간다. 브라마나(베다 문헌의 일종, 제의서祭儀書)에 따르면, 4종류의 부채가 있다. 원점에 있는 건 인간으로서 탄생한 것과 그 자체 속에 있는 신들에 대한 부채이고, 그건 공희라는 형식으로 변제된다. 이에 더하여, 인간은 베다의 가르침(곧 학문)을 창제한 현자에 대해서도 부채가 있다. 학습이, 그것에 대한 변제다. 아버지와 조상들에게도 부채가 있고, 아이를 만들어 자기 자신도 아버지가 됨으로써 변제된다. 최후로, 인간 일반에 대한 부채가 있고, 그건 외지 사람을 환대함(혹은 희사함)으로써 변제된다.

*

카스트제 내부의 증여와 부채의 원리가 작동하고 있는 걸 살펴보았다. 하지만 이제까지의 서술에서 – 증여에 관련되는 – 아주 명백한 사실에, 굳이 명시적으로 언급하지 않았다. 카스트 사이의 관계는, 이야기했듯이 증여 교환의 네트워크로서 서술할 수 있다. 그러나 동시에, 이와는 전혀 거꾸로의 경향, 곧 증여 교환의 네트워크를 형성하려 하는 힘과는 전적으로 반대로 향하는 힘도 카스트에는 통하고 있다. 증여의 네트워크가 넓어져가는 걸 억지하려 하는 대단히 강한 힘이 카스트제에는 작동하고 있는 것이다.

이 점을 가장 확실하게 보고서 취할 수 있는 사실은 카스트 사이의 통혼 금지다. 제3장에서 제시했듯이, 원초적으로 가장 중요한 증여의 대상은 "인간=여성"이다. 여성을 배우자로서 빼앗은 자는 여성을 준 가족이나 친족에 대해서 결코 지불할 수 없는 무한한 부채를 지는 셈이다. 결혼이야말로 증여 중의 증여다. 그러나 다른 카스트 사이의 결혼은 기본적으로는 금지되어 있다. 카스트는 내혼內婚적으로 닫힌 집단인 셈이다. 그것만이 아니다. 통혼에 한정되지 않고서 다른 카스트 사이의 접촉은 제한되고 극력 억압되어 있다. 앞서 부글레에 따라서 카스트의 정의를 갖고 왔는데, 세 가지 특징 가운데 최초로 열거되어 있는 "분리"란 카스트제의 이런 특징을 가리키고 있다. 혹은 카스트제에 고유한 "더러움"의 관념도 이로부터 오고 있다. 다른 카스트에 속한 자들과 접근하고 접촉하는 건 원칙적으로는 좋지 않다고 하는 감각이 있다. 접촉이나 접근이 광의의 "증여-반대 증여"의 관계에 포함된다. 가장 온건한 의미로 해석한 증여와 부채의 관계에 대해서도 카스트제는 억제적인 힘을 미치고 있다.

따라서 정리하자면 다음과 같이 된다. 한편에서는 카스트의 하이어라키에는 증여 교환의 사슬이 관통되어 있다. 바르나의 환상적·신화적인 시스템으로서 파악했을 때, 또한 직업적인 분업 시스템으로서의 쟈티 체계로서 파악했을 때 그건 증여 교환의 네트워크다. 그러나 다른 편에서는 통혼을 필두로 하는, 카스트 사이의 접촉을 제한하고, 증여와 부채에 기초한 상호 의존의 정도를 줄이려 하는 힘도 카스트제에는 작용하고 있다. 증여 교환의 확장이나 밀도라는 것에 관해서, 악셀과 브레이크가 동시에 밟혀 있는 것처럼 보이는 것이다. 이 대립적인 이면을 통일적·정합적으로 해석할 수 있는 논리에 의해서밖에, 카스트의 하이어라키 성립을 설명할 수 없다. 그건 어떠한 논리인가.

"liberté"가 의미하는 것

그와 같은 논리를 추출하기 위해서는 시야를 넓히는 게 좋을 것이다. 이제까지 카스트제만을 살펴보았지만, 카스트제의 주위에 있는 고대 인도의 여러 사조, 불교를 필두로 하는 여러 사조도 시야에 넣는 쪽이 좋다. 카스트제와 세트가 되어 있는 종교는 바라문교(고대 힌두교)이지만, 이에 대항하고 있는 것처럼 보이는 불교 등의 여러 사조도 포함해서 고찰의 대상으로서 삼고 싶다. 왜냐면 그들 사조는 카스트제나 바라문교를 부정하고 있는 것처럼 보여도, 도리어 카스트제와 상보적인 관계에 있기 때문이다. 우선은, 어째서 언뜻 보기에 대립적인 게, 도리어 상보적이라고 간주하지 않으면 안 되는지를 설명해보자.

원시 불교를, 그 교의의 내용이 아니라, 교단 조직 구조의 점에서 보자면 그게 카스트제와는 정반대의 양상을 드러내고 있는 건 명백하다. 초기 불교 교단의 특징은, 철저한 평등주의에 있다. 교단에는 모든 신분, 모든 직업, 모든 속성의 사람이 참가했다. 교단은 여성을 포함한 모든 타입의 사람을 받아들이고, 평등하게 취급했다. 불교 교단 가운데서는 카스트의 하이어라키가 완전히 캔슬(무효화)된다.

이런 점에서 명백하듯이, 불교와 그 교단은 카스트제에는 비판적이었다. 그렇다면 불교 교단이 카스트제를 근간으로 삼는 사회 구조에 도전하고, 그걸 변혁하려 했는가 하면, 그런 건 아니다. 불교는 카스트제에 기초한 사회 구조를 용인하고, 도리어 그것에 적극적으로 기생했다. 예를 들어 석가모니와 제자들은 신분이 높고 유복한 — 곧 높은 카스트의 — 원조자가 있다면 그걸 기쁘게 받아들였다.

*

그러면 불교를 그 대표로 하는(바라문교=카스트제의 주위에 있는) 인도 사상의 기초에 있는 모티프는 무엇일까. 종교현상학의 함축이 있는 명언이 좋은 실마리가 된다. 엘리아데는 대저 『요가』를, 다음 한

말로 묶고 있다. "모든 게 자유[liberté]가 의미하는 것에 의존해 있다"(Eliade 1936=1978: 258).

여기서 엘리아데는 인도(동양)적인 사상과 서양적인 사상의 차이가 어디에 집약되어 있는지를 단적으로 알아맞히고 있다. "자유liberty"는 서양 사상, 특히 근대 서양 정치 사상에서 중핵적인 개념인 건 설명을 필요로 하지 않는다. 개인의 자유를, 교환 양식의 레벨에서 온전하게 실현될 때 얻게 되는 게, 화폐를 사용한 상품 교환으로 볼 수 있을 것이다. 그런데 "liberty"나 "liberation"을 "해탈"로 번역하면 이번에는 인도적인 개념이 된다. "liberté가 의미하는 것"이 무언가에 의존해서 서양적인 것인지 인도적인 것인지가 결정되어버린다는 것이다.

무엇이 차이인가. 서양 정치의 역사가 마치 그걸 목표로 삼고 있던 것처럼 해서 19세기 무렵에 실현했던 (개인의) "자유"와, 인도 사상이나 실천이 아득한 고대부터 관심을 기울이고 있던 "해탈"은 어디에 근원적인 차이가 있는가. 일상의 생활세계를 규준에 둠으로써 양자를 나눌 수 있다. liberty를 일상의 생활세계의 내부에 실현하려고 한다면 서양적인 "자유"가 되고, 거꾸로 일상의 생활세계로부터 외부로 향하는 것으로서 실현한다면 인도의 "해탈"이 된다고. 어째서 "서"와 "동"에서 이와 같은 차이가 나오는가. 특히 인도에서 목표로 삼아야 할 "자유"가 해탈이라는 형태를 띠는 건 어째서인가.

해탈, 곧 삶으로부터의 해방이 궁극의 목표가 되는 건, 하나의 전제가 있기 때문이다. 삶이 "고苦"라고 하는 전제가, 이다. 엘리아데는 "고[통]로부터의 자기 자신의 '해방', 이게 모든 인도 철학 및 인도 신비

주의의 목표다"라고 한다. 예를 들어 요가의 근본 교본『요가 수트라』
(2~4세기 무렵)에는 "현자에게 있어서 모든 건 고(뿐)이다"라고 한다
(Eliade 1936=1978: 35). 똑같은 걸 석가모니도 훨씬 확실하게 이야
기하고 있다. "일체개고—切皆苦"라고.

무엇이 그다지나 고통스러운가. 석가모니에 따르면, 고는 "생 ·
노 · 병 · 사"인데, 그렇다고 한다면 태어난 것이 그 자체로 고라고 하
는 셈이다. 이 감수성은 어디서부터 오는가. 엘리아데는 "일체개고"와
같은 명제에 깊은 페시미즘을 보아서는 안 된다고 논하고 있다. 하지
만 그렇다고 한다면 무엇이 고[통]로 감수되고 있는가.

*

이 점은, 삶이 "고"에 어떻게 대응하듯이 인도 사상이 설파하고 있
는가라는 것에서부터 거꾸로 비춰질 것이다. 원시 불교가, 고[통]에
대한 처방으로서 위치지었던 게 "무아無我"다. 이 경우의 "무아"는 신
비적이고 형이상학적인 함의가 전혀 없다. 그건 가장 넓은 의미에서
의 소유의 방기를 가리키고 있다. 곧 무언가를, 만사를 "내 것", "나에
게 속하는 것"으로 관념하는 걸 철저하게 배척하는 것이다.

여기서 루만이 이야기하고 있던 걸 새삼스레 상기해보자. 루만에
따르면, 경제 시스템의 근본 문제는 희소성이다. 희소성은 객관적인
상태가 아니라, 사회 시스템에 의해서 매개된 인지(관찰)가 초래한 구
축물이라는 게 루만의 주장이었다. 아무튼 그 희소성에 대해서 경제
시스템이 취하는 대처법이 우선은 점취이고, 마침내 소유인 것이다.
그렇다고 한다면 "무아"란 경제 시스템의 초발의 대상 그 자체를 부

정하고 배제하는 것이다. 곧 그건 경제 시스템의 영[0]도라는 셈이다.

그래서 불교나 요가가 거기서부터의 이탈을 목표로 삼고 있는 "고로 가득찬 삶"이란 무엇인가. 곧 "무아(무소유)"인 걸 통해서 이탈시켜야 할 삶은 무엇인가. 이것에 대한 교과서적인 답은 이렇다. 거기로부터 이탈해야 한다고 여겨지는 삶의 양상이란 윤회라고. 인도 사상에게 있어서 생명이 윤회하고 있는 건 전제다. 게다가 묻지 않으면 안된다. 윤회는 추상적인 관념이다. 이 윤회라는 상을 주었던 우주의 존재 방식이 고[통]의 원천이라고 해석될 때, 이런 요해에 설득력을 주고 있는 직접적인 구체적인 경험은 무엇일까.

윤회라는 관념이 의미를 갖는 건, 윤회를 통해서 지속하는 실체(영혼)를 지배하는 법칙에 일관성이 있을 때뿐이다. 그 법칙이란 어떤 종류의 인과 관계, 곧 연기緣起다. 윤회의 시계열 속에서 뒤에 결과를 남기는 행위의 일을, 불교에서는 "업業[다르마]"이라 부른다. 선한 결과(果業)를 남기는 업이 선업, 나쁜 결과를 남기는 업이 악업, 아무것도 아닌 게 무기업無記業이다. 수행이란 선업을 쌓는 것이다. 많은 선업을 축적한 자는 내세에서 보다 높은 지위로 전생한다(거꾸로 악업을 거듭하는 자는 내세에서 낮은 지위가 기다리고 있다). 그리고 전생轉生을 통해서 충분하게 많은 선업을 축적한다면 최후에는 윤회 그 자체로부터의 자유, 곧 해탈을 얻게 된다는 셈이다.

불교가 전제로 삼는 윤회 사상에 따르면, 중생(살아 있는 것)을 위해서는 6가지 영역(六道)이 준비되어 있다. "지옥/아귀/축생/아수라/인간/천상"의 6개다. 뒤의 영역일수록 좋다고 여겨진다. 현세에 있어서 인간이어도 악업을 거듭한다면 내세에서는 아수라가 된다든지, 아귀가 된다. 이 중생의 하이어라키가 카스트의 하이어라키와 대략 유비적인 관계에 있는 건 쉽게 이해할 수 있을 것이다. 카스트제의 공시적인 체계를, 윤회의 통시적인 축에 비추어본다면 6도를 얻게 된다(카스트제를 구성하는 4가지 바르나에, 바라문보다 더욱 상위의 신들과 수두라보다도 더욱 하위의 아츄트[불가촉민]를 더하면 역시 6가지 계층이 된다).

그런데 윤회에 대한 이런 설명을 납득시켜버리는 원체험은 무엇인가. 추측은 그다지 어렵지 않다. 그건 증여와 부채를 둘러싼 체험, 호수성의 체험일 것이다. 누군가에게 선한 걸 증여한다면 우리는 보통, 직접적으로─혹은 때로 돌고 돌아서 간접적으로─답례가 있는 건 아닌가라고 기대한다. 거꾸로 마이너스 증여를 했을 때는─곧 누군가 타자에게 해를 입혔을 때는─보복을 두려워하게 된다. 이런 교환 관계를 추상화하고 비인격화해서 표상한다면 연기의 관계가 된다. 선업이 플러스의 증여이고, 악업이 마이너스 증여에 해당한다. 더욱 유추를 확장해보자. 타자로부터의 증여는 직접적으로는 기쁨이기는 하지만, 동시에 부담이나 고통의 원인이 되기도 한다. 그건 나에게 있어서는 부채가 되고, 답례로의 강박을 귀결하기 때문이다. 그것과 정반대의 관계에 있는 게, 타자로부터의 마이너스 증여─예를 들어 약탈당하는 것─이다. 그건 복수로의 의지를 불러온다.

증여를 한다면 답례가 있어야 당연하다는 호수의 감각이 연기 이론의 기저에 있다. 그렇다고 해도 답례로의 기대는 늘 만족되지는 않거니와. 보복이 늘 있다는 의미도 아니다. 그런 불충족감을 보상하는 하나의 방법은 답례나 보복이 사후에 있을 것이다, 사후까지도 시야에 넣는다면 호수성은 유지되고 있다고 해석할 수 있다. 그런 해석으로 구성되는 게 연기의 법칙에 지배받은 윤회라는 관념일 것이다.

여기까지 왔다면 불교나 요가, 혹은 인도의 신비 사상이 거기로부터의 해탈을 목표로 삼았던 "고로서의 삶[생]"의 원점이 무엇이었는지는 명백해질 것이다. "고"로서 감수되어 있던 건, "플러스/마이너스의 증여"와 "답례/보복"의 네트워크에 집어넣어지는 것으로부터 생기는 속박이다. 이와 같은 네트워크 속에 있다면 우리는 늘 누군가로부터의 증여에 뒷받침되어 있는 셈이다. 그건 누군가 터무니없이 커다란 부채를 진다는 것이다. 혹은 이런 네트워크 속에서는 우리는 늘 누군가로부터 공격받고 빼앗길 가능성에, 따라서 귀중한 걸 상실할 위험성에 처해 있고, 이런 사실이 증오의 감각을 만들어낸다. 죄나 증오를 둘러싼 이런 감각이야말로 "일체개고"의 "고"의 유래일 것이다.

해탈이란 증여 네트워크의 이런 속박으로부터의 탈출이다. 그러기 위한 "무아(무소유)"가 설파된 이유는 명백하다. 무아란 증여의 대상이 되는 것과 같은, 혹은 타자에게 빼앗기는 걸 두려워하지 않으면 안 되는 것과 같은 귀중한 물건에 대한 집착을 끝내는 것이다. 그런 집착마저 없다면 사람들은 부채감으로부터도, 또한 상실의 두려움으로부터도 해방될 것이다.

*

그렇다고 한다면 앞 절에서 이야기했던 것과도 합쳐서, 다음과 같은 구조를 얻을 수 있다. 첫째로, 카스트의 하이어라키 전체를 관통하고 있는 기본적인 원리는 증여 교환, 수직화된 증여 교환이다. 본래

수평적인 관계로 향하려 하는 증여 교환이 수직화하고 있는 건, 아무리 변제해도 부채가 없어지지 않는 것처럼 느껴지고 있기 때문이다. 낮은 카스트의 자는 높은 카스트의 자에 대해서 자기 자신을 주고 있다. 그건, 없어지지 않는 부채에 대한 변제로 간주되고 있다. 둘째로, 카스트 시스템에는 사람들이 증여에 의존하는 걸 가능하면 억제하려 하는 힘이 작동하고 있는 것처럼도 보인다고 이야기했다. 그게 카스트 사이의 통혼의 금지, 카스트 사이의 (깨끗함/더러움의 관념에 기초한) 무제한의 접촉의 타부시라는 형식을 띤다.

그리고 셋째로, 카스트제의 외부에, 광의의 증여 교환 네트워크 속에 짜넣어져 있는 "삶"을 고[苦]로서 간주하고, 거기서부터의 해탈을 지향하는 사상과 실천이 있다. 그와 같은 사상 · 실천의 대표가 불교이지만, 불교만은 아니다. 예를 들어 그 라이벌인 자이나교도 목표로 삼는 바는 똑같다.

혹은 이제까지 몇 차례나 언급한 요가도 마찬가지다. 오늘날에는 요가는 릴렉세이션이나 다이어트의 기법으로서 보급되어 있지만, 요가의 본래 목적은 물론, 전혀 별개의 곳에 있었다. 요가는 무엇을 하고 있는가. 그건 무아 – 소유의 방기 – 의 신체 기법 판으로 해석하면 좋을 것이다. 소유의 방기는 보통은, "나"와 소유물의 관계에서 규정되지만, 그걸 나의 행위 · 행동의 전체에까지 확장한다면 어떻게 될까. 소유의 방기란, 결국 행동의 무효화가 아닐까. 요가란 통상의 행동을 모두 거꾸로 함으로써 플러스 · 마이너스=제로로 만들어버리는 기법이다. 사람들이 행동한다면 그건 반드시 타자에 대한 (플러스 · 마이너스의) 증여가 된다. 그걸 없던 것으로 만들기 위해서는 행동을 무효화한다면 좋은 것이다. 요가는 그러기 위한 기법이다. 탁월한 요가 [수]행자는 자신의 정액을 포착해서 회귀시키기조차 할 수 있다……고 여겨지고 있다.

이처럼 인도 문명의 콘텍스트에서 증여 교환의 경향에 대해서, 긍정적인 힘과 부정적인 힘이 착종해서 작용하고 있는 것처럼 보인다. 이 전체를 통일적으로 설명할 수 있는 논리를 얻기 위해서는 무엇이 일어나고 있는지를, 좀 더 자세히 관찰하지 않으면 안 된다.

마누 법전이 규정하는
라이프 사이클

마누 법전은 바라문교의 세계관과 그것에 기초한 행동 준칙을 기록한 텍스트다. 이 텍스트는 세계의 창조주 브라흐마의 자식으로, 인류의 시조이기도 한 마누가 성현들의 간청에 응해서 말했던, 모든 인간의 규범이 되어야 할 "다르마"를 적은 것이다……라는 것으로 되어 있다. 법전이 편집된 건 기원 전후의 일이라고 생각되고 있지만, 여기에 씌어져 있는 행위 규범의 체계가 이때 한꺼번에 창조된 게 아니라 기원전 6세기부터 기원전 2세기에 걸쳐서 축적되어온 것들의 집대성이다(渡懶 1990).

마누 법전은 사내가 더듬어야 할 라이프 사이클에 대해서 기묘한 규정을 포함하고 있어서 텍스트를 읽는 자의 주의를 끌지 않을 수 없다. 사내는, 표준적으로는 "학생기(스승을 찾아서 그 밑에서 베다를

학습한다)→ 가장기(가장으로서 가족을 지키고, 바르나나 카스트에 정해진 일에 종사한다)→ 임주기(숲에 살면서 베다를 제창하면서 수행한다)→ 편력기(걸식을 하면서 편력하고, 베다의 복창에 전념한다)"의 4가지 단계를 거쳐서 인생을 마쳐야 한다고 여겨진다. 어째서 사람(사내)들은 이와 같은 단계를 밟고서 살아가지 않으면 안 되는 것일까.

이 규정이 기묘한 것으로 보이는 건, 인생을 구성하는 4가지 페이즈 속에서 보통 생활로 볼 수 있는 건, 중간에 있는 가장기뿐이기 때문이다. 여기서 "보통 생활"이라는 건 공동체의 존속에 공헌할 수 있다는 것이다. 표준적인 법전이 어째서, 공동체에게 있어서 각별히 의미가 있다고도 생각할 수 없는 삶의 방식을 주요 부분으로 삼는 것과 같은 인생을 규범적인 것으로서 지정하고 있던 것일까. 그 이유는, 앞절에서 이야기한 것, 곧 사는 게 어떠한 의미에서 "고"라고 간주되어 있던가라는 점을 고려한다면 이해할 수 있다. 따라서 동시에, 이 4단계가 어떠한 원리에 따르고 있는가라는 건 증여 교환(과 그 이면인 부채의 사슬)의 경향을 강화하고 활용하려 하는 힘과 그걸 억제하려 하는 힘이 어떻게 해서 통일되어 있는지를 설명하기 위한 실마리를 준다. 전자의 경향 속에 말아넣어져 있는 것이야말로 "고"의 원인으로 여겨지고 있었기 때문이다.

먼저, 마누 법전의 작가들이 무엇을 가치 있는 것으로 간주했는가, 바꿔 말하자면 그들에게 있어서 "깨끗함"이란 무엇인가를 검토해보자. 앞 절에서 불교 등의 인도 사상을 매개로 해서 도출한 논점을 재확인할 수 있다. 설명해보자. 마누 법전의 성립에 앞선 시기에는 금욕주의가 유행했다. 마누 법전은, 이 금욕주의자의 가치관을 반영하고 있다. 예를 들어 초기 우파니샤드(오의서奧義書)의 어떤 텍스트에는 임주자로서 인적이 드문 곳에서 고행에 매진하는 사람은 "신의 길"을 통해서 브라흐만(우주 원리)에 도달하지만, 마을에서 제식 의례祭式儀禮 등을 수행하고 있는 자들은 브라흐만에는 이르지 못하고, 이세상 속에 재생한다 – 윤회 전생한다 – 고 기록되어 있다. 후자는 바로 "가장"으로서의 보통 삶의 방식, 곧 가족을 양육하고 일을 하고 마을에서 생활하는 전통적인 삶의 방식이다. 전자가 금욕주의 삶의 방식에 해당한다. 금욕주의자는 사람들의 집주지로부터 떨어진 숲 속에서 살면서 금욕(채식)에 철저하고, 때로 고행을 갔다. 그들은 걸식하면서 마을서부터 마을로 편력하기도 한다. 곧바로 알 수 있듯이, 금욕주의자의 생활은 마누 법전이 지정하는 인생 4단계의 최후의 두가지 페이즈와 내용적으로 겹쳐 있다. 이와 같은 금욕주의자가 실제로 상당수 있었다.

금욕이 어째서 추장推獎되었는가. 어째서 채식에 가치를 두었는가. 지나치게 즐겁지 않은 금욕주의적인 삶의 방식이 유행했던 건 어째서인가. 이런 의문에 대한 답은 고대 인도에서는, 특히 먹이 사슬로 비유된 증여의 사슬로 짜넣어진 것에야말로 근원적인 고[통]가 있다고 생각되고 있었다는 걸 고려한다면 당장 납득될 것이다. 금욕주의=채식주의는 이 사슬로부터의 이탈을 의미하고 있었다. 육식을 하지 않는다면 먹이 사슬에 집어넣어지지 않기 때문이다.

게다가 사람들과 커뮤니케이션을 하는 건 많은 경우에 타자에 대한 마이너스의 증여가 되고 있다. 곧 타자에게 혼미를 준다든지, 타자에게 고통을 준다든지, 타자에 대한 공격이 된다든지, 게다가 타자에 대한 폭력조차 될 수 있다. 이런 일은, 불교적으로 말하자면 악업의 축적을 의미하고 있다. 악업은 연기의 사슬을 매개로 해서 반드시 자기 자신에 대한 마이너스의 증여로서 되돌아온다. 타자와의 커뮤니케이션은 공격적·부정적일 뿐만이 아닐 것이라고 생각할지 모르겠지만, 그건 그것에서 문제다. 타자로부터 은혜를 받는 건, 내가 그 타자에 대해서 부채를 지고 있는 걸 의미하고 있고, 그 점에 의해서 나는 타자에게 속박되는 셈이기 때문이다. 이것도 또한, 삶에서의 고[통]의 원인이 된다.

따라서 사람들의 일상의 생활을 구성하고 있는 무수한 증여의 사슬 속에 집어넣어져 있는 게 부정적인 삶의 존재 방식이어서, "더러움"으로서 의미지어져 있는 것이다. 바꿔 말하자면, "깨끗함"이란 먹이 사슬을 필두로 하는 증여의 사슬로부터 이탈하고 있는 정도다, 증여의 사슬로부터 해방되어 있는 자일수록 "깨끗한 것"으로 간주되었던 것이다. 인적이 드문 숲 속에서 살고, 채식을 중심으로 한 금욕 생활을 하는 자는 깨끗한 자다.

그래서 마누 법전이 규정하는 인생의 시점과 종점(목적)은 금욕주의로 방향지어져 있다. 곧 이 인생 전체를 형식적으로 틀지우고 있는 건 금욕주의다. 그러나 라이프 사이클의 내실을 잘 보면 한 사람의 사내가 가장 정력적일 수 있는 연령은, 가장기에 해당되어 있다. 따라서 이 4단계의 인생이라는 규정은 실질적으로는 도리어 반금욕주의적이고 전통적인 삶의 방식을 지정하고 있는 것이다. 형식만 보자면 금욕주의로 방향지어져 있지만, 실질은 거꾸로 반금욕주의적인 인생을 추장하고 있는 셈이다. 형식에는, 그러나 중요한 효과가 있다. 마누 법전의 규정대로 살려고 하는 사내는 형식적으로는 금욕주의에 따랐던 인생을 보내고 있는 셈인데, 먹이 사슬이나 약육강식의 폭력적인 속박으로부터 도망칠 수 있는 셈이기 때문이다. 그는, 형식적으로는 고[통]로부터 개방된 인생(금욕주의의 인생)을 보내고 싶다는 원망이 이루어져 있기 때문에 악업을 쌓는 것에 대해 이것저것 걱정하지 않고 안심하고서 일상의 일이나 가정 생활에 열중할 수 있는 것이다.

*

여기에는 대단히 널리 일반적으로 보이는 어떤 행동 방식이 활용되어 있다. 그 행동 방식을 일반화하자면 "(몇 가지) 예외를 수반하는 보편적 규정"이라는 게 된다. 곧 "원칙적으로는 p이지만 q의 경우는 예외다"라는 명제에 의해서 보호되어 있는 보편성 p다. 이 수법은 너무나 "편리"하다. 왜냐면 보편성이 유지되어 있다는 체제를 무너뜨리지 않고서 보편적인 규정을 위반하고, 골자를 뺄 수 있기 때문이다. 보편성은 지켜지고 있다는 형식 아래서 보편적인 금지나 지배로부터 얼마든지 도망칠 수 있는 것이다.

예를 들어 일본국 헌법 9조의 일을 생각해보면 이 수법이 어떻게 활용되고 기능하는지 곧바로 알 수 있다. 베이스에는 "모든 전쟁을 방기하고 일체의 전[투]력을 갖지 않는다"라는 강한 보편성이 규정되어 있다. 그러나 이것에 예외가 차례차례 덧붙여진다. "다만 자위를 위한 전투력은 전투력이 아니다", "다만 타국의 전투력을 주재시켜도 전투력을 보유한 게 되지 않는다", "다만 집단적인 자위권의 행사도 또한, 자위다" 등등. 이처럼 몇 가지 예외를 덧붙인다면 일본은 결국, 보통으로 군대(전력)를 갖고, 대부분의 나라가 전쟁을 시작하는 케이스와 똑같은 이유로 전쟁도 할 수 있는 나라가 된다. 여기서 중요한 건 "9조"라는, 토대에 있는 보편적인 규정이 부정되는 일 없이, 실질적으로는 그걸 무력화할 수 있다는 점이다. 일본 정부와 일본인은 9조를 준수하고 있어서, 도리어 안심해서 전투력을 더 강화할 수 있는 것이다.

마누 법전의 4단계도 또한 똑같은 논리로, 곧 "예외를 허용하는 보편성"이라는 논리에 따르고 있다. "인생은 전체적으로는 깨끗함을 지향하는 금욕주의를 따라왔다"는 보편적인 규정이 우선 있다. 여기에 "다만 가장기만은 예외다"라는 조항이 덧붙여 있다. 시작과 종말이 금욕주의에 준거해 있다면 그 중간에 벗어나도 더러움에는 이르지 않는다는 발상이다. 왜냐면 결국 대부분의 일이 할 수 없는 유년기와, 겨우 여명밖에 남아 있지 않은 고령기만이 금욕주의를 위해 남겨져 있다면 인생 전체가 금욕주의에 기초해 있는 셈이라고 하는 것이다. 실질적으로는 인생의 활동적인 시기의 대부분을 반금욕주의적인 세속의 생활에 허비하고 있음에도 불구하고다.

두 가지 아웃카스트

마누 법전에 기록된 인생의 규정에 구애받아온 건 이와 똑같은 원리가 카스트 제도에서도 작동하고 있기 때문이다. 즉 개인의 인생에 적용되는 것과 똑같은 원리가 사회 시스템 전체에 적용된다면 인생의 통시적인 4단계 대신에, 사회 시스템의 공시적인 하이어라키를 얻게 된다. 이 하이어라키야말로 카스트제에 다름 아니다. 인생의 4단계는 "인생 전체가 깨끗하다"는 보편적 규정에 예외를 덧붙임으로써 더러움에도 접촉할 수 있는 가장으로서의 활동을 가능하게 만들었다. 마찬가지로 고대 인도에서 "사회 시스템 전체가 깨끗함성[淨性]에 의해서 지배받고 있다"는 보편적인 규정을 먼저 조정措定하고, 거기에 예외를 덧붙임으로써 카스트나 바르나의 서열이 결정되는 틀이 되고 있다(大澤 2014: 195-9. 또한 Žižek 2010: 19-9도 참조가 된다).

　"(몇 가지) 예외를 수반한 보편적 규정"이라는 원리를 적용할 경우에는 필연적으로 그 규정에 의해서 커버되어 있는 행위나 체험의 영역에, 예외에 의한 오염이 농후한 부위가 적은 부분이 – 바꿔 말하자면 보편성이 글자 그대로 보존되어 있는 부위와 보편적인 규정으로부터의 일탈이 큰 부위가 – 나온다. 개인의 라이프 사이클에서는 말년의 임주기·편력기가 예외에 의한 오염의 정도가 적고, 장년의 가장기에는 그게 극대가 된다. 사회 시스템에 관해서도 마찬가지의 것을 말할 수 있다.

　채식주의의 바라문은 예외에 의한 오염의 수준이 낮다 – 곧 깨끗함성의 정도가 높다. 바라문은 살아 있는 생물을 죽이지 않는 것, 그리고 부에 집착을 갖지 않는 것, 이 두 가지 점에 의해서 먹이 사슬과 증여 사슬로부터 거리를 두고, 깨끗함성을 유지하고 있다. 그러나 전원이 바라문과 같은 깨끗한 생활을 하고 있다면 사회 시스템 그 자체가 성립하지 못한다. 바라문을 이념적인 극으로 해서, 그 깨끗함성을 범하는 예외적인 조건이 덧붙여진 계층이 배치되어서 사회 시스

172

템의 유지나 존속에 공헌한다. 덧붙여진 예외적인 조건이 많고, 더러움성[不淨性]의 정도가 높고, 그만큼 하이어라키의 저위에 위치지어지는 셈이다.

먼저, 사회 시스템에 질서를 부여하기 위해서는 정치가 필요하다. 정치를 유지하기 위해서는 누군가가 무력을 써서 사람들을 지배하지 않으면 안 된다. 이게 깨끗함성에 대한 보편적인 규정을 위반하는, 제1의 예외적 조건이다. 이 조건에 대응하고 있는 사회적인 계층이 왕-전사인 크샤트리아다. 크샤트리아는 바라문을 정의하는 두 가지 요건 속의 제1의 것 "살아 있는 생물을 살해하지 않는 것"에 대한 예외에 의해서 특징지워진다. 게다가 사회 시스템을 물질적(경제적)으로 유지하기 위해서는 누군가가 부에 대해서 일정한 집착을 가지고서 상인이 된다든지, 혹은 농업이나 목축이라는 생산 활동에 종사하지 않으면 안 된다. 이런 일에 관여하는 사회적인 계층은 바라문을 정의하는 또 하나의 요건 "부에 집착하지 않는다"에 대한 예외에 의해서 특징지어지고, 크샤트리아보다 또 1랭크 더러움성의 정도가 높아지는 집단 바이샤다. "바라문/크샤트리아/바이샤"의 3계층보다도 더욱 아래에는 동물을 죽인다든지, 사체를 다루는 등의 더러움성(예외성)이 극대가 되는 활동에 종사하지 않으면 안 되는 계층이 있다. 그게, 다른 세 개의 바르나에게 봉사하는 게 의미지어지고 있는 최하위의 바르나, 수드라다.

이리하여 카스트제를 (이념적인 의미에서) 구성하고 있는 4가지 바르나가 도출되었다. 이 하이어라키를 도출한 위에서, 핵이 되는 관계는 바라문과 크샤트리아(왕)의 두 항이다. 기본적인 원리는 보편성

(보편적인 깨끗함)에 예외를 덧붙여간다는 방법에 있었다. 이 원리에서 보편성 쪽을 대표하고 있는 게 바라문, 예외성 쪽을 대표하고 있는 게 크샤트리아다. "바라문/크샤트리아"의 2항과 동형적인 관계를, 하위 층으로 향해서 반복적으로 적용해간다면 보다 낮은 바르나가 도출되는 것이다. 곧

$$바라문 : 크샤트리아 = 크샤트리아 : a = a : b$$

라는 방정식을 사용한다면, 우선은 "a=크샤트리아", 이어서 "b=수드라"라는 해답을 얻는다.

*

카스트제의 각 계층(각 바르나)이 "예외를 수반하는 보편성"의 원리에 따라서 유도되어 있다고 한다면 더욱이 다음과 같이 이 논리를 발전시킬 수 있다.

먼저, 모든 바르나(계층)가 어느 정도의 깨끗함성(보편성)과 어느 정도의 더러움성(예외성)을 갖고 있다는 셈이다. "깨끗함(보편)/더러움(예외)"의 혼합의 정도는 상대적인 것이다. 그렇다고 한다면 바라문보다 더욱 철저히 해서 "보편적인 깨끗함"의 수준을 높일 수 있을 것이다. 바라문이라고 해도 "더러움"의 요소는 제로가 아니라, 크샤트리아와의 차이는 상대적인 것일 수밖에 없기 때문이다. 바라문은 공희의 주제자였다. 공희는 수신인이 신들인 증여이고, 카스트제의 골격을 이루는 먹이 사슬적인 증여의 흐름의 종단이다. 그렇다고 한다

면 그들도 또한 증여의 사슬의 외부에 있는 건 아니다.

보편적 깨끗함성을, 바라문을 넘어서 철저하게 추구한다면 어떻게 될까. 곧 "x : 바라문 = 바라문 : 크샤트리아"라는 방정식을 푼다면 어떻게 될까. 이렇게 얻게 된 x는 사회적인 증여의 사슬의 완전한 외부로 나가버릴 수밖에 없다. 곧 공동체의 생활로부터 이탈한 은둔자가 될 수밖에 없다. 이런 자들을 위한 종교가, 예를 들어 불교(혹은 자이나교)는 아닐까. 불교는, 바라문교의 사회 질서가 ─ 즉 카스트의 하이어라키가 ─ 그 논리의 필연적인 결과로서 잔존시킨 외부에 대응한 종교인 건 아닐까.

똑같은 건, 하이어라키의 정점에뿐만 아니라, 저변에도 성립하는 것이다. 수드라보다 더 철저하게 더러움성의 정도를 높이면, 곧 "바이샤 : 수드라 = 수드라 : y"라는 방정식을 푼다면 어떻게 될까. 역시 더러움성 이외의 것은 없다는 사회적인 층이 도출될 것이다. 그것이야말로 아츄트(불가촉민)다. 아츄트도 승가(불교 출가자의 집단)와 마찬가지로, 하이어라키의 외부로 추방된다.

카스트의 하이어라키는, 이처럼 그 정점과 저변의 양쪽에 아웃카스트를 만들어낸다. 두 가지 아웃카스트는 켤레적인 관계에 있다. 바라문교가 그 외부에 불교를 갖지 않으면 안 되는 것과 똑같은 논리에 따라서, 카스트의 하이어라키 외부에는 불가촉민이 추출되는 것이다.

재분배 시스템

　　제2절(의 전반)에서 서술했듯이, 호수성으로의 강한 압력이 작동하는 증여 교환은 하이어라키 형성에 대해서, 억지적으로 작동한다. 무언가를 준다면 부채감을 매개로 해서 상대방에 대해서 우위에 설 수 있다. 그러나 그 증여는 동시에, 상대방으로부터의 답례를 유발한다. 당연히 답례가 실현된다면 처음에 주는 자의 우위는 무효화된다. 도대체 증여 교환은 - 본질적으로 호수성을 지향하고 있는 증여 교환은 - 주는 자와 받는 자가 대등하다는 걸 전제로 해서 개시된다. 호수적인 증여의 실현은 이 기대되어 있던 전제가 현실에 의해서 만족되는 걸 보여주고 있다. 이와 같은 증여 교환은 기본적으로는 당사자 사이의 대등성을 상정하고, 그걸 현실의 것으로 만들려 한다. 그 때문에 증여 교환은 사회 시스템 속에 권력을 불평등하게 배분하는 하이어라키화에 대해서는 부정적으로 작용한다.

　　하지만 동시에, 다수의 증여 교환의 상호로 연결되어 있는 집합은 전적으로 역방향으로 작용하는 메커니즘도 될 수 있다는 걸, 이 장의 이제까지의 고찰은 시사하고 있다. 인도 카스트제의 하이어라키는 증여의 메커니즘을 통해서 구성되어 있다. 하위의 카스트는 상위의 카스트에게, 말하자면 자기 자신을 증여하지 않으면 안 된다고 느끼고 있다. 어째서 그와 같은 당연한 의식이 생기는 것일까. 하위 카스트는 상위 카스트에 대해서 처음부터 부채가 있는 것처럼 느끼고 있기 때문이다. 하위 카스트의 상위 카스트에 대한 봉사=증여는 그 원초적인 부채감에 촉발된 것이어서, 처음부터 일종의 "답례"이다. 그러나 아무리 답례해도 상위 카스트에 대한 부채감은 (왜인지) 사라지지 않기 때문에 고정적인 하이어라키가 형성된다. 인도의 카스트제에서는 최종적으로는 인간의 존재 자체가 신들로부터 주어진 것이라고 간주되어 있다. 곧 가장 본원적인 부채는 신들에 대해 사라지지 않는 부채이고, 그게 하이어라키의 정점에 물리적인 폭력에서 가장 우수한 크샤트리아가 아니라 바라문이 배치되는 이유인 셈인 것이었다.

카스트제는 본래 하이어라키 형성에 저항하는 메커니즘인 증여 교환이, 거꾸로 하이어라키에 대해서 구성적으로도 작용할 수 있다는 걸 보여주는 실례다. 하지만 증여 교환의 네트워크는 어떻게 해서 하이어라키를 생성하고 유지하는가. 어떠한 기제가 작동하고 있는가. 그게, 다음에 설명해야 할 일이지만, 그 전에 좀 더 사실을 정리해보자.

카스트제는, 확실히 증여 교환의 네트워크로 이루어져 있다, 전체의 골격이라고도 말해야 할 4가지 바르나의 계층은, 거듭 이야기했듯이 먹이 사슬로 비춰지는 수직적인 증여로 되어 있다. 또한 마이크로하게 보아도, 각 코뮤니티 속의 무수한 쟈티 사이의 의존 관계는 – 기능적인 분업이라기보다는 오히려 – 번잡한 타부나 의례적인 절차를 수반하는 증여와 반대 증여의 얽힘이다. 하지만 동시에, 카스트제는 증여 교환의 네트워크가 확대된다든지, 증여 교환의 의존도가 높아진다든지 하는 것에 대해서는 대단히 억제적이기도 하다. 그렇기는 하지만 이 시스템은 증여 교환의 관계로부터 이탈하고 고립되어 있는 상태 쪽을 원칙으로 삼고, "깨끗함"으로 의미지어져 있는 것이다. 갖가지 증여 교환은, 이 원칙(보편적 규정)에 대한 "예외"와 같은 것으로서 덧붙여 있는 것이다. 카스트제는 마치 증여 교환의 네트워크가 그 포텐셜을 전면적으로 개화시키는 걸 두려워하고 있는 것과 같다.

카스트제에서는 증여 교환의 네트워크에 대해서 악셀과 브레이크, 긍정적인 힘과 부정적인 힘 양쪽이 작동하고 있다. 브레이크 쪽은 당사자들의 주관적인 의미지움으로서는, 방금 이야기했듯이 삶의 본래의 행동 방식 쪽("깨끗함"이라는 상태)이지만, 객관적으로는 명백히 증여 교환으로부터 생기는 "폐해"—"고"로서 의미지어진 피증여자에 대한 속박 — 에 대한 시스템의 이차적인 대응이다. 그 반응을, 세련[화]시키면 불교와 같은 사상·실천이 되기도 한다. 그래서 그렇다고 한다면 다음과 같이 물음을 던져본다면 어쩔까. 가령 이 이차적인 부가물인 브레이크가 없었다면 어떻게 되어 있었을까라고.

강한 브레이크가 작동하고 있어도, 증여 교환의 네트워크로부터는 하이어라키가 발생한다. 가령 브레이크에 해당하는 억제적인 장치나 이데올로기가 존재하고 있지 않다면 인도 카스트제를 능가하는 광역에서 조직된 하이어라키로, 그것에 수반한 대규모 재분배 시스템이 출현하는 건 아닐까.

카스트제의 하이어라키는 맹아적인 재분배 시스템이다. 하위 카스트는 상위 카스트에게 봉사하고 증여하는 것인데, 그건 하위 카스트가 상위 카스트에게 부채가 있다고 느끼고 있기 때문이다. 그렇다고 한다면 하위 카스트와 상위 카스트 사이의 관계는 수직적인 호수성이 있고, 카스트제는 전체로서 상위 카스트를 중심에 두는 재분배 시스템인 셈이다. 하지만 카스트제는 로컬한 코뮤니티마다 나뉘어져 있고, 그 재분배의 범위가 크지는 않다. 하지만 가령 증여 교환의 네트워크에 작용하고 있는, 부정적인 힘이 외부화된다면 훨씬 대규모의 재분배 시스템이 출현할 가능성도 있을 것이다. 카스트의 로컬한 코뮤니티를 훨씬 능가하는 광역을, 단일 중심으로부터의 증여와 반대 증여가 취급되는 범역으로서 지정하는 재분배 시스템이, 이다.

그건 구체적으로는 어떠한 사회 시스템일까. 중화 제국이야말로 그와 같은 시스템의 전형적인 실례일 것이다. 중화 제국은 하나의 경제 시스템으로서 파악한다면, 결국에는 황제를 중심으로 한 커다란 재분배 시스템이다. 중국의 역대 왕조는 황제를 보유하는 자신을 문명의 정점, 가장 문명화된 가치 있는 장소로 간주하고서 거기서부터 멀어지면 멀어질수록 단계적으로 문명도가 낮은(곧 야만적인) 지역으로 해석해왔다. 가장 외부에는 북적·남만·동이·서융으로 불리는, 문명이 혜택이 미치지 않는 야만적인 공간이 있다. 문명이 미치고 있다란 어떤 걸 말하냐 하면, 그건 황제를 중심으로 한 재분배의 관계 속에 집어넣어져 있는 것밖에 되지 않는다.

황제에 가까운 자일수록 더 긴밀한 재분배 관계 속에 집어넣어져 있다. 황제를 섬기는 스태프, 곧 "신臣(사대부)"이 이 점에서 가장 농밀한 건 말할 것도 없다. 그 아래 있는 "민民"은 황제로부터의 보호와 바꾸어 세[금]을 납부하지 않으면 안 된다. 중화 제국의 재분배 기구로서 특히 흥미로운 건, 이른바 조공朝貢에 기초한 주종 관계다. 조공은, 방금 해설한 화이華夷 질서의 코스몰로지를 전제로 한 수법이다.

중화의 바로 중심인 바에 있는 황제의 입장에서 본다면 주변에 있는 왕국이나 공동체는 중심과 증여-반대 증여의 관계 — 이걸 "조공"이라 부른다 — 를 더 맺음으로써 문명의 은혜를 받고, 자신을 가치 있는 것으로서 이 코스몰로지 속에 위치지울 수 있다. 먼저, 주변의 왕이나 수장은 황제로부터 책봉冊封을 받는다. 즉 그들은 황제와의 사이에서 군신의 관계를 맺는다. 이와 같은 지위를 부여받은 왕이나 수장은 황제에게 사절을 보내서 공물을 바치지 않으면 안 된다. 이걸 받아들인 황제는 이번에는 공물을 상회하는 답례 – 회사回賜 – 를 왕이나 수장에게 준다. 이런 조공의 관계에 들어가면 주변 왕국이나 공동체는 황제로부터 더 이상의 간섭을 받지 않는다.

칼 폴라니는 "호수"와 "재분배"를 사회 통합의 다른 타입으로서 단순하게 대치하고 있다. 또한 그레버는 "교환(호수적인 증여)"과 "하이어라키"를 본질적으로 다른 양상의 경제적 관계로 간주했다. 두 사람모두, 그것들을 하나의 사회 시스템 속에 공존하고 있다고는 인정하지만, 재분배나 하이어라키가 호수적인 증여 교환과는 다른 원리에기초하는 것으로 보고 있다. 하지만 이 장에서 살펴본 사실로부터 추측할 수 있는 건 증여 교환의 네트워크와 재분배(하이어라키) 사이에는 내재적인 연계가 있다는 점이다. 확실히 한편에서는 증여 교환은불평등화(하이어라키화)를 억제하는 움직임을 갖는다. 그러나 다른편에서 증여 교환의 집합으로부터 자율적으로 재분배 시스템이나 하이어라키가 생성될 가능성도 있는 건 아닐까. 인도의 카스트제의 존재는, 이런 가능성을 보여주는 증거로 생각된다. 카스트제는 불평등화에 저항하는 증여 교환과 대규모 재분배 시스템 사이의 중간을 차지하고 있는 것처럼 보이는 것이다. 다음과 같은 논리의 – 역사와 진화와는 무관하다 – 순서를 생각할 수 있다.

증여 교환 → (카스트제의 하이어라키) → 재분배

　하지만 증여 교환의 네트워크와 재분배 시스템은 어떠한 메커니즘에 의해서 매개되어 있는가. 양자는 어떠한 논리에 의해서 접속해 있는가. 본래 불평등화에 대해서 부정적인 증여 교환이, 어째서 재분배 시스템을 만들어내는 것도 있는가.

원초적인 증여를 둘러싼
두 가지 불가해

　　　　　　이 물음에 답하기 전에, 보조선이 되는 두 가지 사실을 확인하는 것에서부터 시작한다, 두 가지 모두 수렵 채집민의 원초적인 증여에 관한 것인데, 우리 현대인의 관점에서는 이해하기 어려운, 대단히 불가해한 인상을 준다.
　19세기서부터 20세기 초반에 걸쳐서 아마존이나 아프리카의 수렵 채집민의 사회에 들어간 선교사나 탐험가를 매우 놀라게 한 게 있다. 정형적인 줄거리를 갖고 있는 것인데, 그 대표로서 영국인 선교사들이 콩고에서 체험한 걸 소개해보자. 현지인 한 사람이 중증의 폐렴에 걸려 있어서 선교사들은 그를 치료하고, 깊은 스킨십 등을 해주었다. 덕택에 이 병자는 목숨을 구했다. 선교사들이 다음 목적지로 향해서 여행할 무렵에는 그는 완전히 회복해 있었다. 선교사들이 여장을 꾸리고 있자 이 사내가 와서 무언가 선교사들에게 증여물을 요구했던 것이다. 선교사들은 깜짝 놀라서 이를 거부하자 사내 쪽도 똑같이 놀래서 대단히 기분이 상했다. 선교사가 증여물에 의해서 감사를 표해야 되는 건 당신 쪽이 아니냐고 하자, 그의 쪽은 "당신네 백인 염치가 없다!"라고 노해서 반박했다.

이 에피소드는 20세기 전반의 철학자 루시앙 레비-브륄의 저서로부터 인용한 것이다. 레비-브륄은 "미개 사회"의 사람들이 "우리"와는 다른 논리로 생각하고 행동하고 있는 걸 보여주는 증거로서, 이와 비슷한 사례 보고를 많이 수집하고 있다(Lévy-Bruhl 1923). 물에 빠진 사내를 구해주었는데 그 사내로부터 고가의 옷을 요구받는다든지, 호랑이에게 습격받아 크게 다친 사람을 치료해주었더니 더욱이 나이프를 바란다고 말한다든지, 이다. 이것들은 모두, 서양인 쪽이 현지인에 대해서, 증여에 상당하는 걸 수행하고, 서양인의 관점에서는 현지인 쪽으로부터 답례의 증여가 있어야 한다고 생각하고 있던 바가, 거꾸로 현지인 쪽에서 한층 더의 증여를 요구하고 있다. 이걸 어떻게 설명하면 좋을까.

터무니없는 망은처럼도 생각할 수 있지만, 그렇지 않다. 망은이라면 일부러 추가적인 증여를 요구한다든지는 하지 않는다(단순하게 무시하고, 관계를 끊으려 할 것이다). 다음과 같이 해석한다면 좋았을 것이다. 선교사에 의해서 폐렴을 치료받은 사내는 당연히 선교사에게 감사하고 있다. 그는 선교사와의 친밀한 관계를 유지하고 싶다. 특히 그는 선교사를 자신에게 있어서의 "주인"과 같은 것으로서 존경하고 싶다고 생각하고 있는 – 그리고 그 점은 선교사 쪽에게 있어서도 기뻐할 거라 상정하고 있는 – 건 아닐까.

여기서 주인은 무엇인지가 포인트가 된다. 주인이란 종자從者에 대해서, (가치 있는 걸) 계속 주는 자다. 바꿔 말하자면, 종자는 주인에 대해서 언제까지나 사라지지 않는 부채 감각을 갖고 있던 것이다. 그의 쪽으로부터 무언가를 답례해서 부채를 무화해버린다면 선교사를 주인으로서 계속 받드는 건 불가능해진다. 그는 선교사에게 역시 한층 부채를 지고, 부채감을 유지하고 싶기 때문에 더 한층 증여물을 요구했던 것이다. 당연히 주인인 선교사가 기뻐서 무언가를 보내올 것이라고 예견해서.

여기서 유의하고 싶은 건, 이런 케이스에서는 증여는 관계를 평등화하는 방향으로는 작동하지 않는다는 점이다. 도리어 수직적인 관계, 주인과 종자의 관계를 구성하려 하고 있다.

*

또 하나 주의해두고 싶은 사실은 마르셀 모스의 『증여론』을 중시하는 연구자들 사이에서 "제3의 인물의 수수께끼"로 불리고 있는 것들이다. 증여 교환은 당연히 2자 관계다. 보내는 자와 받아들이는(=답례하는) 자가 관여하고 있다. 그렇지만 의례적인 증여 교환에 대해 말하는, 원시적인 공동체의 사람들은 곧잘 이 2자 관계에 제3의 인물을 더하고서, 증여 교환이 3자 관계 속에서 생기고 있는 것처럼 설명하는 것이다.

예를 들어 마오리의 인포먼트가 "타옹가"라 불리는 증여된 물품에는 "하우hau"라는 영靈이 깃들어 있어서, 그게 물품을 받아들인 자를 반대 증여로 향하게 하는 강한 힘을 갖고 있다는 취지로 말한 걸 인용한 뒤에 모스는 이것에 코멘트하듯이 쓰고 있다. 인포먼트의 이야기는 "대략 아주 명료"한 것이다. 그러나 "다만 하나의 애매한 곳을 남긴다." 그 유일한 애매한 곳이란 "제3자의 개입이라는 점이다"(Mauss 1924=1973:238-9).

문화인류학자 도미니크 카세쥬스나 마르크 R. 안스팍 등은 이 "애매한 곳"이야말로 중요한 건 아닌가라고 생각하고 있다. 안스팍의 해설에 의거하면서 불가해한 부분을 확실히 해보자(Anspach 2002=2012: 52). 마오리인 인포먼트의 이야기의 골격은 A가 B에게 증여를 하자 그 증여물에 부착되어 있는 하우가 B로 하여금 A로 반환시킨다는 것이다. 그렇다고 한다면 (증여의 방향을 화살표로 표시한다면) 다음과 같은 2자 관계로 충분할 것이다.

$$A \rightleftarrows B$$

그렇지만 이 인포먼트는 설명 속에서, 어쩐 일인지 제3자 C를 불러들여서 이야기를 복잡화한다. 곧 그 설명에서 A로부터 받아들인 물건을 B는 A가 아니라 C에게 되갚고 있고, 더욱이 C는 다른 물품을 B에게 증여하고, B는 그걸 A에게 되돌리고 있는 것이다. 따라서 다음과 같이 도시할 수 있다.

$$A \rightleftarrows B \rightleftarrows C$$

의례적인 증여에 대한 인포먼트의 자기 해설 속에 늘 제3의 인물이 더해져 있는 건 아니지만, 그러나 그건 결코 드문 일도 아니다. 이 설명에 따르자면, A가 받은 증여물은 실은 B에게서가 아니라, 그 향하는 쪽에 있는 C에서 유래한다는 셈이다. 이 증여 교환에 관계하는 부채는 A와 B 사이에서가 아니라, A와 C 사이에 있다고 말하는 것이다. 어째서 이처럼 이야기를 번잡하게 만들지 않으면 안 되었는가. 불가해하지만, 이와 똑같은 구조의 이야기를, 현대인도 곧잘 사용하고 있다. "산타크로스"의 일을 생각해보면 좋을 것이다. 아이에게 크리스마스 프레젠트를 보낼 때 부모는 그걸 자신들로부터의 증여물이라 하지 않고서, 산타크로스라는 (그리스도교에 있어서는) 이교적인 인물로부터의 것이라고 아이에게 설명한다.

어째서 증여에 관해서, 제3자의 인물을 불러들인 형태의 설명이 주어지지 않으면 안 되는가. 당사자는 자신이 하고 있는 일의 이유를 충분하게 자각할 수 있는 건 아니다. 증여로의 충동이 깃든 원인은 어디에 있는지, 왜 주지 않으면 안 되는지, 어째서 받아들일 수밖에 없는지, 답례로의 강박은 어디서 유래하는지, 본인들은 충분하게 자각할 수 있는 건 아니다. 다만 자신도 잘 알지 못하는 충동을 언어화하려 했을 때 증여물의 직접 주는 자와 받는 자의 2자만이 아니라, 제3의 인물을 끌어들여서 설명하는 쪽이 "와닿는다". 그처럼 당사자에게 느껴지고 있는 것이다. 어째서 그런지를, 우리는 설명하지 않으면 안 된다.

증여의 충동이 어째서 깃드는가라는 점에 대해, 우리는 이미 – 중동태에 대한 분석 등을 실마리로 하면서 – 제4장에서 설명했다. 증여로 사람들을 몰아세우는 건 인간의 행위가 본래적으로 타자에 의

존하고, 타자에게 열린 구조를 갖고 있기 때문이다. 그런데 그 타자란 특정한 타자가 아니라, 부정한[정해지지 않은] 타자성이다. 인간의 행위는 누구라고도 특정할 수 없는 타자에 의존한 것으로서 — 곧 자기 자신의 제어가 미치지 않는 "다른 것"에 의해서 촉발된다든지, 도운다든지 하고 있는 것으로서 — 경험되고 실감되는 것이다. 이 부정한 타자에 대한 의존성이 특정한 타자로의 증여(주지 않을 수 없다)로서, 혹은 특정한 타자로부터의 증여(받아들이지 않을 수 없다)로서 현실화하는 셈이다.

여기서 알아차리지 않으면 안 된다. 도대체 부정성이야말로 타자의 타자인 까닭, 타자의 타자성의 본질적인 요건은 아닐까. 예를 들어 에마뉘엘 레비나스는 〈타자〉는 〈나〉에게 있어서 무한한 거리라고 서술하고 있다(Lévinas 1961=2005, 1974=1999). 무한한 거리란 〈타자〉가 〈나〉에게 있어서 원리적으로 해소할 수 없는 부정성을 갖고 있다는 것과 똑같은 취지다, 〈나〉에 대해서는 하나의 포괄적인 우주가 드러나고 있어서 그 속의 여러 요소는 무언가로서의 의미를 띠고서 나타나고 동정同定되어 있다. 물론 속에는, 미지의 것이나 불확정적인 것도 있지만 그것들도 아무튼 동정 가능한 것으로서 나타나고 있다. 그러나 〈타자〉는 다르다. 물론 〈나〉는 〈타자〉를 어떤 자인지 알고, 그 〈타자〉의 행위에 대해 적확도 높은 예측을 갖는 것도 가능하다. 그러나 〈타자〉는 〈내〉가 그 〈타자〉에 관해서 얼마나 많은 걸 알고 있다고 해도 역시 〈나〉의 예측을 배반할 가능성을 남긴다(고 〈나〉에게는 느껴지고 있다). 서로 지기라고 인정하는 것과 같은 벗이나 애인마저도 역시 수수께끼가 있다. 〈타자〉는 바로 〈타자〉인 한, 해소 불가능한 부정성이 남아 있는 것이다. 바꿔 말하자면, 〈나〉는 자신의 우주 안쪽에서부터 〈타자〉의 "모든 것"을 파악할 수는 없다 – 라고 느끼고 있다. 따라서 타자로서의 〈타자〉는 〈나〉로부터는 무한하게 떨어져 있다는 셈이다.

증여란 본질적으로는, 이와 같은 의미에서의 〈타자〉와의 관계다. 이 관계에, 일정한 은유로서 심플한 대수적인 표현을 부여해보자. 〈타자〉는 그 정도의 관계 속에서 어떤 자로서, 곧 "일자—者"로서 규정되고, 특정한 의미나 역할을 가지고서 〈나〉에 대해서 현전한다. 그리고 동시에, 〈타자〉인 한에서, 거기에는 그 "일자"로는 환원될 수 없는 무언가가, "뭐라고 말할 수 없는 무언가"가 남는다. 따라서 〈타자〉의 발로는, 말하자면

$$1+x \qquad ①$$

라는 단순한 덧셈 형태로 표현할 수 있는 건 아닐까. 1은 어떤 자인가로서 적극적으로 규정된 〈타자〉의 측면이다. 중요한 건 "1+x"다. 그건 확실히 있다. 곧 무(0)는 아니다. 그러나 또 하나의 적극적으로 규정된 동일성(아이덴티티)에는 도달하지 못하는, 곧

$$0 < x < 1$$

이 된다.

앞서 레비나스에 대해서 이야기했던 걸 반복하자면, x는 〈나〉의 인

식이 미칠 수 있는 우주의 끝을 넘는 먼 불특정한 무언가로서 감수된다. 이로부터 "제3의 인물", 의례적인 증여 교환을 집행해온 인포먼트가 불러들인 "제3의 인물"에 관해서 다음과 같이 추측할 수 있는 건 아닐까. 제3의 인물이란, 이 x를, 직접적으로 대치하고 있는 이 타자와는 별개의 "또 한 사람의 타자"로서 실체화해서 표상했을 때 얻게 되는 상이라고. 실은 x는 〈나〉에게 증여되어 있는 〈타자〉와 함께 있고, 그 〈타자〉가 뿜어내는 기분 나쁜 인상과 같은 것이다. 그건 〈타자〉의 수수께끼나 비밀과 같은 것으로서 감수될 것이다. 하지만 동시에 〈나〉는 〈타자〉의 선의를 받고, 〈나〉를 승인하는 그 의지를 온전히 이해할 수 있는 것처럼도 느끼고 있다. 이때 〈나〉는 x를, 구체적인 이 〈타자〉로부터 떼어내고서 그 2인칭의 타자와는 별개의, 보다 멀리 존재하고 있는(라고 상정되는) 제3의 인물에 투사한다(것이 있다). 〈나〉는 증여물을, 저쪽의 그 "제3의 인물"로부터의 물건으로서 받아들이는 셈이다. 〈나〉의 부채감을, 〈나〉에게 직접 주었던 타자가 아니라, 직접적으로는 아무것도 주지 않는 그 제3의 인물에 대해서 갖는 셈일 것이다.

중심의 추출

그래서 여기까지 준비했다면 증여 교환의 집합으로부터 어떻게 해서 중심을 갖는 재분배 시스템이 생성되는지, 그 논리의 기본적인 골격만 하나의 가설로서 제시할 수 있다. 이

하는 논리의 순서여서 역사적인 과정은 아니다.

제1 단계. 증여 교환에서 증여물을 주는 자는 받는 자에게 있어서 그 동일성을 다 규정할 수 없는 "잔여"를 띤 〈타자〉로서 나타난다. 그 〈타자〉의 존재 방식은, 방금 이야기했듯이 "1+x"라는 단순한 덧셈에 의해서 표기할 수 있다. 증여자는 뭐라고도 규정하기 어려운 그림자와 같은 분신 x를 갖고서, 받는 자 앞에 나타난다. 이 분신 x는 곧잘 "제3자의 인물"로, 곧 직접 대치하고 있는 "주는 자/받는자" 2자의 저쪽에 있는 "외부의 타자" 위에 투사된다.

제2 단계. 여기서 다수의, 이런 종류의 증여 교환이 집행되고 전개되고 때로 연쇄하고 있는 상태를 상상해보자. 어느 증여 교환에나 〈타자〉는 규정할 수 없는 분신을 수반해서 나타나고, 그것들은 각각에 다른, 이상한 "제3의 인물", "제3의 진영", 즉 x_1, x_2, x_3……위에 투사된다. 여기서 다수의 증여 교환과, 서로 별개의 "제3자"를, 증여가 출발하는 원천으로서 조정하고 있는 셈이다. 이들 다수의 "제3자" 사이에는 공통성은 없다.

$$1+x_1 \text{ 또는 } 1+x_2 \text{ 또는 } 1+x_3 \text{ 또는}\cdots\cdots \qquad ②$$

제3 단계. 여기에 때로 독특한 변증법적인 비틂이 더해질 수 있다. 제2 단계에서 조정된 "제3자"들, 곧 x_1, x_2, x_3……는 서로 공통의 성질을 갖고 있는 건 아니다. 그것들이 모두 "증여자의 동일성identity의 잔여"를 회수하는 "타자"라는 사실을 별개로 한다면, 인 것이다. 그렇다고 한다면 이로부터 "잔여" 일반을 대표하는 〈제3자〉를 추출할 수 있는 건 아닐까. 이 〈제3자〉는 하나하나의 잔여인 $x_1, x_2, x_3 \cdots$ 의 어디와도 다르다고 하는 의미에서, 갖가지 잔여로부터의 편차, 잔여에 대한 더 한층의 잔여라고 간주할 수 있다. 하지만 동시에 그 점에 의해서 〈제3자〉는 $x_1, x_2, x_3 \cdots$ 을 모두 자신에게 하속시켜두고 — 증여의 받는 자로부터는 $x_1, x_2, x_3 \cdots$ 보다도 더 거슬러서 증여의 진짜 원천으로서 조정되어 있는 셈일 것이다. 이 증여의 원천에 위치된 〈제3자〉를 대문자 X로 표기해보자. ②로부터 ③으로의 전환이 생긴다.

$$1+X \qquad ③$$

이상의 3단계가 『자본』의 가치 형태론의 여러 계단(단순한 가치 형태/전개된 가치 형태/일반적 가치 형태)에 비유적이라는 건 곧바로 이해할 수 있을 것이다. 아무튼 제3의 단계에 출현하는 〈제3자 X〉야말로 재분배 시스템의 중심이다. ②로부터 ③으로의 전환이 생길 때 재분배 시스템이 성립하는 것이다.

이 시스템에 말아넣어져 있는 모든 자에게 있어서 X는 자신에게로 이르는 증여의 원천이라는 건 그들은 모두 X에 대해서 부채를 지고 있는 것과 똑같다. 그렇다고 한다면 그들은 X로 향해서 "답례"를 할 의무가 있다(는 것처럼 느끼고 있다). X 쪽은 X 쪽에서, 자신이 증여의 원천인 것, 사람들에 대해서 되갚을 수 없을 만큼의 주는 자인 걸 계속 증명하지 않으면 안 된다. 앞 절에서 소개한, 아마존이나 아프리카의 수렵 채집민의 일을 상기해보면 좋을 것이다. 그들은 "주인"으로서 받드는 상대방에게, 증여를 요구했다, 마찬가지로 X도 또한 증여하는 게 요구된다. X에게는 그게 가능하다. 왜냐하면 사람들은 모두, X에 대한 "부채"를 자각하고 있기 때문이다(그 때문에 사람들은 X에게로 "답례"를 하기 때문이다). 이리하여 생겨난 재화의 플로우는 재분배의 형식을 띤다.

이 재분배 시스템을 매개해서 둔다면 증여 교환이 지배적인 시스템으로부터 상품 교환이 지배적인 시스템으로의 전환이 어떻게 해서 가능했는지를 설명할 수 있다. 그 설명이 다음 장의 과제다.

6

상품 교환과 시장 경제
— 그리고 "축의 시대"의 전환

경화의 발상지

세계 최초의 경화硬貨는 기원전 600년 무렵, 서부 아나톨리아의 리디아 왕국에서 주조되었다. 아나톨리아는 에게해를 낀 그리스 건너편의 반도다(현재의 튀르키예). 곧 이 반도는 고대 그리스 문화권의 일부로, 실제로 거기에는 에페소스나 밀레토스 등, 그리스인의 식민 도시가 있었다(이들 식민 도시는 뒤에 리디아에게 정복당했다).

그런데 경화란 무엇인가? 현상 쪽을 서술하는 형태로 정의한다면 다음과 같다. 경화란 표준화된 단위로 주조된 한 조각의 유가 금속이고, 표면에는 권위지음을 목적으로 해서 상징이나 기호가 각인되어 있다고. 이제까지의 논의, 특히 제2장에서 논했던 것으로부터 명백하듯이, 경화를 화폐의 전형이나 대표로 간주할 수는 없다. 그러나 경화를 특별시하는 이유는 있다. 경화는 (최초의) 대자적인 화폐이기 때문이다. 대자적인 화폐란 다음과 같은 의미다.

제2장에서 이야기했듯이, 화폐의 본성은 일종의 부채다. 화폐는 유통하는 차용증서다. 그 때문에 화폐의 가치를 전적으로, 타자가 그걸 받아들인다 — 더구나 그 타자도 더 후속 타자로의 지불을 위해서만 받아들인다 — 고 하는 사실로부터 발생한다. 따라서 화폐의 바로 화폐로서의 가치는, 그게 사물로서 갖고 있는 가치에 대한 순수한 과잉이고, 사물로서의 가치에 대해서 "그것 이상의 것"이다. 하지만 이 점은 화폐 이전의 화폐에서는 애매해서 충분하게 자각되는 건 아니다. 화폐로서의 가치와 사물로서의 가치가 혼연일체의 것이 되어버리기

때문이다. 사람들이 교환에서 그것을 받아들일 때 화폐로서의 가치 때문에─즉 그것을 장래에 받아들이게 되는 타자의 욕망에 매개되어서 발생하는 가치 때문에─그러하고 있는지, 그렇더라도 그것의 사물로서의 가치를 자신이 직접 욕망하고 있기 때문에 그러하고 있는지, 그 구별이 충분하게 자각되는 게 아니다.

하지만 경화가 등장하는 바에서 단절이 들어온다. 경화에는 대체로, 거기에 포함되어야 할 금 또는 은의 중량이 새겨 있다. 하지만 그 경화에 실제로 포함되어 있는 금·은 중량과 각인되어 있는 숫자가 (반드시) 합치하지는 않는다. 대체로는 숫자는 실제 중량보다도 크다. 이때 경화는 실제 중량에 의해서가 아니라, 각인된 수량의 가치로서 취급되고 유통된다. 이게 의미하고 있는 건 화폐 사용자들이 화폐의 화폐로서의 가치를, 사물로서의 가치로부터 자각적으로 분리해서 화폐를 취급하고 있다는 점이다. 이처럼 화폐의 화폐성은 경화에서 비로소 대자화된다.

여기에는 역설이 있다. 화폐가 자신이 그 위에서 수육受肉[체화]하고 있는 사물의 가치로부터 몸을 떼어내서 자립적인 가치를 띠기 위해서는 (일단) 금속이라는 사물이 될 필요가 있던 것이다. 화폐는 기호나 수량이 각인된 금속 조각(이라는 사물)이 됨으로써 비로소, 사물의 가치로부터 자기 자신을 진짜 떼어낼 수 있다. 사물로부터 분리되기 위해서 사물(금속 쪼가리)이 될 필요가 있었다는 것이다. 이 역설을, 헤겔 논리학의 잘 알려진 3대폭 "보편-특수-개물個物[개별]"과 결부지어서 이해하게 된다. 보편에 대응하는 게 "화폐(로서의 가치)", 특수에 대응하는 게 "사물(로서의 가치)"이다. 이 2항만으로는, 구별은 상대적이고 애매한 게 된다. 개물에 대응하는 "경화"라는 형태를 가짐으로써 보편은 특수로부터는 절대적으로 구별되기에 이른다.

*

경화의 역사적인 기원을 새삼스레 살펴보자. 가장 오래된 것으로 여겨지는 리디아의 경화는 심플한 둥그런 호박금electrum의 덩어리로, 기장記章과 같은 게 찍혀 있었다고 한다. 가장 오래된 경화는 일반 보석 세공인이 주조했던 것이지만, 그건 곧바로 사라지고 대신에 왕이 설립한 주조소가 경화를 생산하게 되었다. 곧 왕이 경화를 발행하고 있는 셈이다. 이윽고 아나톨리아 반도의 그리스인 식민 도시도 자신들의 경화를 주조하게 되었다. 이어서 경화라는 행동 방식은 그리스 본토에서도 채용되었다. 가장 유명한 경화는 아테네에서 주조된 드라크마 경화로, 고대 그리스 · 헬레니즘 세계에 널리 유통되었다.

요컨대 경화의 발상지는 고대 그리스 문화권이었다. 리디아의 경화는 본래 주로 그리스인의 지불에 사용되었을 가능성이 높다. 경화가 널리 받아들여지고 유통되었던 건 그리스다. 화폐사의 전문가는 기원전 6세기의 그리스야말로는 역사상 가장 일찍이 전면적으로 "화폐화"된 사회였다고 단정짓고 있다.

그렇다면 사람들은 곧바로 이렇게 생각하는 건 아닐까. 또다시 그리스인가라고. 근대에까지 이어지고 있는 많은 문화적 사상事象에 관해서, 그 기원을 추구하자면 곧잘 그리스를 찾아내게 된다. 모두……라고는 말할 수 없지만, 많은 게 그리스에서 출발하고 있다. 근대는 고전 고대의 그리스에 자신과의 가까움을, 자신에게 직접적으로 이어지고 있는 걸 일종의 친밀감을 느낀다.

서양 문명은 고대 그리스를, 그리스도교와 더불어 정신의 고향으로 보고 있다. 그건 현재의 서양이 그리스 문화에 – 그건 그리스도교 탄생보다도 5백 년 이상이나 멀리까지 거슬러갈 수 있다 – 이른바 "자기 자신"을 느끼기 때문이다. 일반적으로는 그 정도 멀리 떨어진 고대의 문화나 문명은, 현대 우리의 눈으로부터는 다른 "타자"로 보이는 것이다. 예를 들어 고대 중국이나 인도나 메소포타미아에 유물이나 문헌으로부터 해석할 수 있는 그들의 세계관, 철학, 미 의식 등에는 우리는 자신들과는 무언가 아주 이질적인 것, 몹시 소원한 것을, 곧 강한 타자성을 느낄 수밖에 없다. 하지만 고대 그리스 문화에 대해서는 그와 같은 위화감을 우리는 느끼지 않는다. 고대 그리스의 조각상은 현대 우리의 미 의식에 자연스럽게 호소하는 게 있다. 비극을 필두로 하는 고대 그리스의 연극은 현대의 우리도 아주 자연스럽게 즐길 수 있다. 그리고 고대 그리스의 철학에는 현대에 통하는 합리성이 있다.

현대 서양인들에게 있어서는 중세보다도 고대 그리스를 포함한 고전 고대의 문화 쪽이 자신들에 가깝다. 물리적인 시간으로 측정된 거리는 중세 쪽이 훨씬 가깝기는 하지만, 현대 서양인은 고대 그리스 쪽에 정신적으로 보다 친밀함과 가까움을 느끼고 있는 것이다. 고대 그리스는 중세보다도 근대적이라고. 이 감각은 현대 일본인에게마저도 공유되어 있다. 물론 그건 일본이 메이지 유신 이래로 서양화(=근대화)했던 탓이지만, 현대 일본인에게 있어서는, 예를 들어 그리스 연극의 감수성은 그것보다 훨씬 새로운 노우能[일본의 가면 연극]보다도 훨씬 "자기 자신"의 미 의식에 가깝다.

어째서 고대 그리스는, 이다지나 "근대적"인가. 그 원인은 그리스 사회가 대단히 일찍부터 경화 사용에 의해서 화폐화했던 데 있다. 이처럼 설명하고 있는 건 고전학자 리차드 시포드다(Seaford 2004, 2011: chapter 3).

고대 그리스의 "근대성"을, 가장 명백히 볼 수 있는 분야는 철학일 것이다. 철학의 기원은 아리스토텔레스 이래로, 이오니아(와 남이탈리아)의 그리스 식민 도시에서 찾는 게 일반적이다. 이오니아 철학자의 벽두에 위치지어지는 건 탈레스로, 모든 존재자가 그것으로부터 이루어지는 것과 같은 시원적 구성 요소는 "물[水]"이라고 주장했다고 여겨진다. 우주의 기원을 설명하려 하는 충동은 세계 어느 곳의 문명에나 보이지만 "신이 우선 하늘과 땅을 창조했다"든가, "이자나미, 이자나기의 교접으로부터 섬들이 생겼다"는 신화적인 이야기와 탈레스의 설명에는 근본적으로 차이가 있다(能野 2006). 오늘날의 물리학적 우주론으로부터 판단하자면 창세기도, 고쇼키古書記도, 탈레스도 틀렸다고 여겨질 테지만, 그 "틀린 방식"이 탈레스만 다르다. 신화의 의인적인 이야기로 납득하고 있는 사람들에게 근대 과학의 설명을 대치해도 도대체 대화가 성립하지 않는 것처럼 생각되지만, 탈레스의 "물"에 대해서 "아니 그게 아니라 소립자다"라고 하는 반론이라면 대화가 성립하고, 어쩌면 충분하게 이치를 따진다면 탈레스를 설득할 수 있지 않을까라고 몽상하는 것조차 가능하다. 탈레스의 설은 신화적인 이야기가 아니라, 논리logos에 의한 설명으로 되어 있기 때문이다. 탈레스가, 그리고 조금 뒤쳐져서 아낙시만드로스("물"이 아니라, "무한한 것apeiron"을 시원으로 삼는다), 아낙시메네스("물"이 아니라, "공기")가 이오니아에 등장하지만, 같은 시기에 그 똑같은 이오니아 반도에서 최초의 경화가 출현하여 유통되기 시작했다.

시포드는 경화의 발명이라는 건 거래의 편의 문제에 머무르지 않고, 정신의 기본적인 성질 그 자체의 변용과 깊게 결부되어 있다고 논하고 있다. 방금 이야기한 것과 같은, 철학사의 단서에 있는 이런 사실을 고려하는 것만으로도 시포드의 설의 타당성이 암시된다. 혹은 별개의 지역이나 문명에까지 시야를 넓힐 때는 이 설은 더욱 설득력이 증가해간다.

에게해 연안부와 그다지 차이나지 않는 시기에 중국의 황하 유역의 왕국이나 도시 국가에서, 혹은 인도 북부 갠지스강 유역에서 역시 경화가 등장한다. 인도의 화폐는 똑같은 중량으로 깎아서, 공적인 상징을 새겨넣은 은 막대기였다. 또한 중국의 최초의 경화는 자색 조개[子安貝]의 형태로 – 혹은 검이나 원반, 호미의 형태로 – 주조된 청동이었다. 특히 중국의 케이스는 – 주화의 형태의 원형이 되고 있는 자색 조개 등의 본래의 사용법으로부터 판단하건데 – 경화가, 제3장에서 살펴보았던 것과 같은 원시 화폐로부터 발생하여 변화해온 것이라는 걸 보여주고 있어 흥미롭다. 여기서 특히 주목하고 싶은 건 경화가 등장할 무렵의 이들 지역은 종교적·사상적인 창조성이 폭발적으로 개화하고 있던 시기에 해당한다는 점이다. 그건 야스퍼스가 말하는 "축의 시대"의 한복판이다(Jaspers 1949=1964, 見田 2018, Graeber 2011=2016: 336-7). 이런 사실은, 경화의 탄생이 커다란 정신적인 전환의 원인이었다 – 고는 말할 수 없지만, 그런 전환과 연동하고 있는 걸 시사하고 있다.

대자적인 화폐를 위한
"일방적 증여"

경화가 있어서, 곧 대자화된 화폐가 널리 유통되게 되어서 비로소 상품 교환이 일반적인 게 된다. 왜인가. 제2장에서 이야기한 걸 확인해보면 좋을 것이다. 화폐를 뺀 상품 교환과 같은 것 - 즉 물물 교환 - 이 있어서, 거기서부터 화폐가 발생한다는 건 아니다. 화폐 이전에 있는 건 증여 교환이다. 그런데 화폐가 되는 사물에는, 앞 절에서도 이야기했듯이 그 사물로서의 가치와 화폐로서의 가치가 있는 셈이지만, 양자 사이의 구별이 충분하게 자각되지 않을 때는 그 화폐=사물을 사용한 교환은 어떻게 해도 증여 교환으로서의 측면을 남겨버린다. 증여 교환이 아닌 순수한 상품 교환이기 위해서는 화폐로서 사용되는 사물의 화폐적인 가치가 사물로서의 가치로부터 확실히 구별되지 않으면 안 된다. 곧 경화가 사용되게 되어서 비로소, 순수한 상품 교환도 등장한다.

그러면 경화는 어떻게 해서 가능했는가. 곧 경화는 어떻게 해서 발생했는가. 여기서 묻고 싶은 건 경험적인 사실이 아니라, 그 논리적인 기서機序다. 이제까지의 경제 원리 속에서부터, 어떻게 해서 경화가 출현할 수 있었는가. 경화의 출현에는 필연성이 있던 셈은 아니다. 역사상의 모든 인간 사회가 가졌던 건 아니다. 하지만 경화의 출현에는, 개연성이 있었던 것도 확실하다.

그때, 앞 절에서 이야기했던 걸 고려해야 할 필요가 있다. 경화는 정신 시스템의 토탈한 변용과 연동하고 있는 것처럼 해서 생겨났다. 경화의 생성 기서의 설명은, 그 때문에 그런 정신 시스템의 변용도 동시에 설명하는 것이지 않으면 안 된다.

하지만 무엇을 설명하면 좋은가. 무엇을 설명한다면 경화의 성립을 논리적으로 설명하게 되는가. 이 점을, 우선은 확실하게 특정해보자. 어떠한 조건이 만족되어 있는지를 설명할 수 있을 때 경화의 성립을 필요, 동시에 충분하게 설명하게 되는 것일까. 제2장에서 논했던 것으로 되돌아갈 필요가 있다. 제5장의 앞부분에서 이야기했던 걸 재확인하고 부연하면서 설명해야 할 목표를 새삼스럽게 확실히 해보자.

화폐의 본질은 부채라고 서술해왔다. 화폐는 본질적으로 차용증서다. 그건 화폐 발행자의 부채를 의미하고 있었다. 화폐는 본래, 화폐 발행자가 발행한 채권이라고 간주할 수 있다. 그러나 화폐가 의미하고 있는 부채에는 이율배반이 있다. 한편에서 그 채권이 가치 있는 것으로서 (상품 판매자인) 타자에게 받아들여지는 건 그 타자가 채권이 제시하고 있는 부채는 (채권의 발행자, 곧 화폐의 발행자에 의해서) 반드시 변제된다고 확신하고 있기 때문이다. 다른 편에서 그 부채가 변제되어버린다면 채권의 유통은 그치고, 화폐로는 되지 않는다. 화폐가 의미하고 있는 부채는 변제되지 않으면 안 되고, 동시에 변제되어서는 안 된다. 이 이율배반은, 칸트의 "무한 판단"에 의해서 – "부정 판단"이 아니라, 그것과 언뜻 보기에 흡사한 "무한 판단"에 의해서 – 표현할 수 있는 것이었다.

이 이율배반은, 화폐를 조건지우는 모순이고, 그 창설을 둘러싼 "스캔들"과 같은 것이다. 화폐가 대자화되는 건 – 곧 경화로서의 화폐가 출현하는 건 – 이 경화의 원점이 되는 자기 부정적인 모순이 억압되었을 때다. "모순의 억압"이라는 사태는 다음과 같이 바꿔 말할 수 있다. 본래 화폐는 화폐 발행자의 부채를 의미하고 있다. 하지만 화폐를 받아들인 자들이 그 부채가 변제될 것이라고 하는 기대를 품고 있는 동안은 그건 화폐로서 불안정하다. 이중의 의미에서 불안정한 것이다. 첫째로, 이야기했듯이 화폐가 화폐로서 유통되기 위해서는 부채는 반환되어서는 안 되고, 둘째로 화폐 발행자는 실제로 변제에 할당하는 가치 있는 사물을 갖고 있다고는 한정되지 않는다. 따라서 화폐가 화폐로서 자립하고, 안정적으로 유통되기 위해서는 이율배반을 구성하는 두 가지 요건 속의 한편이 탈락하지 않으면 안 된다. 즉 화폐를 받아들이고 사용하는 자들이 화폐에서 함의되어 있는 "부채"가 결코 **변제되지 않는** 것을 자명한 일로서 받아들이지 않으면 안 된다. 이 점은 그것이 본래 부채였다는 것 자체가 망각되고 억압되어버린다는 것이다. 다른 관점에서 바꿔 말하자면, 이 "억압"이란 화폐의 사용자들이 **화폐 발행자에게 일방적으로 증여**하고 있다는 것이다. 화폐 발행자의 부채 – 화폐 사용자에 대한 변제 의무 – 가 실질적으로는 말소되어 있기 때문이다.

화폐가 대자화되고, 화폐가 화폐로서의 가치가 자립하는 것 – 따라서 경화라는 형태를 화폐가 얻는 것 – 은 화폐의 사용자로부터 그 발행자로 일방적 증여가 실현되어 있는 걸 의미하고 있다(이와이 카츠토岩井克人가 "대자적 화폐"의 성립 문제로서가 아니라, 화폐 일반의 성립 조건으로서 이 점을 지적하고 있다[岩井 1985]). 화폐의 대자화는 화폐의 본성의 부인을 수반하고 있는 셈이다. 본래였다면 화폐 발행자 쪽에야말로 변제 의무가 있는데, 거꾸로 화폐 사용자 쪽이 발행자에게 증여했던 셈이 되고, 전자의 부채는 부인되어 있기 때문이다. 그렇다고 한다면 이 대자화는 이 말에 의해서 통상 의미되어 있는 것의 정반대로부터의 부정이기도 하고, 전적으로 역설적인 대자화라고 말하는 셈이다. 대자화됨으로써 도리어, 자기 자신의 본래의 모습이 보이지 않게 되어 있기 때문이다.

아무튼 경화가 어떻게 해서 가능한가라는 물음에 답하는 건 여기서 이야기했던 것과 같은 일방적 증여가 – 누군가에게도 그것으로서 인식되는 게 아니라 – 어떻게 해서 실현될 수 있는지라는 걸 설명하는 일이다.

경화의 발생 기서

그래서 설명해야 할 게 무엇인지, 그 목표가 정해졌다. 무엇을 결론으로서 도출하면 좋은지가 확실해진 것이다. 이 결론이 된다면, 우리는 앞 장에서 획득한 논리를 연장시킴으로써 도달할 수 있다. 앞 장에서, 우리는 하나의 중심을 갖는 재분배 시스템이 어떻게 해서 생기는지에 대해 설명했다. 이 설명에서 원용援用되어 있던 논리를, 더 철저하게 활용한다면 무엇이 결과로서 도출될까.

앞 장 최후에, 우리는 다음과 같은 교환식에 도달했던 것이다.

증여의 네트워크($1+x_1$ 또는 $1+x_2$ 또는 $1+x_3$ 또는······) $\rightarrow 1+X$

여기서 1은 명확한 아이덴티티를 가진 구체적인 타자이고, X야말로 재분배 시스템의 중심에 있는 〈제3자〉였다. X는 어떻게 해서 생성되어왔는지는 위의 식 좌변에 나타나 있지만, 재확인해보자. X를 그 논리적인 원천에까지 거슬러가면 그건 부정의 〈타자 x_n〉이다. 일반적으로 증여의 상대방이 되는 "타자 1"은 그 향하는 쪽에, 부정한 〈타자 x_n〉을 수반하고 있는 것처럼 나타난다($1+x_n$). 사람들은 모두, 그 부정한 〈타자 x_n〉에 대해서 선험적으로 부채를 지고 있는 것과 같은 감각을 갖고 있는 것이었다. 그 부정한 〈타자 x_n〉들의 총체를 대표하고 있는 게 〈제3자 X〉였다. 따라서 사람들은 자신이 그 〈제3자 X〉에 대해서 처음부터 – 선험적으로 – 부채를 갖는다고 느낄 수밖에 없다.

그렇기 때문에 〈제3자 X〉는 사람들이 거기로 증여하는 중심으로서 기능하는 것이었다. 그 증여란 선험적인 부채에 대한 변제이고, 일종의 반대 증여다. 그런데 그 〈제3자 X〉는, 우선은 구체적인 신체를 갖고서 나타난다. 곧 〈제3자 X〉의 위치는 왕이나 황제에 의해서 차지된다. 왕·황제는 부하 종속자들에 대해서, 그들이 "왕·황제에 대한 부채"를 지고 있다는 사실을 끊임없이 상기시키지 않으면 안 된다. 그건 구체적으로는 왕·황제가 종속자들에 대해서 계속적으로 증여하는 것에 의해서밖에 수행되지 않는다. 예를 들어 중국 황제의 "회사回賜"와 같은 형태로, 종속자들이 그에게 바친 것[貢]을 상회하는 양을 반대 증여하는 것(만)이 종속자들에게 왕이나 황제에 대해 부채가 있는 것의 증명이 된다. 따라서 〈제3자 X〉는 재분배의 중심이 되는 것이었다. 이처럼 〈제3자 X〉의 위치에 있는 왕이나 황제는 주어지는 것 이상으로 주지 않으면 안 되기 때문이다.

하지만 〈제3자 X〉의 위치에 구체적인 신체(왕 · 황제)가 차지하는 것 자체가 엄밀하게는 〈제3자 X〉에 대한 배반이다. 왜인가? 여기서 〈제3자 X〉로 불리고 있는 건 – 혹은 그 원초 형태인 바의 소문자 x_n 은 – "타자"를 어떤 자인가로서 구체적으로 동정 · 한정된 것에 대한 잉여이기 때문이다. 그건 무슨 자로서도 지시될 수 없는 "무엇이라 말할 수 없는 무언가"이다. 명확한 동일성을 갖고서 드러나 있는 자와의 대비에서 늘 "그것 이상의 무언가"이다. 그렇다고 한다면 〈제3자 X〉가 왕으로서, 혹은 황제로서 군림하는 건 〈제3자 X〉의 본성에 대한 배반을 함의하고 있다고 말할 수밖에 없다.

그렇다면 어떻게 되는가. 〈제3자 X〉는 왕이나 황제와 같은 구체적인 신체로서는 특정되지 않는 추상적인 심급으로서 자립할 수밖에 없을 것이다. 수학적인 비유로 설명해보자. X는 어떠한 특정한 자연수로도 동일시될 수 없다 – 그런 의미에서는 임의의 자연수다 – 고 해보자. 〈제3자 X〉의 위치를 왕이나 황제라는 구체적인 신체가 차지한다는 건 아무튼 특정한 자연수에 의해서 "임의의 자연수"를 대표시키고 있는 것과 같은 것이다. 하지만 어떠한 커다란 자연수를 가져와도 그건 자연수 전체를 대표한다든지, 포섭하는 건 불가능하다. 어느 자연수에 대해서도, 반드시 "후속+1"이 존재하기 때문이다. 100에 대해서는 101, 101에 대해서는 102……1000에 대해서는 1001……이라는 방식으로, 이다. 어떠한 특정한 자연수도, "임의의 자연수"의 대표가 될 수 없는 것처럼, 왕이나 황제는 〈제3자 X〉를 충분하게 대표할 수 없다. 여기서 어떤 타입의 무한 집합을, 곧 "자연수의 집합"을 갖고 온다면 어떨까. 〈제3자 X〉를 추상적인 심급으로서 자립화시키는 건 "자연수의 집합"이라는 무한 (집합)을 도입하는 것에 유비시킬 수 있다. 자연수의 집합이라는 실체는 개개의 자연수, 유한한 자연수와 동일시할 수 없다는 의미에서, 그것들에 대해서 한 단계 높은 추상도를 갖는다.

이처럼 해서 재분배 시스템의 중심이었던 〈제3자 X〉는 추상적인 심급으로, 그 성질을 변용시킬 (가능성이 있을) 것이다. 그 경우에도 왕이나 황제 등의 구체적인 신체를 가진 지배자가 남는 경우도 있지만, 이제 그것들은 추상적인 〈제3자 X〉를 불완전하게 대리하고 있는 데 불과하다. 아무튼 〈제3자 X〉가 추상화했을 때는 "재분배" 기구에도 질적인 전환이 생기고 있다고 추론할 수 있다. 어떠한 전환인가.

*

왕이나 황제는 그들에게 세금을 납부하고 공물을 가지고 오는 자들에 대해서는 끊임없이 반대 증여를 할 필요가 있다고 이야기했다. 왕·황제가 현실의 반대 증여에 의해서 종속자들에게 보답하지 않으면 안 되는 건 왕·황제 자신이 구체적이고 경험적인 신체이기 때문이다. "〈제3자 X〉가 추상적인 심급으로서 자립하는 것"은 "현실적이고 경험적인 반대 증여를 통해서 증명하지 않아도 사람들은 〈제3자 X〉에 대해서 선험적인 부채감을 갖고 있는 걸 받아들이고 있는 상태"와 완전히 등치다. 곧 주인(왕·황제)으로부터의 현실적이 증여가 없어도 사람들이 처음부터 그 주인에게 부채의 감정을 가진 것처럼 되었을 때 비로소 주인은 경험적인 신체를 갖지 않은 채 — 추상적인 것으로서 — 그 사람들을 자신에게 종속시킬 수 있다.

이때 사람들은 그 주인에게, 곧 추상화된 〈제3자 X〉에게 일방적으로 증여하게 된다. 그 증여는 선험적인 부채에 대한 반응이다. 일방적인 증여란 실질적으로는 어떠한 행동을 가리키는가. 그것에 대해서는, 앞 절에서 이야기한 바 있다. 〈제3자 X〉가 발행하는 채권(차용증서)을 감사하게 화폐로서 사용하기 시작하는 것이다. 그 채권이 함의하고 있는 변제를 일체 요구하지 않는 바에서, 이 행동은 사람들의 〈제3자 X〉에 대한 순수한 일방적 증여가 된다. 이것이야말로 대자화된 화폐 - 즉 경화 - 가 성립하고 있는 상황이다.

이상의 논리는, 제2장에서 기록해두었던 의문에 대한 대답이 되기도 한다. 의문은 다음과 같은 것이었다. X가 발행한 차용증서(채권)가 화폐로서 기능할 수 있는 건, 곧 화폐가 사회적으로 일반화되고 끊임없는 지불의 사슬이 구성되는 건, 물론 사람들이 상품 대신에 그 차용증서를 받아들이기 때문이다. 그러면 어째서 그 사람은 그 차용증서를 받아들이느냐 하면 뒤에 후속하는 타자가 그걸 받아들이기 때문이다. 똑같은 일은, 그 후속 타자에게도 말함으로써, 결국 X가 발행한 차용증서를 화폐로서 받아들이는 무한한 타자들의 계열이 존재하지 않으면 안 된다. 그와 같은 타자들의 계열이 장래에 기다리고 있다고 하는 신뢰를, 사람들은 어째서 가질 수 있는가. 이게 제2장에 서술한 (두 가지) 의문(가운데 하나)이었다.

이 의문에 대한 대답은 이렇다. 화폐 발행자 X의 부채는 모든 사람의 X에 대한 부채로서 역전해서 나타나기 때문이라고. 따라서 사람들은 모두 - 그렇다고 자각하는 게 아니라 - X로부터 빌린 걸 되갚지 않으면 안 된다. 여기서 "되갚는다"는 건, 결국 화폐가 본래 의미하고 있던 바의 (X의) 부채에 대한 변제를 요구하지 않은 채, 그 화폐를 바로 화폐로서 사용하는 것, (상품에 대한 댓가로서) 화폐에 의한 지불을 받아들이는 것에 다름 아니다. 이리하여 사람들은 화폐를 받아들이는 무한한 타자의 계열이 장래에 대기하고 있다는 신뢰를 전제로 행동할 수 있는 것처럼 된다.

제1장에서 제기한 물음이 두 가지 있었다. 증여가 지배적인 교환 양식이었던 경제 시스템으로부터 상품 교환이 지배적인 경제 시스템으로의 이행은 어떻게 수행되었는가. 도대체 사람들은 왜 증여하는가. 후자의 물음에 대해서는 제4장이 그 답이다. 이제야, 전자의 물음에도 답이 주어졌다고 해도 좋을 것이다. 앞서 이야기했듯이, 대자화된 화폐로서의 경화가 널리 유통됨으로써 하나의 사회 시스템 속에서 상품 교환이 일반화된다. 방금, 우리는 경화가 생성된 논리적 기서를 설명해왔다. 그건, 동시에 상품 교환이 지배적인 교환 양식이 되는 메커니즘의 설명이기도 하다.

*

마르크스는, 상품 교환은 공동체와 공동체 사이에서 발생했다고 서술하고 있다(Marx 1867=2000). 이 테제와의 관계를 설명해보자.

재분배 시스템의 중심인 〈제3자 X〉가 왕이나 황제와 같은 구체적인 신체로부터 추상적인 신체로 전환한다고 서술했다. 이 전환은, 그러나 개인의 "마음속"에서 자연스럽게 생기는 드라마가 아니다. 전환에는 현실적 · 객관적인 원인이 있다. 그건 무엇인가.

화폐가 유통되는 근거가, 곧 화폐가 받아들여질 때의 신뢰의 담보가 수장이나 왕이나 황제에게 있는 한은, 그 화폐는 공동체 내부에서 밖에 유통되지 않는다. 왕 등의 구체적인 주인의 권력의 작용이 미치는 범위가, 곧 왕들이 지배하는 공동체가 화폐 유통의 한계다.

그러면 교환이 공동체의 범위를 넘었을 때는 무엇이 생기는가. 곧 공동체와 공동체 사이에서 교환이 이루어질 때는 무엇이 일어나고 있는가. 그런 교환을 매개하고 있는 화폐는, 아무튼 공동체를 지배하고 있는 수장이나 왕이나 황제에 대한 신뢰를 담보하지는 않는다. 그 화폐에게 있어서는 수장·왕·황제라는 참조점은 질곡밖에 아니다. 바꿔 말하자면, 공동체와 공동체 사이에서 교환이 이루어지고 있을 때 거기서 사용되는 화폐는 왕 등의 신체에서 구체화되어 있는 참조점을 부정하고 있는 셈이다. 이 교환에서 화폐가 사용되고 있다고 한다면 그것에 신뢰를 보급하고 있는 담보는 왕 등의 구체적인 신체의 부정을 통해서 존립하는 추상적인 심급이다. 화폐(경화)에는, 예를 들어 왕의 초상 등이 각인되어 있는지 모르겠지만, 그 화폐에 가치를 부여하고 있는 건―화폐가 공동체의 범위를 넘어서 사용되고 있을 때는―역시 그 왕은 아니다. 왕의 신체의 구체성을 부정하는 것에 있어서 조정된 추상적인 심급이다.

요컨대 〈제3자 X〉의 위치를 차지하는 신체의 추상화는 교환이 공동체와 공동체 사이에서 이루어질 정도로 그 범위를 확대시킨 것의 결과다. 그런 의미에서 상품 교환은 공동체와 공동체 사이에서 발생한다는 마르크스의 인정은, 여기서 우리가 전개하고 있는 이론과 정합한다. 〈제3자 X〉의 추상화는 개인의 내면에서 생기는 현상이 아니라, 사회적인 현상―사회 관계의 변화(교환 관계의 확대)의 효과―이다.

철 꼬치로부터

　　　　대자적 화폐로서의 경화가 어떠한 기서에 의해서 생성되어왔는가. 앞 절에서는 이 물음에 대해서, 하나의 이론적인 가설을 제기했다. 가령 그게 타당한 가설이라고 한다면 경험적인 사실을 수미일관하게 설명할 수 없어서는 안 된다. 최초의 경화가 탄생한 고대 그리스를 사례로 해서, 이 점을 아주 간단히 확인해보자.

　헤겔은 『정신현상학』에서 "예술 종교"라는 타이틀 아래서, 고대 그리스 종교에 대해 논하고 있다(Hegel 1807=2018). 예술 종교는, 헤겔의 체계 속에서는 "자연적 종교"와 "계시 종교(일신교)"를 잇는 매개로서의 위치를 부여받고 있다. 예술 종교로 여겨지는 그리스의 축제 종교를, 게다가 헤겔은 더욱더 세 가지 단계로 구분한다. "추상적인 예술 작품", "살아 있는 예술 작품", 그리고 "정신적 예술 작품"이다. 이 세 구분 속의 중간에 있는 "살아 있는 예술 작품"은 주로 올림피아 제전을 염두에 둔 것으로, 이 앞뒤의 두 단계에 비해서 헤겔은 많은 말을 하지는 않는다. 그 때문에 그리스 축제 종교는 크게 "추상적인 예술 작품"과 "정신적 예술 작품" 두 가지 단계로 구성되어 있는 셈이다. 우선 "경화"의 출현이라는 역사적 사실과의 대응을 대충 붙여둔다면 "추상적 예술 작품"이 경화 출현 이전 단계, "정신적 예술 작품"(의 정점)이 경화의 출현 이래의 단계로 간주할 수 있다.

　"추상적 예술 작품"으로서 헤겔이 구체적으로 염두에 두고 있는 건 주로 공동 행위로서의 공희다. 공희란 사람들이 자기 소유물을 신에게 바치고, 그리하여 모인 공물을 모두 서로 나누어 먹는 것이다. 헤겔이 생각하기로는, 고대 그리스의 초기 예술 종교는 그 중심에 공희의 실천을 두고 있다.

인간은 자기 소유물의 일부를 신에게 희생[물]으로서 바친다. 그건 자기 노동의 산물인 수확물이 실은 신으로부터 혜택받은 것, 신의 증여물이라고 해석하고 있기 때문이다. 곧 사람들은 신에 대해서 선험적으로 부채가 있다고 느끼고 있다. 희생[물]을 바치는 행위는 수확을 신에게 되돌리는 것 ─ 곧 신에 대한 답례다. 희생으로서 제공된 건 신 자신의 살이 된다. 따라서 ─ 헤겔이 이야기하고 있듯이 ─ 공희에서의 축[하]연은 신이 자신의 신체를 인간에게 먹이는 행위이기도 하다.

공희에 대한 이런 서술로부터 명백해질 것이다. 공희란 "신"을 중심에 둔 재분배의 구성을 띠고 있다고. 이건, 앞 장에서 카스트의 공희 시스템과 재분배 시스템의 논리적인 연관을 설명하는 가운데서 살펴본 것의 재확인이다. 아무튼 또다시 고대 그리스의 관념을 반복하자면, 일상의 수확이나 음식이 이미 신으로부터의 증여이고, 공희에서의 봉물捧物은 이런 처음부터 있는 (신에 대한) 빌린 것에 대한 변제다. 하지만 그 변제 행위 그 자체 속에서 신의 신체가 인간에게 주어지고, 인간은 자신이 신의 혜택에 의존해 있는 걸 상기하는 셈이다. 신 앞에서의 공동 식사는 인간의 일상생활 그 자체가 이미 그러하다는 것과 같은 신과의 재분배 관계를, 명시적으로 반복하는 것이다.

고대 그리스의 폴리스에서는 빈번하게 대형 동물을 신에게 바치는, 이런 종류의 공희가 집행되었다. 이야기했듯이, 축하연에서는 동물의 고기를 굽는다. 일부는 신들(과 사제)의 몫이 되지만, 나머지 부분에 대해서는 축하연에 참가하고 있는 자 모두에게 등분으로 주어졌다. 이 고기의 분배에 부여되는 건 그 인물이 폴리스의 평등한 시민의 한 사람인 것의 증거로 여겨져 있었다. 이 공희가 언제부터 있었는지는 모르지만, 대단히 오래된 일인 건 틀림없다(호메로스의 서사시에도 이미 이런 공희의 서술이 있다).

시포드는 이 공희와 경화의 강한 관계를 시사하는 매우 흥미로운 사실을 지적하고 있다(Seaford 2011). 축하연에서는 구워진 뒤에 등분된 고기는 철 꼬치에 끼웠다. 이 꼬치가 화폐로서 사용되고 있었다고 한다. 시포드에 따르면, 이 철 꼬치야말로 경화의 한 걸음 앞이다. 화폐로서 사용된 철 꼬치가 경화로 대신될 뿐이지만, 그 점은 이게 경화의 직접적인 진화적인 원천인 걸 의미하고 있다.

철 꼬치는 내구성이 있고, 또한 거의 표준화되어 있어서 확실히 경화로서 사용하기에 알맞은 성질이 있다. 그러나 이것만이라면 어째서 봉물 고기를 끼운 꼬치이지 않으면 안 되었던 건 설명할 수 없다. 결정적인 점은 꼬치가 바친 동물 고기의 대리물로 간주되고 있었다는 사실이다. 꼬치는, 이른바 신으로부터 주어진 고기, 신의 신체의 일부였던 고기와 동일시되어 있던 것이다. 본래는 그 고기 그 자체가 화폐여야 하지만, 곧 썩어버리는 고기는 화폐로서의 사용에는 적합하지 않다. 따라서 꼬치가 사용되고는 있지만, 그 꼬치는 신에게 바쳐지는 동시에 신으로부터 주어져 있는 고기로 간주되고 있던 것이다.

그렇다고 한다면 이 사실, 곧 이 철 꼬치가 경화로 직결하고 있었다는 사실은, 앞 절에서 제기한 가설을 뒷받침하는 것이다. 앞 절에서, 우리는 경화는 재분배의 중심이 되는 〈제3자 X〉 - 이 그리스의 케이스에서는 공희를 바치고 있는 신 – 으로부터의 증여물에서 정작 유래하고 있는 건 아닌지라고 서술했다. 〈제3자 X〉에 대해서 사람들이 선험적으로 부채를 지고 있다고 하는 걸 보여주는, 그 〈제3자 X〉로부터의 증여물이야말로 경화로 전화하는 것이라고. 철 꼬치(신의 고기[살])가 경화로 진화했던 것이라고 한다면 그건 이 가설의 각본대로는 아닐까.

철학의 원점

여기서 제1절에서 이야기했던 걸 상기해보자. 대자적인 화폐로서의 경화 탄생은 고립된 사건이 아니라, 인간 정신의 커다란 전환과 연동해 있던 건 아닐까. 그처럼 이야기했다. 고대 그리스의 돌출한 "근대성"이, 이 점을 가장 잘 보여주고 있다. 경화가 보급되고, 널리 사용되게 되었던 바로 그때, 곧 기원전 6세기의 그리스 폴리스에서 철학이 탄생하고, 민주주의가 성립하고, 그리고 연극(비극)이 생겨났다. 그것들은 모두, 현재 우리가 각별히 "고전古典"으로서 자세를 갖추지 않고서 접해서도 통용될 만큼의 근대성을 구비하고 있었다. 이것들이 때마침 경화와 동시대적이었을 뿐만 아니라, 내적으로 경화와 결부되어 있다. 이처럼 주장하고 있는 건 시포드다. 하지만 경화(대자적인 화폐)와, 이들 현상은 어떠한 의미에서 내적으로 결부되어 있는가. 시포드의 논의(Seaford 2004)를 참조하면서 – 그것에 약간의 수정을 가하면서 – 이 점을 설명해보자.

고대 그리스의 근대성을 가장 현저하게 보여줄 수 있는 분야는, 앞서도 이야기했지만 철학이다. 이오니아의 자연철학자들이 나타난 시기와, 최초의 경화가 출현한 시기는 거의 합치하는 것이었다. 이오니아 학파로 열거되는 철학자는 탈레스로 시작해서 아낙시만드로스, 아낙시메네스, 헤라클레이토스 등으로, 그들은 세계의 여러 사물 모두를 "그것"으로 환원할 수 있는 것과 같은 시원적인 실체가 무엇인지를 탐구했다. 시원적 실체는 탈레스에게 있어서는 "물"이고, 아낙시만드로스에게 있어서는 "무한한 것"이고, 아낙시메네스에게 있어서는 "공기", 그리고 헤라클레이토스에게 있어서는 "불"이었다.

이와 같은 지知와, 그것 이전부터 있던 – 혹은 세계 속의 어느 고대 문화에나 보이는 – 신화는 어떻게 다른가. 예를 들어 그리스 신화를 분해하자면 우주는 전체로서 신들의 왕인 제우스에 의해서 지배받는 왕국이다. 이건 인간 사회의 관계성을 그대로, 우주 전체에 은유적으로 확장하고 있을 뿐이다. 똑같은 건 일본 고쇼키의 신화에도 말할 수 있거니와, 창세기의 앞부분에 있는 천지 창조 이야기도 이 점에서는 기본적으로 다르지 않다. 그러나 탈레스가 "물"이라고 말했을 때는 다르다. 물이 시원적인 요소라고 말해도, 모든 사물이 실제로 물처럼 보이는 건 아니다. 물질로서의 겉모습으로서는 다양한 사물 모두를 관통하고 있는 추상적이고 비인칭적인 원리로서 "물"이 있는 것이다.

시포드에 따르면, 세계의 이와 같은 파악 방식은 실제로는 다양하고 함유물도, 무게도 일정하지 않은 경화를 화폐 가치에 있어서 동일하다고 간주하는 태도가 확립된 것에 의해서 초래된 것이다. 이처럼 일방적인 인과 관계가 있는지에 대해서는 의문이 남지만, 아무튼 경화에서 금속의 사물로서의 가치와는 독립해서 감각으로는 환원할 수 없는 화폐로서의 가치를 보는 태도와, 물질의 감각적인 다양성을 넘은 추상적인 원소로서 "물"을 찾아내는 인식은 공통의 구조를 갖고 있는 건 확실할 것이다. 경화가 유통되고 있는 것과 같은 세계가 없었다면 이오니아의 자연철학이 나타나고, 사람들에게 일정한 영향을 주는 일도 없었을 것이다.

그렇다고는 하지만 철학과 화폐 사이의 관련을 포착하기에는 시포드가 눈을 향하고 있는 현상은 좁다. 그는 경화에서 감각적이고 구체적인 사물로서의 가치와 초감각적이고 추상적인 화폐로서의 가치가 분리되어 있는 점에 착안했지만, 그 경화를 통해서 교환이 이루어지고 있는 걸 고려한다면 똑같은 구분은 교환 대상이 되는 사물 일반으로 확대되고 있는 셈이다. 즉 시장에 등장하는 모든 사물(상품)이 그 추상적인 화폐 가치와 동일시되는 것이다. 먼저, 경화에 있어서 경화 그 자체의 구체적인 물질성으로부터 떼어낸 추상적인 수준에 화폐 가치가 설정된다. 그 추상적인 화폐 가치에, 시장에 등장하는 임의의 사물이 관계지어지는 것이다. 곧 임의의 사물이 감각적으로 주어진 구체성의 수준과는 다른, 추상적인 가치를 갖게 된다. 이 추상적인 화폐 가치와 똑같은 존재론적 신분을 갖는 실체를, 우주 그 자체 속에서 찾아내는 것. 그게 고대 그리스 철학자들의 과제였다고 말할 수 있는 건 아닌지.

여기서 일어나고 있는 건 증여 교환(원시 화폐에 의해서 매개된다)으로부터 상품 교환(경화[이래의 화폐]에 의해서 매개된다)로의 전화와 관련되어 있다. 어느 시대, 어느 단계의 경제에나 이 두 종류의 교환 양식은 혼재되어 있지만, 대략 경화가 보급되었을 때 상품 교환의 우위가 온전한 게 되었던 건 아닐까. 앞 절에서 살펴본 "철 꼬치"는 원시 화폐로서의 측면을 농후하게 남기고 있었다고 생각된다. 제3장에서 이야기했듯이, 증여 교환에서 진짜 주거니 받거니 하고 있는 건 사람들의 사회적인 아이덴티티이고, 원시 화폐로는 그런 아이덴티티와 결합된 사물이 사용된다. 폴리스의 성숙한 시민인 것의 증명이기도 했던 철 꼬치는 그런 의미에서는 원시 화폐의 성질을 아직 띠고 있다.

화폐의 도입에 수반하는 지의 변화의 요점이, 이상으로 이야기했던 것이라고 한다면 초기 철학자 가운데서는 가장 흥미로운 게 피타고라스일 것이다. 피타고라스가 태어난 건 탈레스보다도 조금 뒤지만, 거의 동시대인이라고 말해도 무방하다(피타고라스가 탄생했을 때 탈레스는 아직 생존). 피타고라스가 만든 교단은 남이탈리아의 크로톤(역시 그리스의 식민 도시의 하나)이었지만, 그의 고향은 사모스 섬으로, 이오니아의-라고 하는 건 경화폐 발생지의 – 아주 근처다. 탈레스의 "물[水]"의 위치에, 피타고라스가 대입했던 건 "수數"다. 만물의 근원으로서의 "물"에는 아직 감각 가능한 것의 잔재가 있지만, "수"는 완전히 추상적이고 감각에 의해서는 전혀 파악되지 않는다. "만물은 수다"라는 테제는 황당무계한 것으로 생각될는지 모르지만(그렇기는 하지만 현대 물리학자는 모두 수학에 의해서 서술할 수 있다고 생각하는데, 그 점을 생각한다면 이것이야말로 데카르트 이래의 근대적인 도그마라고도 할 수 있지만), 여기서 수란 그 사물과 사물의 관계(곧 비[율])인 것이다. 피타고라스의 테제는, 따라서 감각으로 포착할 수 있는 사물보다도 (사물과 사물의) 관계 쪽이 기본적이라는 주장이고, 이렇게 해석한다면 충분하게 합리성이 있다. 수로서의 관계가, 바로 그 자체로서 나타나는 건 경화를 매개로 한 상품 교환의 장면에 다름 아니다.

경화의 탄생과 더불어 점화한 지의 폭발이 최종적으로는 어디로 향하는가. 그 완성으로 간주해야 할 건 이오니아 학파보다도 더욱 2세기 정도 뒤의 철학으로 인정할 수 있다. 그 철학이란 철학의 역사상, 최대의 사건(의 하나)이라 말해도 틀리지 않는다. 플라톤의 이데아론이다. "서양의 모든 철학은 플라톤 철학에 대한 각주에 불과하다"라고 하는 건 화이트헤드의 『과정과 실재』에서의 너무나도 유명한 한 구절이지만, 이런 과장된 표현에 진실이 포함되어 있다고 생각될 정도로 플라톤의 이데아론의 임팩트는 컸다(Whitehead 1929=1984-85). 이데아란 인간의 경험에서 다양한 것으로서 나타나는 구체적인 사물을 관통하고 있는, 추상적인 본질이다. 저 사람도, 이 사람도 모두 인간인 건 어디라도 "인간"이라는 불가시의 이데아를 분유分有하고 있기 때문이다. 마찬가지로 시장에서 거래하면서 사람들은 다양한 상품을, 추상적인 화폐 가치에서 동일하다고 간주한다. 이때 사람들은 이데아론적으로, 상품들의 세계를 보고 있는 것이다.

민주정과 비극

고대 그리스 정치 제도의 전환도, 경화의 보급과 연동되어 있다. 아테네 민주정의 발전에게 있어서 결정적이라고 여겨지는 해는 기원전 508/507년이다. 이때 두 가지 중요한 제도가 도입되었다. 하나는 500인 회의다. 10개 부족으로부터 각각 50인씩 추천으로 선발된 임기 1년의 평의원으로 구성된 집행 기관이다. 여기서 부족이란 건 혈연적인 집단이 아니라 "데모스demos"라 불리는 지연적인 행정 단위를 모은 걸 가리킨다. 신설된 또 하나의 제도는 도편 추방이다. 참주의 출현을 막기 위한 제도다. 이것에 의해서, 아테네 시민은 참주가 될 두려움이 있는 인물을, 도편을 사용한 비밀 투표에 의해서 폴리스로부터 추방할 수 있게 되었다. 이들 제도가 개시된 건 최초의 경화가 주조되고서부터 잠시 뒤(반세기도 채 안 된 뒤)의 일이다.

경화의 사용이 무의식중에 민주정의 기반도 될 수 있는 에토스를 키웠다고 생각된다. 화폐 – 상품 교환에 사용될 수 있는 경화로서의 화폐 – 는 유일한, 대단히 침투성이 높은 교환 수단으로서 사람들을 결합시킨다. 곧 상품 교환이 이루어지는 시장에서는 화폐에 의해서만 사람들은 결합하고, 개인의 다른 속성은 어째도 좋은 게 된다. 그 한에서, 화폐는 사람들을 평등화한다. 화폐는 개인을, 친족 관계로부터도, 패트론적인 보호 관계로부터도 해방하기 때문이다. 요컨대 화폐는 광의의 호수적인 증여에 기초한 의존 관계 일반으로부터 사람들을 해방시킴으로써 평등화한다. 경화로서의 화폐의 이런 효과를 설명하는 가운데, 시포드는 마르크스도 인용하고 있는 프랑스의 격언 "화폐는 주인을 갖지 않는다L'argent n'a pas de maître"를 인용하고 있다.

이처럼 고대 그리스의, 약간 근대를 선취하고 있는 것처럼 보이는 정치 제도도 또한, 경화의 보급과 깊게 결부되어 있는 현상으로서 해석할 수 있다.

*

화폐(경화)와의 관계에서 더 한층 흥미로운 건 그리스 연극, 특히 "비극"이다. 제4절에서 『정신현상학』에서의 헤겔의 논의를 소개했다. 고대 그리스의 예술 종교는 공희를 중심에 둔 축제적인 것에서부터 - 약동하는 신체를 통해서 신과 인간의 영광을 찬미하는 "살아 있는 예술 작품"(올림피아 제전)을 경유해서 - 정신적 예술 작품에 이른다는 게 헤겔의 논의다. 정신적 예술 작품으로서 헤겔이 염두에 두고 있는 건 신들의 세계를 묘사한 그리스의 고전 문예다. 그 고전 문예의 정점에 있는 게 "비극"이다. 고전 문예로서는 비극 이전에 서사시가 있었다. 서사시의 시대, 곧 호메로스의 『일리아스』나 『오디세이아』의 시대는 경화의 출현보다도 2세기 가량 이전에 해당한다. 경화와 동시대적인 건 비극이다.

아테네 비극은 역사상 최초의 세련된 희곡이다. [기원 전] 6세기 끝 무렵, 아테네의 제의(디오니소스제祭)의 프로그램에 정식으로 덧붙여진다. 시포드는 아마 새로운 민주정의 영향이었을 것이라고 추측하고 있다(앞서 이야기한 민주정으로의 개혁과 거의 동시기다). 그리스 비극의 주제가 되어 있는 신화 자체는 화폐(경화)의 도입보다도 훨씬 이전부터 있던 것이다. 아이스킬로스나 소포클레스, 에우리피데스는 그것을 세련된 비극으로 바꿨다. 왜 이 시기에 뛰어난 비극이 차례로 창작되었는가(이하 Seaford 2004에 근거한다).

비극이 초점을 맞추고 있는 건 개인의 고립이다. 신들로부터도, 또한 친족 관계로부터도 떼어내진 개인. 그와 같은 개인이 비극으로 위문받는다. 이렇게까지 고립된 개인은 이전의 문학에는 없었다. 똑같은 그리스여도, 호메로스의 문학에는 신들이나 친족으로부터 떼어내진 개인은 등장하지 않는다. 고립된 개인은 화폐가 초래했다……라고 시포드는 논한다. 화폐를 가지고 있다면 원리적으로는 다른 사회 관계가 필요 없어지게 되기 때문이다. 혈연 관계에 기댈 필요가 없다면 호수적인 관계나 보은 관계에 의존할 필요도 없다. 화폐는 개인의 고립화를 추진하는 촉매다. 이런 사회 변동에 규정받아서 비극이 시대 정신을 반영한다.

비극적인 개인의 극단적인 형상이 "참주tyrannos"다. 일단은 사람들을 평등하게 했지만, 동시에 화폐에 의해서 무한하게 권력을 축적하는 것도 가능해진다. 그 결과, 생기는 게 공동체의 규범이나 규정을 업신여기는 권력자로서의 참주다. 참주의 인생에는 상투적인 패턴이 있다. 그는 자신의 혈연자를 살해하고, 성스러운 걸 침해하고, 그리고 권력의 수단으로서의 화폐에 깊은 관심을 기울인다. 그리고 최후에 파멸에 이른다. 시포드는 "영웅"이라는 말과 "참주"라는 말을 대비하고 있다. 호메로스 서사시는 "영웅"의 일을 묘사하고 있다. 그 "영웅"이란 말은 아테네의 비극에서는 거의 등장하지 않는다. 대신 빈도가 느는 게 "참주"다. 영웅은 화폐 경제의 외부에 있는 형상이다. 그에 반해서 참주는 화폐 경제에 전면적으로 규정받는 형태다.

여기까지는 시포드가 논하고 있지만, 헤겔이 비극에 대해 이야기하고 있는 걸 덧붙인다면 일은 점차 보다 선명해진다. 개인이 비극을 사는 셈이란 건 개인이 혈연 관계나 호수적 관계로부터 해방되어도 역시, "운명"이라는 불가시한 추상적인 원리의 지배로부터 도망치지 못하는 형태다. 헤겔의 논의는, 이 "운명"이라는 게 비극의 중심에 어떻게 해서 짜넣어졌는지라는 데 관련되어 있다. 이 점은, 비극을 서사시에 대조시키는 걸 통해서 명백해진다.

서사시는 신들과 영웅들의 이야기다. 이 이야기 세계는 시인(歌人)의 음창(吟唱)에 의해서 드러난다. 여기서 이 장 제1절에서 언급한 "보편(신들)-특수(영웅)-개물(시인)"이라는 헤겔적인 3대폭이 원용되어 있지만 포인트는, 서사시에서는 이야기하는 시인이 이야기되고 있는 "신들과 영웅의 갈등"에 외재해 있다는 점이다. 서사시에서는 유한한 인간에 불과한 영웅은, 신들의 변덕에 우롱당하든지 하지만, 그러나 여기에는 아직 "운명"은 없다. 양자의 갈등을 규정할 필연성은 있는지 모르겠지만, 운명은 여기에는 존재하지 않는다. 어째서 그처럼 비판되는가.

비극과 서사시의 차이는 시인의 포지션에 있다. 비극에서는 이야기하는 시인이 이야기의 외부에 있는 건 아니다. 비극에서는 시인은 이야기의 내용에 참가한다. 곧 시인은 드라마를 연기하는 배우가 된다. 이때 "운명"이 비로소 드러난다. 운명은 정작 인간의 주체적인 행동이 그 동인으로 있기 때문이다. 인간(이야기하는 자)의 주체성이 이야기의 밖에 있을 때는 전개의 필연성은 있어도 운명이란 건 존재하지 않는다. 운명은 자기 의식을 갖는 개인의 행위에 의해 창조된 것이어서, 그 개인의 의도에는 굴복하지 않고서, 개인은 거꾸로 운명에 의해서 주어진 역할을 그저 인수받을 수밖에 없게 된다. 비극은 개인의 주체적인 행위의 산물인 운명이 지정하는 역할에 대해서, 개인은 그저 "인수한다"는 소극적인 방식으로밖에 운명과 화해할 수 없다고 하는 것에서부터 생기고 있다.

헤겔이 추출하고 있는 이런 비극의 존재 방식과 화폐는 어떻게 관계하고 있는가. 비극에서의 운명의 존립 방식과 화폐의 존립 방식을 비교해보면 좋을 것이다. 양자의 구조는 동형적이다. 화폐가 화폐이기 위해서는, 우리가 그걸 주체적으로 사용하지 않으면 안 된다. 그러나 그럼에도 불구하고 화폐는 우리의 의도에 굴복하는 게 아니라, 도리어 우리는 "화폐에게 지배당해 있다"고 간주할 수밖에 없는 상황에 놓여 있다. 가장 돌출한 개인, 곧 참주마저도 화폐의 힘에 의해서 그 정치력을 얻고 있음에도 불구하고, 결국 화폐에 우롱당하고 멸망해간다. "운명"과 "화폐"는 똑같은 메커니즘을 통해서 개인을 지배하고 있는 것이다.

고대 그리스의 정신적인 예술 작품은 신들의 세계를 묘사하는 문예였지만, 헤겔이 이야기하고 있는 걸 요약하자면 다음과 같이 될 것이다. 서사시에서는 시인은 신들을 노래한다. 비극에서는 시인은 신들이 정한 운명 속에서 자신에게 부여되고 있는 역할을 인수할 수밖에 없다는 의미에서 신들을 연기한다. 신들을 연기하는 배우라는 건 신들(이 부여한 역할)을 표상한다는 것이다. 비극에서는 신들과의 사이에 – 운명을 매개로 해서 – 표상의 관계가 성립하고 있다. 마찬가지로 시장에서는 개개의 상품은 화폐적인 가치를 표상하고 있다.

그리고 희극

               화폐, 특히 대자화된 화폐로서의 경화의 사회적 효과에 대해 살펴보았다. 거기서 일어난 일을 하나의 개념으로 요약하자면 "추상화"라는 게 될 것이다. 일반적으로 추상화는 주관적인 조작이라고 생각하고 있다. "현실에는 구체적이고 다양한 걸 추상화해서 포착한다" 따위라는 정도다. 하지만 고대 그리스를 참조점으로 삼은 이상의 고찰이 보여주고 있는 건 주관적인 추상화가 생기기 위해서는, 말하자면 객관적인 추상화라고도 불려야 할 게, 곧 객관적인 사태 그 자체에 따른 추상화가 생기지 않으면 안 된다는 것이다.

  세계를, 보이지 않는 "시원적 요소"라든지, "이데아"라는 추상적인 것으로 파악하는 철학이 한편에는 있다. 이것만 주목하고 있다면 그건 정신의 주관적인 드라마의 산물로밖에 보이지 않는다. 그러나 이와 같은 주관적인 세계 파악이 설득력을 갖는 건 객관적인 사회 과정 그 자체에 있어서, 말하자면 행위 사실적으로 추상화의 작용이 나아가지 않으면 안 된다. 그 작용이, 이 경우에는 화폐(경화)를 사용한 상품 교환에 해당한다. 교역에서 사람들은 무언가 추상적인 것에 대해서 합의하는 건 아니다. 그러나 그들의 행위는 사물의 구체적인 다양성을 넘는 추상적인 차원(화폐로 측정된 가치)의 수준이 실제적인 걸 전제로 해서밖에 의미를 가질 수 없다. 이런 의미에서 사회 과정이 객관적으로 추상화의 조작을 수행하고 있는 것이다.

그런데 그리스의 고전 문예를 "비극"까지 추적했는데, "비극" 뒤에 "희극"이 등장한다. 고전 문예의 정점은 비극이지만, 그 뒤에 거기서부터 오버런하듯이 희극이 나타난다. 아테네 디오니소스제의 공식 프로그램에 "희극"이 들어가는 건 비극보다도 뒤의 일이다. 시포드에 따르면, 희극도 또한 고대 그리스의 폴리스에게, 당시로서 돌출해서 화폐가 침투하고 있었다는 사실과 관계짓고 있다(Seaford 2004, 2011). 다만 희극에서는 화폐와의 관계에 확실한 굴절이 들어가 있는 점에 주목해야 할 것이다. 희극은 화폐에 대해서 포지티브하게 대응하고 있는 건 아니다. 희극에서는 화폐가 비판과 조소의 대상이다.

예를 들어 아리스토파네스의 『복의 신』. 기원전 388년의 이 희극은, 시포드의 말을 빌리자면 오늘날까지 남아 있는 가장 오래된 경제학 텍스트다. 이 희곡 속에 다음과 같은 취지의 대화가 있다. 충분한 섹스라든지, 충분한 빵이라든지, 충분한 음악이든지, 충분한 디저트든지, 충분한 명예든지, 충분한 케이크를 가질 수는 있다. 그러나 화폐만은 다르다. 13탈렌트를 얻으면 16탈렌트가 욕구된다. 16탈렌트를 얻으면 적어도 40탈렌트가 없다면 인생은 참기 어렵다고 생각한다. 화폐에 관해서만은, "여기서 만족"이라는 유한한 수준을 정할 수 없다.……여기에는 화폐와 상관된 욕망의 존재 방식은 근본적으로 왜곡된 게 있고, 인간의 자연의 본성으로부터 일탈하고 있다는 직관이 있다. 화폐와 더불어 있는 욕망은, 도리어 골개로조차 보인다는 것이다.

헤겔의 예술 종교의 이론 속에서는 희곡은 어떻게 위치지어지고 있는가. 서사시에서는 인간(시인)은 밖에 있는 방관자로서, 신들을 노래한다. 영웅(인간)이라 해도 신들보다 약한 점이 노래불러진다. 비극에서는 인간은 신들을 연기함으로써 신들을 표상한다. 신이 정한 운명을 인간은 주체적으로 인수할 수밖에 없다. 그러면 희극은 어떤가.

그리스의 연극에서는 일반적으로 배우는 가면을 쓰고 있다. 가면은 (신들을) 표상하기 위해서다. 그렇지만 희극에는 반드시, 가면을 벗고서 배우의 얼굴이 노출되는 장면이 들어간다. 극중의 역할과 살아 있는 배우가 일체가 되어 있는 것이다. 이런 건 어떤 것인가. 신을 연기하고 있다고 생각하고 있던 배우가 "실은 신은 나다"라고 말하고 있는 것과 같은 것이다. 신을 표상하고 있는 것처럼 보이고 있던 배우(인간)가 표상이라는 기능을 방기하고서, 신은 나였다고 고백하고 있는 것이다. 인간이 건방지게도 신격화되어 있는 건 아니다. 거꾸로다. 신이 인간 레벨까지 떨어지고 있는 것이다. 여기에, 실은 "그리스도"의 동요의 예조豫兆가 있다.

아무튼 화폐와의 관련에서는 이렇게 말할 수 있을 것이다. 본래 화폐의 존재론적 신분은 신들과 — 신들이 정한 운명과 — 똑같은 초월적인 수준에 있었다. 희극은 이 초월성을 습격하려 하고 있다.

상품들의 물신 숭배

고대 그리스 사회를 대상으로 해서, 대자적인 화폐로서의 경화가 어떻게 해서 가능해지는지, 그리고 경화로서의 화폐 보급이 어떠한 의미에서 정신 시스템의 대규모 전환과 연동되어 있는지에 대해서 고찰해왔다. 화폐에 대해서 비판적·부정적인 문예로서의 희극이 등장한 곳에서 이 고찰을 멈춰두자.

포인트를 또다시 확인해보자. 경화로서의 화폐가 받아들여지고 유통된다는 건, 객관적으로 보자면 화폐 사용자들이 화폐 발행자에게 일방적으로 증여하고 있는 것과 같다. 이 점은, 그러나 당사자들에게 그처럼은 의식되지 않는다. 도리어 그들은 자신들이야말로 화폐 발행자로부터 화폐를 부여받고 있는 것처럼 사태를 인식할 것이다. 하지만 이 점은 특정한 누구에 대한 부채 의식도 초래하지는 않는다. 화폐 발행자로부터 화폐가 공급되었기 때문이라고 해서 사람들은 그 점에 의해서 화폐 발행자에 대해서 "빌린 것"이 있다고 느끼는 건 아니니다.

하지만 사람들은 화폐 발행자의 배후에 있어서, 그 발행의 행위의 실효성을 보증하고 있는 추상적인 〈제3자 X〉에 대해서는 무의식의 — 곧 의식은 되지 않는 행동으로서 나타난다 — 부채를 지고 있다. 거듭 확인하자면, 그 무의식의 선험적인 부채에 대한 반응이야말로 "일방적인 증여"다. "일방적인 증여"란 구체적으로는 화폐를 바로 지불 수단으로서 사용하는 것밖에 되지 않는다.

여기서 제1장 제5절에서 지적했던 걸 상기해보자. 거기서 우리는 마르크스가 논하고 있는 걸 토대로 해서 두 종류의 물신성이 있다고 지적해두었다. 인간들의 관계에서의 물신성은 사물들의 관계에서의 물신성이다, 인간들의 관계에서의 물신성은, 일반적인 표현 방식으로 표현하자면 지배-복종의 관계이고, 기본적으로는 증여 교환의 영역에서 생긴다. 증여 교환이 호수화되지 않았을 때, 즉 한쪽이 다른 쪽에 대해서 부채를 남기고 있을 때 지배-복종의 관계가 생기는 것이다. 흥미로운 건 사물들의 관계에서의 물신성 쪽이다. 상품 교환이 지배적인 사회에서는 인간들의 관계로부터 물신 숭배Fetishism적인 복종이 사라지지만, 그 몫이 마치 사물과 사물 사이의 관계, 상품과 상품 사이의 관계로 이전하는 것과 같은 사태가 생긴다. 사물과 사물 사이의 물신성은 어째서 생기는가.

열쇠는, 경화의 기원에 대한 설명 속에 등장한 〈제3자 X〉에 있다. 〈제3자 X〉는, 우선은 재분배 시스템 속에서 출현하는 것이었다. 〈제3자 X〉에 대해서, 선험적인 부채가 있다고 느끼고 있다. 이 경우에 사람들은 〈제3자 X〉의 장소를 차지하는 주인에 대해서, 물신 숭배적으로 복종하게 된다. 그러나 머지않아 〈제3자 X〉는 구체적인 신체와는 동일시될 수 없는 추상적인 심급으로서 자립하는 것이었다. 그와 더불어, 대자적인 화폐(경화)가 가능해진다. 추상화된 〈제3자 X〉에 대해서 선험적인 부채를 지고 있을 때 사람들은 어느새 구체적인 어떤 인물에게도 직접적으로는 복종하지 않는다. 곧 사람들은 사람들 사이의 물신성으로부터는 해방되어 있다. 추상적인 〈제3자 X〉에 대한 선험적인 부채는, 구체적으로는 화폐로의 욕망으로서, 혹은 화폐적인 가치를 갖는 상품으로의 욕망으로서 나타나게 된다. 이게 사물(상품)과 사물(상품) 사이의 물신성으로 불려온 현상이다. 재분배 시스템의 중심에 조정되어 있던 〈제3자 X〉가 순수하게 추상적인 초월적인 심급으로 전화했던 것, 이게 사람들 사이의 물신성을 사물들 사이의 물신성으로 교체하는 것처럼 작용했다는 게 된다.

　조르조 아감벤은 고대 로마법에 있던 "신성을 더럽히다profanare"라는 말에 주목하고 있다(Agamben 2005=2005). "신성을 더럽히다"는 신들을 모욕하는 것과 같은 반종교적인 행위라는 인상을 주지만, 아감벤에 따르면 전혀 다르다. 이건, 그 자체로 종교적인 행위다. "신성을 더럽히다"는 "신에게 바친다sacrare"의 역조작이라고 생각하면 좋을 것이다. "신에게 바친다"는 인간의 법의 영역에 있던 사물을, 거기서부터 탈출시켜서 신들의 영역으로 옮기는 것이다. "신성을 더럽히다"는 이것의 역관계, 공희의 역조작이다. 곧 신들에게 속해 있는 사물(신성한 사물, 종교적인 사물)을, 인간들의 영역으로 되찾아오는 일이다. "신에게 바친다(공희)"가 신성하고 종교적인 행위라면 그것과 전적으로 똑같은 이유로 "신성을 더럽히다(瀆聖)"도 또한 신성이고 종교적인 행위였다고 아감벤은 – 고대 로마법 학자의 견해를 대변하는 형태로 – 강조하고 있다.

　하지만 어째서 "신성을 더럽히는" 행위가 필요한가. 신성한 사물은, 이 조작을 시행함으로써 비로소 자유로운 상거래의 대상이 되었던 것이다. 이 조작이 실시되지 않은 사물에 관해서는 멋대로 판다든지, 저당잡힌다든지, 사용권을 누군가에게 양도하는 등등은 허락되지 않았다. 한 번 신에게 바친 사물을, 신성을 더럽힘으로써 인간의 영역으로 찾아온다. 그렇다면 사물은 상품이 될 수 있는 것이다.

　그런데 방금도 확인했듯이, 경화의 발행자는 그 원류로 거슬러가면 재분배 시스템의 중심이었다. 그 중심으로 향해서 사람들은 사물을 바치고, 공물을 보냈다. 그 중심이 추상화된 뒤에 경화를 배급하는 중심이 될 수 있던 것이다. 그렇게 생각한다면 경화의 발행은 "신성을 더럽히다"의 조작의 일종이라고 말할 수 있는 건 아닐까. 그건 광의의 "독성瀆聖"의 조작의 결과라고 해석할 수 있는 건 아닐까.

게다가 여기는, 제2장의 최후에 『갈가메시 서사시』에 대해 논하는 가운데 지적했던 걸 상기해보면 좋은 곳이다. 신을 모시는 성스러운 계집과 가창街娼(상품화된 계집)은 종이 한 장의 차이의 관계에 있다고 서술해두었다. 이 양의성은, 방금 이야기한 것과 같은 상품 일반의 양의성이 계집의 신체에서 나타났던 것이라고 해석할 수 있다. 상품은 직접적으로 속된 사물이 아니라, 일단 성화된 위에서 독성화되어 있다. 곧 상품의 세속성은 성성聖性에 매개되어 있다. 마찬가지로 『갈가메시 서사시』의 이슈탈은 신들에게 받쳐진 성창부(신관)였던 게 독성화함으로써 가창(상품)이 되었다.

시장 경제의 탄생

그래서 경제의 기원을 둘러싼 탐구를 (일단) 끝마쳐야할 때가 왔다. 이 장에서는 증여 교환으로부터 상품 교환으로의 이행이 어떻게 해서 수행되었는지, 그 논리를 설명해왔다. 제1장에서 이야기했듯이, 증여 교환과 상품 교환은 개념적으로는 별개의 것이다. 그렇다고는 하지만 실제의 교환은 많은 경우에 양자를 갖추고 있고, 배타적으로 어딘가의 카테고리로 분류할 수는 없다. 물론 의례적인 증여처럼 상품 교환적인 측면을 전혀 갖지 않는, 순수한 증여 교환은 확실히 존재한다. 마찬가지로 순수한 상품 교환도 존재한다. 증여 교환적인 요소를 완전하게 벗어난 상품 교환, 상품 교환으로서의 상품 교환은 경화의 보급과 더불어 시작한다. 이 장에서는 대자적인 화폐로서의 경화가 어떻게 해서 가능했는지에 대해 가설을 제기하고서 경화와 탄생에 연동하는 정신의 체계적인 변용에 대해 고찰했던 것이다.

고대 그리스의 "철 꼬치"도 그렇지만, 원시 화폐가 진화하고 전용되어서 경화가 되는 경우도 많다. 그러나 원시 화폐 그 자체는 아직 화폐로는 간주할 수 없다. 두 가지 점에서 원시 화폐는 화폐가 아니다. 첫째로, 원시 화폐는 의례적으로 규정된 특정한 대상(일반적으로는 결혼의 상대방이 되는 인간)에 대해서밖에 사용되지 않고, 교환의 일반적인 매체가 아니기 때문이다. 둘째로, 원시 화폐는 엄밀하게는 지불 수단이 아니라, 거꾸로 받아들인 대상으로의 지불은 불가능하다는 것, 그걸 보냄으로써 변제 불능인 부채를 졌다는 것을 정작 표시하고 있기 때문이다. 원시 화폐는 이 두 가지 조건을 부정했을 때 화폐로의 전용이 가능해진다(임의의 대상으로의 적극적인 지불 수단이 되었을 때).

몇 차례나 이야기했듯이, 화폐는 본래 채권, 일종의 차용증서다. 차용증서가 유통된다면 화폐가 된다. 따라서 화폐의 원형은 신용 화폐다. 신용 화폐는 화폐의 변칙적인 한 종류가 아니다. 화폐란 본래 신용 화폐인 것이다. 화폐의 본성을 이처럼 정의해둔다면 화폐는 증여에 의존한 현상, 증여로부터의 파생물이라는 게 분명하다. 화폐가 유통되는 건, 한편에서는 화폐가 함의하고 있는 부채가 반드시 변제되기 때문이고, 다른 편에서는 부채는 언제까지나 변제되지 않기 때문이기도 하다. 이 이율배반은, 화폐가 결국에는 호수화되지 않는 증여, 호수화 미완료의 증여라고 하는 걸 의미하고 있다. 그렇다고 한다면, 증여로의 충동이 없다면 화폐는 존재하지 않는 셈이다.

증여 교환에 의해서 오염되지 않은 순수한 상품 교환은 경화의 탄생과 보급에 의해서 가능해진다고 서술해왔다. 경화와 더불어, 화폐의 화폐로서의 가치가 그 담지자가 되어 있는 사물로서의 가치로부터는 확실하게 구별되어서 자각되게 된다. 따라서 경화는 화폐의 대자화의 산물이라고 서술해왔다.

그러나 화폐의 대자화는, 동시에 그 본성의 부인도 포함하고 있고, 그 때문에 ─ 명백하게 역설적인 표현이 되어버리지만 ─ 대자화의 부정이기도 하다. 경화로서의 화폐가 실현될 때는 화폐의 기저에 있던 저 이율배반이 억압되고 망각되는 것이다. 화폐의 "신용 화폐"로서의 어스펙트가 은폐된다고 말해도 좋을 것이다. 신용 화폐라고 한다면 그게 가치를 띠는 건 약속되어 있는 ─ 그러나 아직 실현되지 않은 ─ 변제 때문이다. 곧 그게 직접적으로 가치를 갖는 건 아니다. 그러나 신용 화폐가 부인될 때 화폐(경화)는 그 자체로 가치를 지니는 실체로서 나타나게 된다.

화폐를 매개로 한 매매에 의해서, 곧 상품 교환에 의해서 필요한 사물(재화)의 거의 모두를 얻게 되는 상태를 "시장 경제"로 부른다. 예를 들어 이 장에서 고찰의 대상으로 삼았던 고대 그리스는 이미 시장 경제를 실현하고 있었다고 말해도 좋을 것이다. "경제의 기원"을 둘러싼 우리의 고찰은, 결국 시장 경제의 탄생까지를 설명했던 셈이다.

그 탄생 사실을 역사적으로 서술했던 것이 아니라, 탄생을 가능케 했던 논리를, 하나의 가설로서 제기해왔던 것이다.

그 앞으로
……자본주의 경제로

그 뒤는 어떻게 되는가. 그것은 이제와서는 이 책의 주제가 아니다. 하지만 아주 간단하게, 앞으로의 탐구에 어떠한 물음이 기다리고 있는지를 예시해보자.

이제까지의 논의에서 등장한 시대는, 유럽사로 말하자면 "고전 고대"까지다. 혹은 야스퍼스의 말을 사용해서 "축의 시대"까지라고 말해도 좋을 것이다. 유럽사의 표준적인 시대 구분으로 말하자면, 이 뒤에는 "중세"가 온다. 상세하게는 설명할 수 없지만 중세에 일어나고 있는 걸 한 마디로 요약하자면, 화폐의 본래적 형태, 곧 신용 화폐의 대규모 회귀다(Graeber 2011=2016: 第十章).

이야기했듯이, 경화가 화폐의 본성을 부정하는 형태로 등장했기 때문에 두 종류의 화폐가 존재하게 되었다. 하나는 신용 화폐이고, 또 하나는 경화 – 금속 조각 형태를 띤 화폐다. 전자는 약속된 – 실현되지 않은 – 변제에 가치의 근거를 갖는 버츄얼virtual한 화폐다. 그에 반해서 후자는 그 자체로 가치를 갖고 있는 것처럼 보이고 있다. 중세가 되자 유럽에서는 경화는 실제로는 거의 유통되지 않게 된다. "파운드", "실링" 등은 가격의 계산을 위한 단위로서 사용되고 있어서 개

넘상의 것밖에 아니다. 일상의 실재 거래에서는 광의의 신용 화폐적인 게 사용되고 있었다. 즉 부절[割符]이나 상품권에 의한 거래, 현물 거래 등이 주류였다.

경화가 폐지되고, 신용 화폐가 주로 사용되게 된다. 이 경향은 유럽만이 아니라, 동시대 전 지구적인 범위에서 보이는 일이다. 이 경향은 화폐의 본래인 존재 방식으로의 회귀이고, 말라붙어 있는 건 파생적인 타입 쪽의 화폐여서, 기축이 되는 논리에 관여하는 것으로서는 중세에서는 각별하게 새로운 게 더해지지 않는다. 개별 사건이나 현상 속에는 흥미로운 게 넘치지만, 설명을 위한 논리로서는 이 책이 이제까지 제기해온 것의 응용으로 완전히 충분할 것이다.

*

하지만 15세기 후반 무렵부터 유럽에서는 급속히 금·은의 통화가 침투하기 시작한다. 언뜻 보기에 이건 일찍이 있던 것, 축의 시대에 일어났던 것이 조금 규모를 크게 반복하고 있을 뿐이라고 생각된다. 하지만 그렇지는 않았던 걸 뒤로부터 되돌아보면 알 수 있다. 근본적으로 새로운 게 일어나려 하고 있던 것이다. 근본적으로 새로운 것이란 자본주의 경제의 탄생이다. 금화·은화의 돌연한 보급은 자본주의 경제를 위한 준비였던 것이다.

시장 경제와 자본주의 경제는 어떻게 다를까. 표면적인 현상에 관해서 말하자면 상품화의 정도가 자본주의 경제 쪽이 더 철저하다는 것이다. 시장 경제는 대부분의 사물을 상품으로서 제공해간다. 그러나 보통 시장 경제에서는 상품화되지 않는 요소가 있다. 다른 사물이 상품으로서 생산되기 위한 전제여서, 그것 자체는 상품화되지 않는 요소다. 토지(자연)와 노동력과 화폐가 그것이다. 이 요소들까지도 상품화되는 게 자본주의 경제다.

이건, 그러나 현상의 서술에서밖에 아니다. 이렇게까지 철저한 상품화를 작동시키고 있는 동인은 무엇인가. 마르크스가 힌트를 주고 있다. 자본주의 경제를 특징지우고 있는 건, 물론 "자본"인 데, 마르크스는 자본의 원형은 화폐 퇴장자 ‒ 수전노 ‒ 에 있다고 서술하고 있다. 수전노는 아직 자본(가)이지는 않지만, 그 한 걸음 앞이다.

수전노는 화폐를 사용하지 않은 채 부지런히 모은다. 그 점에서, 자신이 소유하는 화폐를 늘리려고 한다. 이와 같은 수전노의 삶의 방식은 도착적이다. 수전노는 탐욕적인가, 아니면 금욕적인가. 화폐를 너무나도 욕망하고 있는 수전노는 탐욕적이라고 많이들 이야기한다. 그러나 화폐를 가지는 건 본래는 그것에 의해서 무언가를 사고, 소비한다든지 향유하기 위해서일 것이다. 많은 걸 바라기 때문에 철저하게 금욕할 수밖에 없게 된다. 이건, 물론 자기 모순이고, 도착이다.

하지만 머지않아 사람들은 다만 화폐를 부지런히 모으기보다도 그 화폐를 적극적으로 사용하는 쪽이 ‒ 곧 투자하는 쪽이 ‒ 화폐를 늘릴 수 있고, 보다 많은 화폐를 모은다는 걸 배운다. 그렇게 된다면 수전노는 자본가로 격상하게 된다. 자본가는 합리적인 수전노. 하지만 여기서 주의하지 않으면 안 된다. 자본가는 수전노보다 도착의 정도가 줄어들고 있다는 건 아니다. 수전노를 특징지었던 도착성은 자본가에게 그대로 이어지고 있다. 자본가는 수전노보다도 합리적으로 똑같은 도착을 추구하고 있는 것이다.

이로부터 자본주의 경제를 특징짓고 있는 것, 보통의 시장 경제로부터 자본주의 경제를 구별하는 조건은 무언지 알 수 있다. 다만 사람들이 시장에서 사고팔고, 이윤을 추구한다든지 경쟁하고 있다는 것만으로는 자본주의 경제가 아니다. 화폐라는 형태로 나타나는 가치의 축적으로의 욕망이 무한화하는 것, 이것이야말로 자본주의 경제의 조건이다. 가치 증식으로의 욕망이 무한화하고 있기 때문에 모든 사물이 – 그게 가치의 축적에 유용하다고 간주되든 아니든 – 상품화되는 셈이다.

화폐화된 가치의 축적으로의 욕망이 무한화하는 것. 여기서 고대 그리스의 희극, 아리스토파네스의『복의 신』을 상기해보자. 이 연극에서, 병리적인 일탈로서 조소당하고 있는 것이야말로 바로 이런 종류의 욕망일 것이다. 시장 경제가 이미 충분하게 발전되어 있던 고대 그리스 사람들의 눈에는 이상한 것으로 비칠 수밖에 없던 게 자본주의 경제 아래서는 사람들의 행동을 구동하는 정상적인 욕망으로 전환되어 있다. 자본주의 경제에서는 가치 증식으로의 무한한 욕망을 갖지 않으면 사람들은 패자로서 물러날 수밖에 없다.

하지만 이 도착적인 욕망은 어디서부터 오는가. 왜 또 어떻게 해서 이와 같은 욕망이 생기고, 자본주의 경제를 초래했는가. 이제까지의 고찰만으로는 이 물음에 답할 수 없다. 더 한층의 탐구를 거듭하지 않으면 안 된다.

화폐에 직접적으로 관련되는 현상에 대해서는 적어도 다음의 것을 말하지 않으면 안 된다. 15세기 후반 무렵부터 시작되는 금·은의 통화 형태로의 회귀는 자본주의 경제로의 전조라고 이야기했다. 하지만 동시에 자본주의 경제 아래서는 다종다양한 신용 화폐적인 게 발명되고 유통되고 있다. 자본주의 경제에서는 확실히 "금"으로 뒷받침되는 화폐로 회귀하려 하는 힘이 작동하고 있다. 특히 자본주의 경제의 초기 단계에서는 이 힘은 강했다. 그러나 다른 편에서 화폐를 "금"과 같은 구체적인 물질로부터 분리시키려 하는 힘도 작동하고 있다. 현대에는 도리어 후자의 힘 쪽이 강하고, 1971년 8월에 금과 달러의 교환이 정지되고 나서부터는 우리의 화폐는 금과의 관계를 완전히 끊었다. 현대 자본주의 속에서 증식하고 있는, 가지각색의 가상 화폐나 신용 화폐는, 예전에 중세가 그랬던 것처럼 화폐의 본래적인 형태로 회귀하고 있는 것의 증거일까. 그렇지 않다. 현재의 신용 화폐는 예전에 경화가 발달한 수준을 전제로 한 위에서 – 곧 화폐의 본원적인 이율배반의 억압을 전제로 한 위에서 – 고안된 것이다. 그건 경화 이전의 화폐의 본원적인 형태로의 회귀와는 전혀 다르다.

결론 내릴 수 없는 결론

─ 〈호수의 정의〉를 넘어서

정념의 경제

제1장에서 우리는 경제를 둘러싼 두 가지 물음을 제기했다. 첫째로, 증여가 지배적인 교환 양식으로부터 상품 교환이 지배하는 교환 양식으로의 전환은 어떻게 생기는가. 둘째로, 사람들은 도대체 왜 증여하는가. 이제까지의 전개가 이 두 가지 물음에 대답을 주었다. 물론 그것들은 가설이다. 하지만 아무튼 그것들은 완결된 대답이 되어 있다고 믿는다.

브뤼노 라투르와 뱅상 앙트낭 레피네는 가브리엘 타르드의 『경제심리학』(의 재판본)에 대한 해설을 겸한 서문이라는 형태로, 경제적 이익은 정념情念화되어 있다고 주장하고 있다(Latour, Lépinay 2008=2021, Tarde 1902→2006). 일반적으로는 과잉한 애착을 포함하는 갖가지 정념의 뒤얽힘은 경제 활동에서의 이익의 외부에 있는 비합리적인 요소로 여겨진다. 그러나 라투르 등이 생각하기로는 − 그리고 또한 그들에게 해설되어 있는 타르드의 『경제심리학』에 따르면 − 경제 이익의 추구는 직접적으로 정념에 의해서 휘몰아쳐져 있다.

라투르 등이 이처럼 주장할 때 배척당해 있는 건, 예를 들어 알버트 O. 히르쉬만의 설이다. 히르쉬만의 『정념의 정치경제학』은 정치나 군사, 그리고 무엇보다 종교는 인간을 때로는 상호 파괴로 유도하는 것과 같은 격한 정념을 직접 구현하고 있지만, 경제 활동에서의 이익은 이런 정념의 격렬함으로부터 사람들을 구출하는 대체적인 선택지로서의 역할을 갖는다고 논했다(Hirschman 1977=1985). 히르쉬만은 경제적 이익을, 정념적인 여러 행동 밖에 있어서 그것들을 억제할 수 있는 요소로 해석했지만, 라투르 등은 경제적 이익에 의해서 정념이 완화된다든지, 벗어나는 건 없다고 생각했다. 그들은 도리어, 20세기가 시작된 시기의 초기 글로벌화 경제를 보았던 타르드와 더불어, 경제적 이익은 정념에 의해서 휘몰아치고, 비등점에까지 도달한다고 생각했던 것이다.

우리가 이제까지 살펴본 것도, 경제가 직접 정념적이라고 하는 라투르나 타르드 등의 설을 뒷받침하고 있다고 해석할 수 있을 것이다. 적어도 종교가 정념적이라고 한다면 그것과 똑같은 의미에서 경제도 정념화되어 있다. 그렇다고는 하지만 경제가 그 전체로서 정념적이라고 하는 건 상품 교환만으로 시야를 좁혔을 때는 감지하기 어려워진다. 그러나 경제를 기원부터 파악할 때는, 그리고 상품 교환에까지 이르는 프로세스를 고려했을 때 경제적인 행동에 사물이나 사람이나 집단에 대한 강한 애착을 품는 갖가지 정념의 얽힘이 투입되어 있는 걸 쉽게 볼 수 있다.

그렇다고는 하지만 정작 애착이나 정념이야말로 수량화되어서는 안 된다고 하는 타르드의, 혹은 라투르 등의 주장에 관해서는 유의할 필요가 있다. 경제가 수량화에 특히 적합한 건 화폐, 특히 경화(이래의 화폐) 때다. 화폐(경화)가 도입되어 보급되었던 것의 효과로서, 경제에 "수량"으로서의 성질이 깃든다. 특히 그건, 앞 장에서 살펴본 사물인 상품들의 "물신 숭배"(로 보이는 현상)가 일반화했을 때 출현하는 성질이다. 그 때문에 경제적인 현상을 서술할 때 유용한 "수량"을, 정념도 표현하는 것으로서 해석해야 한다는 취지라면 타르드나 라투르 등의 주장은 받아들일 수 있다. 하지만 경화의 등장보다 이전의 경제에 관해서 — 다양한 정념이 투입되어 있는 현상으로서의 경제에 관해서 — 수량화에 구애받는 것에는 의미가 없다. 이 경우에는 수량화는, 도리어 사태의 본질을 벗어나는 잘못된 단순화가 된다.

증여와 부채의 합치
— "자본주의"를 위한 예고편

앞 장의 최후에도 이야기했듯이, 경제의 자본주의적 형태는 이어지는 주제여서, 이 책의 수비 범위 밖에 있다. 하지만 간단히 "예고편"적으로, 이 책에서 논해온 것과 자본주의의 연계에 대해 아주 기본적인 것만 논해보자.

그러기 위해서는 또다시, 우리가 비판하고 배척해온 정통파 경제학의 "신화"를 상기한다면 좋을 것이다. 아담 스미스 이래로, 경제학은 다음과 같은 순서로 진화한다고 믿어왔다. 먼저, 물물 교환이 있고, 거기서부터 화폐가 탄생하고, 그 뒤에 화폐의 응용적인 형태로서의 신용 화폐가 등장한다고, 여기서 중간 단위의 화폐는 경화(혹은 금속 화폐)다. 따라서 경제학의 통설에서는 "물물 교환→경화(금속 화폐)→신용 화폐"의 순서가 된다.

하지만 이미 살펴보았듯이, 경제의 원초적 형태가 물물 교환이라는 명제는 논리의 문제로서 성립하지 않고, 게다가 사실 과정으로서도 잘못되어 있다. 그에 반해서 우리는 그레버나, 혹은 그레버 자신이 의거했던 이네스의 이단설을 참조하면서 이렇게 서술했다. 본래의 화폐란 일종의 차용증서, 유통하는 것처럼 되었던 차용증서라고. 이렇게 말 한 것은 화폐의 원형이 신용 화폐라는 셈이다. 주류의 "신화"에서는 가장 나중에 등장하는 파생적인 화폐 형태야말로 화폐의 본래 모습에 가까운 것이다. 경화(금속 화폐)는 신용 화폐보다도 뒤에 등장한다. 또한 가끔 경제가 물물 교환의 양상을 띠는 일이 있지만, 그건 대체로 금속 화폐를 사용한 상품 교환이 일반화되어 있는 것과 같은 사회에서 무언가의 원인으로 금속 화폐가 사라지든지, 혹은 실효한 경우다. 곧 사람들이 정작 금속 화폐를 사용한 상품 교환을 미리 알고 있었기 때문에 거기서 물물 교환이 출현하는 것이다. 물물 교환은 상품 교환으로부터의 파생이고, 그 특수 형태다. 따라서 올바른 순서는 "신용 화폐→경화(금속 화폐)→물물 교환"이 된다.

이 순서는, 통설과는 진짜 거꾸로다. 특히 신용 화폐와 금속 화폐 사이의 순서가 논리적인 의미에서나, 또한 역사적 과정으로나 정반대가 된다. 이 점을 재확인한 위에서, 그러나 역시 정통파의 경제학이 – 물물 교환이 단서가 된다는 논점은 인정하지 않지만 – "경화(금속 화폐)→신용 화폐"로 생각하는 것에는 일정한 이유가 있다고 말하지 않으면 안 된다. 실제로 자본주의에서는 경화가 정착하고, 일반적으로 사용되고 있는 걸 전제한 위에서, 그 경화에 의한 지불을 전제로 한 "신용 화폐"가 생겨났기 때문이다. 마르크스는, 그와 같은 신용 화폐는 산업 자본을 기초로 해서 탄생한다고 생각하고 있다. 곧 경화(금속 화폐)를 전제한 위에서, 거기서부터 더욱이 (이차적인) 신용 화폐가 발생하는 게 (산업 자본 단계의) 자본주의다. 자본주의라는 사회 시스템을 여건으로 삼는다면 "경화(금속 화폐)→신용 화폐"의 순서는 타당하다(이 점에 대해서는 大黑(2021)을 참조).

말할 것도 없이, 신용 화폐를 발행하는 건 부채를 지는 걸 의미하고 있다. 화폐는 본래 신용 화폐이지만, 앞 장에서 이야기했듯이 경화가 등장했을 때 그 본래적인 신용 화폐로서의 측면은 억압당한다. 그 때문에 "부채"의 관계는 역전되고, 국민이 화폐 발행자에 대해서 일방적으로 증여하고 있는 ― 곧 부채를 변제하고 있는 ― 것과 같은 상황이 출현하는 것이었다. 이리하여 성립한 경화를 전제로 해서 새삼스럽게 신용 화폐가 사용되게 된다.

*

자본주의의 기본 특질을 밟은 위에서, 예를 들어 마우리시오 라자라토는 "신자유주의 단계"에 있는 사회에서는 인간은 일반적으로 "차[입]금 인간Homo Debitor"이 되어 있다고 논하고 있다(Lazzarato 2011=2012). 차금 인간은 경제인Homo Economics의 한 특수 형태다. 라자라토에 따르면, 신자유주의적인 현 사회에서는 인간의 삶(존재) 그 자체가 부채화되어 있는 것과 같다. 곧 사람들은 모두 "자본이라는 신"에게 부채를 지고 있다. 인적 자본으로서 보자면 모든 개인은 "기업"이지만, 개인은 또한 "차금 인간"이기도 하다.

데이비드 하비도 "반反가치"라는 개념을 도입해서 신자본주의 단계의 현대 자본주의를, 라자라토와 아주 비슷한 시각에서 분석하고 있다(Harvey 2017=2019). 반가치란 "생산된 가치가 실현되지 않을 가능성", "가치를 부정할 가능성"인 것으로, 가치로서 실현되지 못하는 부채는 반가치의 전형이다. 하비의 어휘를 사용하자면, 신자유주의 경제 아래서 모든 사람은 "채무 징역 상태"를 강요당하고 있는데, 이건 라자라토의 "차금 인간"과 비슷한 시대 진단일 것이다.

여기는 그러나, 라자라토나 하비에 의한 현대 자본주의 분석을 정밀하게 검토할 곳은 아니다. 그 작업은, 자본주의를 주제적으로 논한 뒤의 탐구를 위해 남겨두도록 하자. 여기서는 그들의 설명을 이해하는 데서의 전제가 되는, 자본주의의 훨씬 기본적인 성격만 확인해보자.

마르크스가 즐겨 원용하는 헤겔의 논리 속에, 어떤 개념의 본질을 대립 규정 속에 비춘다고 하는 행동 방식이 있다. 어떤 개념의 의미가, 그것과 모순되는 규정을 갖는 개념과 만남으로써 명백해진다는 것이다. 이런 논리에 적합적인 상태가, 거듭해서 나타나는 바에 자본주의의 특징이 있다. 앞 장에서 자본가의 전사, 아직 충분하게 합리적이지 않은 자본가로서 수전노에 대해 논했다. 수전노란 탐욕성이 금욕으로서 나타난 것이고, 바로 대립 규정의 마주침의 전형예다.

그리고 수전노보다도 합리적인, 진정한 자본가에게서는 등치되는 대립 개념은 더 극단적으로 첨예한 것이 된다. "증여하는 것과 증여받는 것의 합치"가 그것이다. 자본가는 투자하지 않으면 안 된다. 투자에는 "도박"의 요소가 반드시 있고, 그런 의미에서 투자는 회수될 보장이 없는 (세계에 대한) 일방적인 증여로서의 측면을 갖는다(Appadurai 2016=2020). 그러나 자본가는 투자함으로써 점점 많은 걸 얻는다고 상정되기도 한다. 자본가에게 있어서는 일방적으로 증여하는 게 그대로 증여받는 것이기도 하다.

이런 대립 규정이 현대 자본주의에서 성립하고 있는 증거로, 자본가는 투자를 위해 차입할 수 있다. 자본가가 차입할 수 있는 건 – 곧 부채를 지는 게 가능한 건 – 자본가가 투자분을 넘어서 회수하는 게, 곧 투자가가 "증여" 받는 게 기정 사실처럼 취급되고 있기 때문이다. 본래대로라면 증여하는 자와 부채를 지는 자는 다른 자이지 않으면 안 된다. 그러나 자본주의 아래서는 다르다. 가장 많은 걸 증여하는 자 – 가장 많이 투자한다든지 소비하는 자 – 는 동시에, 많은 부채가 있는 자다. 따라서 자산 제로의, 혹은 자산 마이너스의 큰 부자라는 게 논리적으로 있을 수 있거니와, 실제로도 존재한다.

이 책에서 제기한 이론 속에서 사용되어온 두 가지 개념, 증여와 부채가 자본(가)이라는 한 점에서 완전히 합치한다. 그게 자본주의다.

호수는 정의인가

자본주의를 둘러싼 고찰은 여기까지 해두자. 최후로, 제1장 제6절에서 제기한 윤리에 관한 문제를 고찰해보자. 일반적으로는 증여 교환에서의 호수互酬야말로 정의의 원형으로 간주되고 있다. 이 통념에 따르면, "호수가 아직 실현되지 못한 상태에 대해서 책임이 있는 것"이야말로, 요컨대 답례를 하지 않고서 부채를 남기고 있는 것이야말로 죄의 원형이다. 실제로 니체를 필두로 한 많은 사상가 · 철학자가 죄를, "부채의 일반화"로서 이해해왔다.

그러나 그렇다고 한다면 불가해한 게 있다고 제1장에서 이야기했다. 곧잘 문학이나 설화 속에서는 "돈을 빌려주는 인간" 쪽이 사악하다는 듯이 묘사되어왔다. 빌린 쪽, 부채가 있는 쪽이 나쁘다는 것이라면 줄거리가 통한다. 그러나 빌린 자는 이노슨트innocent로[죄가 없고], 빌려준 쪽이 나쁘다고 생각하는 쪽이 일반적이다. 그러나 호수야말로 정의라고 한다면 빌려준 쪽에는 아무런 책임도 없다. 호수가 실현되지 않는 원인은 전전으로 빌린 채로 되돌려주지 않은 자에게 있기 때문이다. 어째서 빌려준 자가 나쁜 것처럼 이야기되는 쪽이 많은가.

이 불가해함은, 앞 장까지의 고찰을 토대로 삼는다면 다음과 같이 해결할 수 있다. 증여는 타자에게 있어서 포지티브한 가치가 있는 물건을, 그 타자에게 가져가는 것이다. 그 때문에 일반적으로 증여는 윤리적으로는 선한 일로서 평가된다. 그러나 동시에, 증여에는 부정적인 의미도 깃든다. 왜냐면 증여는 주는 자가 받는 자를 지배하는 힘을 만들어내버리기 때문이다. 받는 자 쪽의 부채 의식을 매개로 해서, 증여는 주는 자가 받는 자를 지배하는 걸 가능케 한다.

받는 자 쪽에 부채 의식이 생기는 원인은 증여가 일반적으로 호수화되는 것으로의 강한 사회적 압력을 수반하는 데 있다. 준 쪽은 대부분의 경우에 답례가 있어서 당연하다고 생각하고 있다. 그리고 받은 자 쪽은 답례하는 걸 의무라고 느끼고 있다. 답례가 실현되기까지는 ─ 곧 호수적인 교환이 미완료 속은 ─ 받은 자 쪽은 주는 자에 대해서 마이너스의 눈이 있다. 이때 받은 자는 아무래도 주는 자가 즐거워하는 것처럼 행위하지 않으면 안 된다, 혹은 적어도 주는 자에게 불쾌한 일은 할 수 없다고 생각하게 된다. 주는 자를 즐겁게 하는 것만이 변제에 가까운 일이 되고, 거꾸로 주는 자를 불쾌하게 하는 일은 부채가 커지기 때문이다.

　이처럼 증여는 타자에게 가치가 있는 물건을 가져다주면서, 그 일을 통해서 그 타자를 속박하는 힘을 발생시킨다. "돈을 빌려준 인간"이 사악한 인물로서 묘사되는 건 이 때문이다. 근저에는 호수성 그 자체에 대한 불신이 있다고 해석해도 좋을 것이다. 호수적이라는 것에 대한 요청이 증여에 수반하는 힘을 만들어내기 때문이다. 그 때문에 호수는 한편에서는 정의의 원형으로 간주되면서, 다른 편에서는 "어쩐지 수상쩍은 것"으로 느껴지고 있는 것이다.

*

　그렇다면 어쩌면 좋은가. 호수성에 이와 같은 양의적인 의미가 있다고 한다면 어떻게 하는 게 진짜 정의인가. 증여가 양날의 검이라고 한다면 어떻게 해야 하는가. 이 문제에 대해 기본적인 걸 고찰함으로써 이 책을 마치도록 해보자.

　그래서 어떻게 하면 좋은가. 답은 아주 간단하다……그처럼 생각된다. 순수한 증여, 보답을 요구하지 않는 증여를 수행하면 좋지 않은가. 주어진 자가 변제 의무를 지지 않고 살 수 있도록 증여한다면 좋은 게 아닐까.

　여기서 또다시 증여와 상품 교환의 근본적인 차이에 관해서, 제1장에서 이야기한 걸 상기해보자. 상품 교환에서는 사고파는 건 불가분이어서, 양자는 단일한 행위를 형성하고 있다. "파는 것"만의 행위, "사는 것"만의 행위는 성립할 수 없다. 사고=팖으로써 단일한 행위가 된다. 따라서 상품을 파는 자가 상대방에게 지불을 요구하는 건

246

정당한 일이다. 상품 교환에서는 가치 있는 물건은 쌍방향으로 이동한다(한쪽으로부터 다른 쪽으로 상품이, 역방향으로 화폐가 이동한다). 그러나 증여의 경우는 다르다. 증여와 반대 증여(반환)는 다른 두 가지 행위, 두 가지 증여다. 증여는 가치 있는 물건의 한 방향의 이동에 의해서 우선 완결되어 있다. 증여한 자는 받는 자에 대해서 정당하게 답례를 요구할 권리를 갖지 않는다. 증여자는 내심으로는 답례를 기대하고 있었다고 하더라도 – 더욱이는 답례하는 쪽이 바람직하다고 하는 사회적 규범이 존재하고 있는 경우에조차도 – 받는 자에 대해서 답례를 공공연히 요구하는 건 좋지 않은 일, 야비한 짓으로 여겨지고 있다.

그 때문에 본래 증여로서의 증여는 답례에 대한 정당한 요구를 포함하지는 않는다. 따라서 순수한 증여를 수행한다면 상대방을 부채감각을 통해서 지배하는 일 따위는 없을 것이다. 이렇게 결론내리게 된다.

그러나 이건 그리 간단하지는 않다. 왜냐면 순수한 증여는 불가능하기 때문이다. 증여라는 개념에는 내재적인 모순이 있다. 증여는 순[수]화했을 때 자기 부정에 이르는 것이다. 이것이야말로 예전에 자크 데리다가 이야기한 게 아닐까(Derrida 1991). 데리다의 번잡한 논의로부터는 자유롭게, 순서를 좇아서 알기 쉽게 설명해보자. 어째서 순수한 증여는 불가능한가.

예를 들어 당신이 누군가에게 답례 따위를 전혀 요구하지 않고, 답례에 대한 기대마저 품지 않고서 무언가를 증여했다고 해보자. 그런데도 당신은 그 증여물에 관해서, 상대방이 당신에게 예禮를 표해야 한다고 생각하는 건 아닐까. 상대방은 당신에게 감사해야 한다고 생각하는 건 아닐까. 그러나 그때 이미, 증여의 순수성은 상실되어 있다. 당신에게 감사하고 있다는 건 그 사람이 당신에 대해서 부채 의식을 갖고 있다는 걸 함의하기 때문이다, 당신이 답례 따위가 필요 없다고 아무리 주장해도 당신에게 감사의 기분을 가졌을 때 이미 상대방은 당신에 대한 답례의 의무를 지고 있다(그러나 아직 아무것도 갚을 수 없다)고 자각하고 있는 셈이다. 본래 감사의 말이 이미, 당신에 대한 최소한의 답례다. 당신이 상대방에 대해서 "(나에게) 감사하길 바란다"고 생각하고 있을 때, 이미 당신은 상대방에게 답례를 요구하고 있는 것이다.

아니, 나는 예를 표하는 말조차 필요 없다, 감사 따위를 표하지 않아도 좋다고 말하는 사람도 있을 것이다. 하지만 그렇다고 해도, 적어도 상대방이 당신으로부터의 증여를 바로 "증여"로서 인식하는 걸, 당신은 요구하게 만들 수밖에 없다. 상대방이 "그것"을 증여로서 인식하지 않는다면 증여는 존재하지 않는 셈이기 때문이다. 그러나 받는 자가 자신에 대한 증여를 증여로서 인식한다는 건 증여한 자에 대한 감사를 함의하고 있는 것이다. 받는 자가 증여를 그것으로서 인식하는 게, 증여의 구성 요건이라고 한다면 순수한 증여, 일체의 보답에 대한 요구를 갖지 않는 증여는 불가능하다는 셈일 것이다.

더 섬세하게 사태를 관찰해보자. 확실히 우리는 무언가를 보낸 상대방으로부터 감사받았을 때 "예에는 미치지 않는다", "나에게 예 따위는 말하지 않아도 좋다, 감사의 기분 따위도 없어도 좋다, 나는 당연한 일을 한 것뿐이기 때문이다" 등으로 말할 수는 있다. 위선이 아니라, 마음속으로부터 그렇게 생각할 것이다. 그러나 잘 반성해보자. 보낸 상대방에 관해서, 예 따위는 필요 없다, 바로 답례 물품 따위는 불필요하다고 당신이 생각하는 건, 실제로는 그 상대방이 당신에게 감사하고 있는 한에서다. 진정으로 상대방이 당신에게 전혀 감사하지 않는다고 한다면 어떨지를 상상해보면 좋을 것이다. 당신은 "예에는 미치지 않는다", "예를 갖출 필요가 없다"고 생각하고 있었기 때문에 상대방이 전혀 감사하지 않고, 따라서 당연히 당신에 대한 예의의 말을 하지도 않았을 때 "그건 좋다"고 생각할까. 그렇게 생각하지는 않을 것이다. 도리어 상대방에 대해서 "이 따위 놈이"라고 화낼 게 틀림없다. 그러면 "예는 필요 없다"고 할 때 당신은 거짓말을 하고 있는 것일까. 그렇지는 않다. 감사가 불필요해지는 건 상대방이 감사하고 있을 때 그때뿐인 것이다. "감사받는 게 불필요한 증여"가 실현되기 위해서는 증여받은 자가 감사하지 않으면 안 된다. 이리하여 아무리 겸허하고 순수한 증여도, 결국 상대방에게 부채의 감각을 심지 않아서는 안 되는 셈이다.

따라서 순수한 증여, 진짜 무상인 증여를 목표로 삼았다고 해도 역시 그 증여는 (주는 자가 받는 자를 지배하는) 힘을 만들어낼 수밖에 없다. 반복하자면, 순수한 증여는 불가능하기 때문이다.

"증여 이전의 증여"로서의
코뮤니즘

        그러나 증여로서의 완성을 목표로 삼는 게 아니라, 거꾸로 증여의 가장 원초적인 형태, 거의 증여 이전으로 봐야 할 증여 쪽으로 거슬러가면 곤란은 극복된다. 먼저, "증여 이전의 증여"란 무엇을 가리키는지 설명해보자.

통상의 증여에는 복수의(2개의) 주체 A와 B가 있다. A에 속해 있는 물건 X, 곧 A에 소속해 있던 물건 X가 A로부터 B로 이동하는 현상이 증여다. 상품 교환의 경우와 다른 바는, 제1장에서도 이야기했 듯이 물건 X가 물리적으로 B로 이동해도 X의 소유권이 포괄적으로 이전하는 건 아니라는 데 있다. X는, 궁극적으로는 역시 A에 속해 있는 것이다. X를 주체 A와 연결하고 있는 탯줄은 단절되지 않는다. 결과적으로 물건 X가 주체 A와 B 어느 쪽에나 배타적으로 소속하지는 않는 상태가 생긴다.

그렇다면 물건 X가 A에게 배타적으로 속해 있다는 상태를 기점으로 하지 않고서 {A, B…}이라는 집합에 속해 있다는 상태를 단서에 둔다면 어떨까. 곧 X는 A, B……들에게 공유되어 있다, 혹은 공동 기탁 pooling되어 있다. 물리적으로는 물건 X가 누군가 특정한 개인에게, 예를 들어 A에게 점유되어 있을 때도 있을 테지만, 그런데도 X는 A의 것이 아니라 모두의 것이라고 해석되는 것이다. 그리고 A든, B든 필요할 때 바라는 만큼 X를 차지할 수 있다. 제1장에서 이야기했듯이, 우리는 이와 같은 분배의 방법도 넓은 의미에서의 증여에 포함하고 있다. 그러나 이건 거의 한계적 증여, 본래적인 증여에 앞선 곳의 증여다.

이와 같은 원초적인 증여에 있어서는 누군가가 누구에게 부채감을 갖는다는 건 없고, 그 때문에 지배하는 힘은 발생하지 않는다. 곧바로 알아차릴 것이다. 이건 마르크스의 『고타 강령 비판』에 있는 코뮤니즘의 정의 그 자체의 상태다(Marx 1875=1975). 각자는 능력에 따라 공헌하고, 필요에 따라 차지한다.

이런 사회 상태는 이념 속에 있는 것만은 아니다. 현실에도 존재한다. 더구나 수두룩하다. 예를 들어 가족이 전형이다. 가족이 식사를 할 때 누군가가 누군가에게 음식물을 증여하고 있다고 하는 의식은 아무도 갖지 않는다. 단적으로 가족의 것을 분유할 뿐이다.

혹은 수렵 채집민의 밴드. 실제로는, 물론 누군가가 수렵한 동물을 가지고 왔지만, 그 포획물은 처음부터 밴드 전체의 것으로 간주되고, 고기는 전원에게 공평하게 분배된다. 이때 수렵한 자가 다른 멤버에게 "주었다"고는 결코 간주되지 않는다. 수렵 채집민을 관찰한 인류학자가 곧잘 놀래서 서술하는 것의 하나에, 수렵 채집민이 고기의 분배를 받을 때 예의의 말을 하는 게 아니라는 사실이다. 그들은 당연하듯이 분배를 받고, "감사"하다는 취지의 말을 하지 않는다. 우리에게는, 그건 뻔뻔스러운 태도로 보인다. 그러나 감사 기분의 표현이 없는 건 포획물의 고기를 분배할 때 누구도 부채 감각을 갖지 않기 때문이다. 그 때문에 수렵 채집민에게는 증여를 매개로 한 지배/복종의 수직적인 관계가 생기지 않는다. 요컨대 그 공동체는 대단히 평등하다.

이처럼 "코뮤니즘"의 기본적인 조건을 단적으로 현실화하고 있는 원초적인 증여 아래서는 지배하는 힘은 발생하지 않는다. 이리하여 문제는 해결되었다.

그리고 말하고 싶은 건, 여기에는 아직 곤란이 남는다. 곧바로 알 수 있듯이, 이와 같은 방법을 활용할 수 있는 건 소규모 공동체뿐이다. 본래적인 의미에서의 "주체의 복수성"이 존재하지 않는 사회에서만, 이 방법은 통용될 것이다.

증여로서의 증여는 복수의 주체가 공존하는 정도로 복잡화한 사회에서 귀중한 물건 – "희소"하다고 인지되어 있는 물건 – 을 분배하고, 그것과 동시에 내적으로 연대를 확립하기 위한 사회적인 기술로서 진화해왔다고 생각된다. 그러나 그렇게 되자마자 문제는 출발점으로 되돌아온다. 결국 증여가 – 원초적이지 않은 통상의 증여가 – 필요해진다. 이때 증여를 둘러싼 곤란이 – 증여가 어떻게 해도 수직적인 지배의 힘을 만들어낸다는 곤란이 – 출현한다. 이건 인간 사회의 피하기 어려운 필연인가.

"호수성에 대한 노호"를 실마리로

여기서 힌트가 되는 게 세계 종교다. 세계 종교에서도 일반적으로 호수의 논리가 관철되어 있는 게 정의다. 그러나 동시에, 세계 종교는 곧잘 호수를 비판도 하고 있다. 그레버가 살펴본 바로는, 세계 종교는 "시장[≒호수]에 대한 노호怒號"다. 세계 종교는, 따라서 호수적인 증여에 대한 신뢰와 불신 양쪽의 표현인 셈이다. 세계 종교가 어떠한 논리에 의해서 증여의 호수성의 곤란을 극복하고 있는가. 그게 여기서의 고찰에 시사를 주는 건 아닐까.

고찰의 대상으로 삼기에 가장 어울리는 세계 종교는 그리스도교다. 그리스도교에서 호수에 대한 긍정과 부정 사이의 모순이 극한에까지 강조되어서 나타나고 있기 때문이다. 그리스도교의 신앙의 중심에는 그리스도의 죽음이 인간의 원죄를 갚는 것이라는 이해가 있다. 인간이 죄가 무거운 부채와 같은 것이어서, 그리스도가 죽은 것에 의해서 이 부채가 청산되었다는 것이다. 이건 완전히 호수의 논리다. 그러나 제1장에서도 시사했듯이 – 그리고 이 뒤에 새삼스레 상세히 논하듯이 – 실제로는 그리스도의 책형사磔刑死의 의미는 어쨌든 호수에 입각한 설명으로는 다 설명되지 않는다. 따라서 그리스도교에 있어서는 그 신앙의 중심 부분에서, 호수적인 증여의 논리가 자기 주장되면서, 동시에 부정되고 있는 셈인 것이다.

그리스도교는 "호수적인 밸런스"로서의 정의라는 개념을, 탈구축적으로 뛰어넘으려 하고 있는 것처럼 보인다. 어떠한 논리가 작동하고 있는가. 풀어보도록 하자. 먼저, 유의해야 할 건 그리스도는 호수적인 균형이 바람직하다는 사고 방식과는 곧잘 다른 걸 주장하고 있다는 점이다. 오른쪽 뺨을 때린 적에 대해서 왼쪽 뺨도 내밀어라 하는 가르침은 그 중에서도 가장 잘 알려져 있는 것의 하나이지만, 그것만은 아니다. 여기서는 하나하나 자세히 검토는 하지 않지만, 그리스도의 기적이나 우화의 다수가 호수의 정의의 궁극적인 모습으로 삼는 고찰에 대한 비판이 들어가 있다. 그 최종적인 귀결이야말로 그리스도의 책형사다.

그렇다고는 해도 우선은, 단적으로 의문이 생긴다. 그리스도가 죽은 것에 의해서 인간의 죄가 사면된다는 것이다. 신이 인간을 사면한다든지 한다면 어째서 신은 이런 빙빙 둘러대는 일을 했는가. 왜 신은 인간을 "그저 사면한다"고 하지 않았을까.

그리스도가 십자가 위에서 절명하기까지의 이야기에, 강렬한 심리적 효과가 있는 건 틀림없다. 신은 자신에게 있어서 가장 중대한 것, 곧 내 아들을 인간을 위해 희생시킨 것이다. 그렇다고 한다면 그걸 본 인간은 신에게 엄청 커다란 감사의 생각을 품을 게 틀림없다. 인간은 신으로부터 커다란 은의를 받았던 것이기 때문이다. 현실의 그리스도교에 대한 신앙은 이와 같은 심리적 효과에 의해서, 어느 정도는 설명할 수 있을 것이다. 신앙은, 해소할 수 없는 부채감의 굴절된 표현이라고. 하지만 지금 여기서 우리의 관심은 그리스도교의 신앙이 어떠한 사회심리적인 인과 관계에 의해서 초래되고 유지되어왔는가라는 점에 있는 건 아니다.

신은, 이 사건에 입회한 인간에 대해서, 또한 사건을 안 사람에 대해서 심리적인 충격을 주기 위해서 내 아들을 눈부시게 살해한 건 아니다. 인간의 죄를 사면하기 위해 그리스도의 죽음이 필요했던 것이다. 어째서일까. 물어야 할 건 그리스도의 책형사를 속죄로 연결짓는 신학적인 논리는 무엇인가이다. 논리는 신앙의 내용으로부터 독립한 일반성이 있다. 거기서부터 호수에 기초한 정의라는 개념을 넘는 걸 찾아낼는지도 모른다. 그게 여기서의 우리의 견해다.

"속죄"의 세 가지 해석

　　　　　　　　　예수 그리스도가 십자가 위에서 죽음으로써 인간의 죄가 갚아지는 셈인 건 어째서인가?

　그리스도의 속죄에 대한, 널리 유포되어 있는 해석은 그리스도는 신이 사탄에게 지불한 몸값이라는 것이다. 죄가 있는 상태란, 사탄(방해자)에 의해서 인간이 사로잡혀 있는 것과 같은 것이다. 사탄으로부터 인간을 해방시키기 위해서는 신은 사탄에게 몸값을 지불하지 않으면 안 된다. 그 몸값이 그리스도다. 이 설명은 명쾌하다. 이것에 따르면, 그리스도의 죽음에 의한 속죄란 사탄과 신 사이의 호수적인 증여 교환이다. 신으로부터 사탄에게 그리스도가, 사탄으로부터 신의 쪽으로 인간이 각각 보내진다.

　그러나 이 해결에는 중대한 난점이 있다. 신과 사탄의 교환이라는 그림은 신과 사탄이 동등한 힘을 갖고 있는 걸 함의하고 있다. 사탄은 신에게 있어서도, 마음대로 안 되는 상대라는 셈이다. 곧 사탄은 신에 필적하는 또 하나의 신이라고 간주될 수밖에 없게 된다. 물론 이와 같은 신의 유일성, 신의 전능성을 부정하는 설명은 속죄의 논리로서는 부적절하다.

　또 하나의 해석은 동해 보복同害報復의 논리에 의해서 속죄를 설명하는 방법이다. 동해 보복이란 의례적인 증여 교환에 의해서 관계하고 있는 부족 사이의 의무화된 복수다. 어떤 부족 A의 멤버 a가 다른 부족 B의 누군가 b에 의해서 무언가의 해를 당했다고 한다. a가 b에 의해서 살해당했다고 한다. 이때 부족 A는 부족 자체가 공격당했다고 해석해서 부족 B의 어떤 멤버에게나 동등한 해를 가함으로써 복수하지 않으면 안 된다. 이 복수는 의무다. 이 경우에 A로부터 공격당한 B의 멤버는 a에게 직접 위해를 가한 인물 b가 아니어도 무방하다. 다만 부족 A는 a가 받았던 것과 정확히 똑같은 크기의 해를 가함으로써 복수하지 않으면 안 된다. 이 케이스에서는 b(≠b)는 살해당하지 않으면 안 된다. 이게 동해 보복이다. 동해 보복은 마이너스의 의례적 증여 교환이라고 해석할 수 있다.

　이것과의 유비에서, 그리스도에 의한 속죄를 해석하는 것이다. 두 가지 부족에 대응하는 게 신과 인간이다. 인간이 신과의 계약을 깨고서 죄를 범하는 건 인간이 신에게 위해를 가하는 걸 의미하고 있다. 따라서 신은 동해 보복의 논리에 기초해서, 인간에게 복수한다(인간을 벌한다)는 것이다. 이 경우에 인간 집단 속의 임의의 한 사람이 신으로부터의 보복을 받으면 좋다는 셈이다. 그 한 사람이 그리스도다. 이것에 의해서 인간이라는 집단 전체의 죄가 사면되게 된다(하시즈메 다이사부로橋爪大三郎의 설명. 橋爪·大澤 2011: 200을 참조).

　이것도 또한, 호수적인 증여에 의해서 속죄를 설명하는 논의의 하나다. 이번에는 신과 사탄이 아니라, 인간과 신이 교환된다. 이 동해 보복의 메리트는 그리스도 한 사람이 살해당하는 것에 의해서 인류 전체의 죄를 갚게 된다는 이유가 납득될 수 있다는 점에 있다. 동해 보복의 원리에서는 직접 가해자가 아니어도 부족의 누군가가 보복당하면 부족의 죄가 없어지게 되어 있기 때문이다.

　동해 보복에 의한 의무적인 복수는 고대 사회나 무문자 사회에서는 대단히 일반적이었다. 고대 유대인에게 있어서도 이 원리는 친숙한 것이었을 것이다. 이 점을 고려한다면 당시 사람들이 실제로 동해 보복의 일종으로서, 그리스도의 죽음을 이해하고 납득했었을 가능성은 높다. 그러나 이 사건을 "속죄"로서 해석하는 신학적인 논리로서는 동해 보복론에도 난점이 있다.

제1의 문제는 이 논리에서는 신은 인간과 화해하기 위해 엄청 고액의 위로금을 요구하는 속 좁은 인물처럼 되어버린다는 점에 있다. 생각해보면 상응하는 벌을 받는다면 사면되는 건 당연한 일이다. 오히려 "그래도 사면되지 않는다"는 것 자체가 허락되지 않는다. 인간 쪽은 "그리스도"라는 거액의 벌금을 지불하고 있다. 신의 사면은, 따라서 당연한 일이다. 바꿔 말하자면, 이와 같은 신에게, 각별히 두드러지는 것도 아니거니와, 존경해야 할 점도 없다. 거꾸로 말하자면, 이와 같은 사면은 진짜 사면이 아니다.

둘째로, 동해 보복론에는 순수하게 논리적인 난점이 있다. 그리스도는 신이다. 그리스도는 인간일지 모르지만, 동시에 신이다. 그렇다고 한다면 그리스도를 죽이는 건, 신에게 있어서 적 쪽 "부족"의 일원에게 복수했던 셈일까. 아닐 것이다. 동해 보복의 논리에 따르면, 신이 요구하는 건 순수하게 인간일 수밖에 없는 생찬生贊이다. 신(의 아들)을 살해해도 동해 보복은 되지 않는다.

*

이리하여 동해 보복과의 유비도, 속죄의 설명으로서는 불충분하다. 거기서 우리는 더욱이 손이 많이 드는 세 번째 해석으로 나아가지 않으면 안 되게 된다. 먼저, 신이 자신을 배반한 중대한 죄에 대해서, 보상을 요구하고 있다는 전제는 채용된다. 그 위에서, 동해 보복론의 논리적 난점을 해소하기 위해 다음과 같이 생각하는 것이다. 신 자신이 인간이 되어서, 본래는 인간이 갚아야 할 죄를 갚고 있는 것이라고. 동해 보복론에 상응시키자면 복수를 당해야 할 인물 b′ 의 위치에, 신이 들어가는 것이다. 마이너스의 호수적인 증여의 구성을 강인하게도 유지하기 위해 신이 1인 2역을 연기하고 있는 셈이다. 신을 벌을 내리고, 동시에 벌을 받는 것이다. 그러나 이런 부자연스런 방식으로 죄를 갚는 것에 관해서는, 무언가 이유가 필요하다. 일반적으로는 인간의 죄가 너무나도 커서, 도무지 인간으로는 갚을 수 없기 때문에 신이 인간 대신에 갚은 것이라고 설명된다. 이 설명을 채용하고 있는 신학자 한 사람은 신의 존재론적 증명으로 알려져 있는 캔터베리의 안셀무스다.

이 설명에도, 그러나 몇 가지 심각한 난점이 있다. 첫째로, 이것으로 진정 인간의 죄가 치러지는 셈인 것일까. 어느 회사가 은행에 대해서, 다액의 차입금을 빚지고 있었다고 한다. 너무나도 다액이기 때문에 회사 그 자체를 팔더라도 그 차입금을 지불할 수 없다. 이때 은행 자신이 (그 은행에 대한) 차입금을 지불했다고 해보자. 이것에 의해서, 부채가 해소되었을까. 도리어 부채액은 커지고 있는 건 아닐까.

둘째로, 더 커다란 문제는 신의 1인 연극에 있다. 이 해석에 따르면, 신은 일부러 일대 스펙터클을 연기한 뒤에, 인간을 사면하고 있는 셈이다. 그러나 신의 입장에서 보자면 갚는 것도 자신이라면 사면하는 것도 자신이다. 왜 신은 그렇게 빙빙 둘러대는 일을 하지 않으면 안 되는가. 그것이야말로 신은 직접적으로, 단적으로 인간을 사면하는 쪽이 좋다고 생각할 수밖에 없다. 왜 신은 그렇게 하지 않았는가? 가령 이대로라고 한다면 신의 동기는 실은 불순하다(라고 추측된다). 신은 여봐란 듯이 요리조리 돌아다니고, 인간에게 감사받는다든지 상찬받았던 건 아닐까. 신 쪽이야말로 인간으로부터의 승인을 찾고 있는 건 아닐까. 그런 식으로 의심해버리는 것이다. 잘 생각해보면 인간이 죄 있는 상태에 있는 것도, 전능한 신이 그렇게 했기 때문이다. 인간에게 준수할 수 없을 만큼의 엄한 법률을 부과하고서 인간을 죄로 몰아넣었던 건 다름 아닌 신이 아닌가. 이 점까지 고려한다면 신은 자신의 손으로 인간을 곤경에 떨어뜨린 뒤에 고작 자립한 척 인간을 구출하고서 인간들에게 신에 대한 감사의 기분이나 은의의 감정을 불러일으키고 있는 것이다. 이와 같은 신을 존경한다든지, 숭배할 수 있을까. 가령 이런 인물이 있다면 우리는 격노하고서, 그 인물을 철저하게 경멸하는 건 아닐까.

예를 들어 "지구인"은 울트라맨에게 감사하고 있다. 울트라맨이 빈번하게 괴수에게 고통받고 있는 지구인을, 그때마다 도와주러 오기 때문이다. 하지만 잘 조사해보니 울트라맨 자신이 괴물을 많이 키우고 있어서, 때때로 지구를 습격하고 있었다고 한다면 어쩔 것인가. 그리고 울트라맨은 괴수가 지구에서 충분하게 날뛰고, 지구인이 별짓을 다해도 곤란해지는 기울어짐을 보고서 지구로 와서 괴수를 죽이고 있다고 한다면. 그런데도 우리는 울트라맨에게 감사해야 할까. 물론 그런 일은 없다. 하지만 속죄의 제3의 해석에 따르면, 신이 하고 있는 일은 이 사악한 울트라맨과 똑같다.

그리스도의 속죄를 해석하기 위한 세 가지 논리를 검토했다. 제1의

해석에서는 신은 너무나도 무능하다(사탄과 대등한 능력밖에 없다). 제2의 해석에서는 신은 인간과 나란히 속이 좁아서 존경해야 할 점이 어디에도 없는 범용한 성격의 소지자다. 제3의 해석에서는 신은 이상하지만, 존경하기는커녕 타기唾棄해야 할 추악한 성격의 소지자다. 이것들은 속죄를 "호수적 증여"라는 형식 속에서 해석하려 했을 때 얻게 된다. 논리적으로 가능한 세 가지 패턴이다(속죄론을 이 세 가지 유형으로 정리하는 데 있어서 나는 来住(2013: 206-38)을 참조로 삼았다). 아무것도 만족할 수 없다. 가령 그리스도의 죽음이 인간에게 있어서 죄의 갚음이 되어 있다고 한다면 그건 증여, 호수적인 증여라는 틀로 해석해서는 안 되는 것이다. 그렇다면 어떻게 해석해야 할까.

그리스도의 자기 소멸

그래서 여기서부터는 내 생각이다. 그리스도의 책형[십자가형]이 인간에게 있어서의 속죄라는 걸 정합적으로 설명하는 유일한 이로理路는 이하와 같은 줄거리는 아닐까.

앞 절에서 살펴보았듯이, 속죄를 호수적인 증여 교환의 일종으로서 해석하려 해도 실패한다. 또다시 그리스도의 언동은 정의의 베이스에 호수적인 균형 이론을, 곧 주는 것과 받아들이는 것의 가치는 같아야 할 것이라고 하는 논리를 무너뜨리고 있었다는 걸 상기해볼 필요가 있다. 그리스도는 정작 율법을 끝장내기 위해서 왔다. 율법의 정의를 기초지우고 있는 건 죄와 벌 사이에 밸런스가 있어야 한다, 임차는 청산되지 않으면 안 된다 등등의 호수적인 균등성이다. 법률을 끝장내는 걸 노리는 그리스도가 이 호수의 논리의 정지를 지향한 건 당연한 일이다.

그리스도가 말한 것의 하나에, 포도밭 노동자의 우화가 있다. 그리스도는 신의 나라를, 몇 사람의 날품 파는 노동자가 있는 포도밭에 비유하고 있다. 이 포도밭의 주인(신)은 해가 저물 때 아침 일찍부터 일하고 있던 사람에게도, 늦게부터 작업에 참가한 사람에게도 똑같은 액수의 임금을 지불했다(마태 복음 20장). 노동 시간에 따라서 노임이 주어져야 한다고 하는 공평성의 감각(율법의 논리)으로 보자면 주인의 행동 방식은 잘못되어 있는 것처럼 보인다. 실제로 아침 일찍부터 일하고 있던 노동자는 주인에게 항의한다. 그러나 그리스도가 이야기하고 있는 건, 포도밭(신의 나라)에서는 호수적인 균형이야말로 정의라고 하는 전제가 이미 사라져 있다는 것이다. 이와 관련하여 이 포도밭은, 앞에서 살펴보았던 것과 같은 의미에서의 – 『고타 강령 비판』에 씌어져 있는 것과 같은 – 코뮤니즘의 세계다. 여기서는 "능력에 따라 노동하고, 노동에 따라 차지한다"라는 규칙(코뮤니즘 이전의 규칙, 사회주의의 규칙)이 적극적으로 부정당해 있는 것이기 때문이다.

그리스도는 호수적인 증여 교환에야말로 정의의 원형이 있다고 하는 논리를 정지시키려 하고 있다. 이 원칙을 보유하고 지킨 위에서, 그리스도의 책형을 파악해보자. 여기서 인간의 죄에 의해서 다친 상대방(곧 신=그리스도)이 스스로, 그 죄의 댓가를 지불하고 있다. 이 자기 순환의 관계는, 앞 절에서 살펴보았듯이 호수적인 증여에 기초한 속죄라는 논리를 전제로 했을 때는 조소당해야 할 퍼포먼스가 되어 버리지만, 도리어 그와 같은 논리를 정지하는 걸 정작 목표로 삼고 있다고 한다면, 곧 그처럼 전제를 쉬프트시켜본다면 도리어 필연적인 귀결인 걸 알 수 있다. 호수성은 한쪽에 자기가 있고, 다른 쪽에 타자가 있어서 양자가 서로 관계함으로써 성립한다. 이걸 정지시키기 위해서는 이 자기와 타자의 이항 분립을 부정하고서 자기의 자기에 대한 관계라는 자기 준거에까지 거슬러갈 필요가 있다.

거기서부터 더욱 나아가서, 죄와 벌의 균형, 위해와 복수의 균형이라는 호수적인 증여 논리의 숨의 뿌리를 뽑는 데는 어떻게 하면 좋을까. 증여는 일반적으로 A(자기)가 B(타자)를 위해라고 하는 형식을 띠고 있다. 사람들이 증여하고, 또한 그것에 대한 응답(답례)을 찾는 건 증여에서 무언가를 방기하는 바의 자기 A의 아이덴티티를, 타자 B로부터의 응답에 의해서 확인하고 싶기 때문이다. 똑같은 건 B쪽에도 말할 수 있다. 따라서 호수적인 균형의 논리가 완전히 파탄하는 건 A와 B가 자기 자신의 아니덴티티의 소멸을, 스스로 나아가 적극적으로 받아들일 때다. 그리스도의 십자가 위에서의 죽음이란 바로 이 자기 소멸의 일은 아닐까. 그리스도는, 먼저 자타 사이의 호수적인 증여의 관계를 A=B라는 자기 관계에까지 집어넣은 위에서, 그 A=B인 바의 자기 자신의 소멸을 스스로 받아들이고, 더욱 추구했던 것이다.

그리스도의 죽음에 의해서, 죄가 갚아졌다고 할 때 우리는 보통은 호수적인 증여의 관계 속에서 죄와 벌의 밸런스가 취해지고 결산되었다고 생각한다. 그러나 그리스도의 죽음에 의한 〈속죄〉란 그와 같은 의미가 아니다. 그건 일반적인 "속죄"가 전제로 삼고 있던 "균형에 의한 정의"의 논리 그 자체가 실효해버린다는 것이었던 것이다. 따라서 그리스도는 율법을 끝장내버렸다고 간주할 수 있는 것이다.

코뮤니즘의 회귀

더욱이 그 앞이 있다. 그리스도는 죽는다. 죽었다는 건 그리스도가 인간이라는 것의 증거다. 그러나 동시에 그리스도는 신이기도 하다. "죽음"의 의미가 "인간인 것"에 있는 걸 고려한다면, 십자가 위에서 죽었던 건 "신"이라고 생각하지 않으면 안된다. 곧 죽었던 건 차안의 "인간" 쪽인가, 아니면 피안에 있는 초월적인 "신" 쪽인가 물었을 때 단연코 후자라고 생각하지 않으면 안된다. 신이, 보편적인 신이 죽었던 것이다. 그리스도의 죽음에 의해서 신이 – 피안의 존재로서는 사라지고 – 완전히 인간인 게 명백해졌다. 이때 – 순수하게 논리적으로 추론해서 – 무엇이 일어나는가.

본래 사람들은 신에게 기도하여 신과 관계하려 하고 있었다. 곧 사람들은 초월적인 피안에 존재하고 있는 신과 커뮤니케이트하려 하고 있었다. 신은 보편적인 존재이기에 이와 같은 신과의 커뮤니케이션에는 모든 신자, 모든 인간이 참가할 수 있다. 이때 신자의 공동성에 대해서, 신이 가진 의의가 양의적인 것임에 주의해두자. 신은 모든 인간이 참가할 수 있는 공동체의 가능성의 조건인 것이지만, 동시에 신이라는 매개가 없다면 공동체가 성립하지 않는 것이라면 신은 신자들이 직접 관계하는 것의 불가능성의 조건이기도 하다.

그래서 그리스도가 자기 소멸을 스스로 받아들이고, 초월적인 피안에는 벌써 신은 없다. 그렇다면 어떻게 될 것인가. 신과 관계하려하고 있던 신자=인간들의 커뮤니커티브한 지향성은 상대방을 잃고서, 결과적으로는 각각 신과 이야기하고 있던 신자들의 집합성 그 자체로 회귀할 수밖에 없다. 따라서 논리적으로는 신인 바인 그리스도가 죽어서 소멸함으로써 신자들이 보편적으로 참가할 수 있는 공동체가 실현된 것이다. 이 공동체는 신=그리스도가 죽어서 생길 수 있는 공백을 메우는 것처럼 실현된다. 요컨대 신 대신에, 신자의 공동체를 얻게 된 것이다. 훨씬 단적으로, 이렇게 생길 수 있었던 공동체는 신 그 자체의 변모된 모습, 이른바 신의 실체 변용transubstantation의 결과라고 말해도 좋을 것이다. 이 신자의 공동체야말로 그리스도교의 용어로 "성령聖靈"으로 불리어지는 건 아닐까.

방금 이야기했던 걸 되풀이하자면, 실체 변용은 이중으로 생기고 있는 걸 알 수 있다. 두 가지 실체 변용이 있다는 게 아니라, 동일한 실체 변용이 이중의 의미를 담지하고 있다는 것이다. 한편에 "아버지인 신"이 육체를 가진 "인간(아들인 그리스도)"이 된다는 실체 변용이 있다. 이것이야말로 그리스도가 십자가에 매달려서 죽었다는 것의 함의였다. 이때 다른 편에서 "인간(신자)"의 공동체 쪽도 새로운 정신적인 경위境位에 도달하여 "성령"으로 변용해 있다. 곧 "아버지인 신→인간(아들인 그리스도)"이라는 변용과 "인간→성령"이라는 변용이 동일한 실체 변용의 이중의 모습이다.

여기서 알아차릴 것이다. 이리하여 출현한 성령으로서의 공동체는 보편적인 포섭성을 가진 코뮤니즘의 사회인 셈이라는 걸. 앞서, "증여 이전의 증여"에 의해 성립한 코뮤니즘 속에서라면 증여가 지배의 힘을 만들어낸다는 문제를 회피할 수 있다고 이야기했다. 그러나 그와 같은 코뮤니즘을 영위할 수 있는 공동체는 늘 작고, 그리고 로컬하다. 하지만 여기에 그리스도의 책형사를 관통하는 논리를 이해하면서 제시해온 것처럼 호수적인 증여를 탈구축했을 때 코뮤니즘이 회귀해온다. 더구나 이번에는 누구도 포섭할 수 있는 보편적인 공동체로서다.

코뮤니즘이 이처럼 고차화할 수 있는 건 어째서인가. 그 비밀은 방금 설명한 실체 변용의 이중성에 있다. 신은 인간이 된다. 이 점은 다음의 걸 의미하고 있다. 즉 신이자 동시에 인간이라는 모순으로부터 오는 대립은 우선은 – 인간이 아니라 – 신 자신으로 되돌려진다는 것이다. 신은 〈인간/신〉이라는 균열을 잉태하는 점에서 다른 인간들과 조금도 구별할 수 없는 보통 인간이다. 그렇다고 한다면 다른 모든 인간, 모든 개인도 이와 똑같은 형식의 분열, 〈자기/(초월적) 타자〉라는 분열을 내적으로 잉태하고 있는 건 아닐까. 모든 인간은 자신의 아이덴티티 속에 이와 같은 분열, 이와 같은 차이를 내재하고 있다는 의미에서 똑같다. 보편적인 동일성이 있는 게 아니라, 차이에서 보편적이라는 것, 이걸 근거로 살아가는 공동성이 성령이고, 고차화된 코뮤니즘이다.

원초적 코뮤니즘에 한계가 있던 건 주체의 복수성이라는 문제를 극복할 수 없기 때문이었다. "우리"와 "타자"가 서로 외재해 있는 이상, 양자 사이의 우호적인 관계는 "호수화되는 걸 원하는 증여"라는 형식을 띨 수밖에 없지만, 그와 같은 증여에는 서로 상대방을 굴복시키려 하는 힘의 투쟁으로서의 측면이 있다. 그러나 〈자기(우리)/타자〉라는 복수성은 개개의 주체에 내재해 있는 보편적인 차이성이라고 한다면 어떤가. 이와 같은 의미에서의 복수성은 대립이나 갈등의 원인이 아니라, 연대를 위한 조건이 된다.

이 최후의 장에서 우리가 제시해온 건 다음과 같은 점이다. "호수적 정의에 기초한 정의"라는 원리를 넘어선 코뮤니즘, 더구나 보편적인 연대에 기초한 코뮤니즘, 이와 같은 코뮤니즘은 가능하다. 그리스도교의 속죄론을 뒷받침하고 있는 논리를 해명하는 작업에 기대어서, 우리는 이 점을 증명해왔다. 다만 여기서 명확히 해온 건 순수하게 논리적인 가능성이다. 그와 같은 코뮤니즘이 사회적 현실에서 어떠한 형태를 띠는가. 그건 어떠한 구체적인 제도로서 현실화되는가. 이런 점에 대해서는 아직 아무것도 보여주지는 못한다. 코뮤니즘은 적어도 논리적으로는 가능하다. 그러나 현실에서 그건 무엇인가. 그건 자본주의라는 시스템을 분석한 뒤에 대답해야 할 물음일 것이다.

アリストテレス 2018『政治学』(新版アリストテレス全集 十七』岩波書店.

岩井克人 1985「はじめの贈与と市場交換」『商人の資本論』筑摩書房.

岩井克人 1993『貨幣論』筑摩書房.

大澤真幸 2014『＜世界史＞の哲学 東洋篇』講談社.

金谷武洋 2002『日本語には主語はいらない－百年の誤謬を正す』講談社選書メ
　チェ.

柄谷行人 2010『世界史の構造』岩波書店.

来住英俊 2013『ふしぎなキリスト教』と対話する』春秋社.

能野純彦 2006『西洋哲学史－古代から中世へ』岩波書店.

國分功一郎 2017『中動態の世界－意志と責任の考古学』医学書院.

大黑弘慈 2021「負債・人間・贈与－負債経済論とマルクス経済学」『社会シス
　テム研究』二十四号.

橋爪大三郎・大澤真幸 2011『ふしぎなキリスト教』講談社現代新書.

細江逸記 1928「我が国語の動詞の相(Voice)を論じ，動詞の活用形式の分岐する
　に至りし原理に汲ぶ」市川三喜編『岡倉先生記念論文集』岡倉先生還暦祝賀
　会.

見田宗介 2018『現代社会はどこに向かうか』岩波新書.

渡欄信之 1990『マヌ法典－ヒンドゥー教世界の原型』中公新書.

Abraham, R. C., 1933, *The Tiv People*, Gouvernment Printer.

Agamben, G., 1995, *Homo Sacer: Il potere sovrano e la nuda vita*, Einaudi. ＝2003(高桑和
　已 訳)『ホモ・サケル－主権権力と剥き出しの生』以文社.

Agamben, G., 2005, *Profanazioni*, Nottetempo. ＝2005(上村忠男・提康徳 訳)『瀆

神』月曜社.

Aglietta, M., André Orléan eds., 1998, *La Monnaie souveraine*, Éditions Odile Jacob. =2012(坂口明義 監訳)『貨幣主権論』藤原書店.

Anspach, M. R., 2002, *À Charge de Revanche: Figures élémentaires de la réciprocité*, Seuil. =2012(杉山光信 訳)『悪循環と好循環－互酬性の形/相手も同じことをするという条件で』新評論.

Appadurai, A., 2016, *Banking on Words: The Failure of Language in the Age of Derivative Finance*, University of Chicago Press. =2020(中川理・中空萌 訳)『不確実性の人類学－デリバティブ金融時代の言語の失敗』以文社.

Arendt, H., 1958, *The Human Condition*, University of Chicago Press. =1994(志水速雄 訳)『人間の條件』ちくま学芸文庫.

Berlin, I., 1969, *Four Essays on Liberty*, Oxford University Press. =2018(小川晃一 外 訳)『自由論[新装版]』みすず書房.

Bougle, C., 1993, *Essais sur le régime de castes*, Presses Universitaires de France.

Brosnan, S. F., M. F. Grady, S. P., Lambeth, S. J. Schapiro, J. B. Beran, 2008, "Chimpanzee Autarky," *PLOS ONE*, January 30.

Clastres, P., 1974, *La Société contre l'État*, Édition de Minuit. =1989(渡辺公三 訳)『国家に抗する社会－政治人類学研究』水声社.

Clastres, P., 1977, *Archéologie de la Violence: La guerre dans les sociétés primitives*. =2003(毬藻充 訳)『暴力の考古学－未開社会における戦争』現代企画室.

Derrida, J., 1972, *Marges, de la Philosophie*, Édition de Minuit. =2007(高橋允昭・藤本一勇 訳)「差延」『哲学の余白 上』法政大学出版局.

Derrida, J., 1991, *Donner le Temps, 1. La fausse monnaie*, Galilée.

Doherty, C., 1980, "Exchange and Trade in Early Medival Ireland," *Jounal of the Royal Society of Antiquaries of Ireland*, 110.

Duggan, E. de C., 1932, "Notes on the Munshi("Tivi") Tribe of Northern Nigeria," *Journal of the African Society*, 31.

Dumont, L., 1964, *La Civilisation Indienne et Nous: Esquisse de sociologie compare, Colin*. =1977(竹内信夫・小倉泰 訳)『インド文明とわれわれ』みすず書房.

Dumont, L., 1966, *Homo Hierarchicus: Essai sur le système des castes*, Gallimard. =2001

（田中雅一・渡辺公三 訳）『ホモ・ヒエラルクス―カスト体系と意味』みすず
書房.

Eliade, M., 1936, *Yoga: Essai sur les origines de la mystique indienne*. =1978（立川武藏 訳）
『ヨーガ2―エリアーデ著作集九』せりか書房.

Eliade, M., 1936, Yoga: *Essai sur les origines de la mystique indienne*. =1981（立川武藏 訳）
『ヨーガ2―エリアーデ著作集十』せりか書房.

Eska, C. M., 2011, "Women and Slavery in the Early Irish Laws," *Studia Celtica Fennica*,
VIII.

Fukuyama, F., 2011, *The Origin of Political Order: From Prehuman Times to the French Revolu-
tion*, Farrar, Srauss and Giroux.

Furness, W. H., 1910, *The Island of Stone Money: Uap of Carolines*, Washington Square
Press.

Graeber, D., 2011, *Debt: The First 5000 Years*, Melville House. =2016（酒井隆史 監訳）
『負債論―貨幣と暴力の五000年』以文社.

Habermas, J., 1968, *Technik und Wissenschaft als 〉Ideologie〈*, Suhrkamp. =2000（長谷川宏
訳）『イデオロギーとしての技術と科学』平凡社.

Habermas, J., 1981, *Theorie des Kommunikativen Handelns*, Suhrkamp. =1985–87（河上倫
逸 外訳）『コミュニケーション的行為の理論(上・中・下)』未來社.

Harvey, D., 2017, *Marx, Capital and the Madness of Economic Reason*, Profile Books.
=2019（大屋定晴 監訳）『経済的理性の狂気―グローバル経済の行方を＜資本
論＞で読み解く』作品社.

Hegel, G. W. F., 1812–16, *Wissenschaft der Logik*. =1994→2002（武市健人 訳）『ヘー
ゲル 大論理 中卷』(全四冊), 岩波書店.

Hegel, G. W. F., 1807, *Phänomenologie des Geistes*. =2018（熊野純彦 訳）『情神現像学(
上・下)』ちくま学芸文庫.

Hirschman, A. O., 1977, *The Passions and the the Interests: Political Arguments for Capitalism
before its Trumph*, Princeton University Press. =1985（佐佐木毅・旦祐介 訳）『情念
の政治経済学』法政大学出版局.

Hopkins, K., 1978, *Conquerors and Slaves*, Cambridge University Press.

Ihering, R. von, 1877, *Der Geist des römischen Rechts auf den verscheidenen Stufen siener Ent-*

wicklung.

Iness, M., 1913, "What is Money," *Banking Law Journal*(May 1913).

Iness, M., 1914, "The Credit Theory of Money," *Banking Law Journal*(January 1914).

Issac, G., 1978, "The Food−sharing Behavior of Protohuman Hominids," *Scientific American*, 238(4).

Jaspers, K., 1949, *Vom Ursprung und Ziel der Geschichte*, Artemis−Verlag. = 1964(重田英世 訳)『歴史の起源と目標』(ヤスパース選集9) 理想社.

Kane, P. V., 1973, *History of Dharmastra Voiume III*, Bjandarkar Oriental Research Institute.

Kant, I., 1781→87, *Kritik der reinen Vernunft*. =2012(熊野純彦 訳)『純粋理性批判』 作品社.

Keynes, J. M., 1915, "The Island of Stone Money," *Economic Journal*, 25(98).

Latour, B., L., Vincent Antonin Lepinay 2008, *L'économie, Science des intérêts passionnés: Introduction à l'anthropologie économique de Gabriel Tarde*, Découverte. =2021(中倉智德 訳)『情念の経済学−経済心理学入門』人文書院.

Lazzarato, M., 2011, *La fabrique de l'homme endetté. Essai sur la condition néoliberale*, Édition Amsterdam, =2012(杉村昌昭 訳)『<借金人間>製造工場−"負債"の政治経済学』作品社.

Lerner, G., 1986, *The Creation of Patriarchy*, Oxford University Press. =1996(奥田暁子 訳)『男性支配の起源と歴史』三一書房.

Lévinas, E., 1961, *Totalité et infini: Essai sur l'extériorité*, Martinus Nijhoff. =2005−06(熊野純彦 訳)『全体性と無限(上・下)』岩波文庫.

Lévinas, E., 1974, *Autrement qu'être ou au-delà de l'essence*, Springer. =1999(合田正人 訳) 『存在の彼方へ』講談社学術文庫.

Lévi−Strauss, C., 1943, "Guerre et commerce chez les Indiens d'Amérique Du Sud," *Renaissance, Revue trimestrielle publiée par l'École libre des hautes études*, vol. 1, fascicule 1 et 2.

Lévi−Strauss, C., 1949, *Les Stuctures élémentaires de la parenté*, Presse Universitaires de France. =2000(福井和美 訳)『親族の基本構造』青弓社.

Lévy−Bruhl, L., 1923, *Primitive Mentality*, Allen & Unwin.

Luhmann, N., 1988, *Die Wirtschaft der Gesellschaft*, Suhrkamp. =1991(春日淳一 訳)『社会の経済』文眞堂.

Melamoud, C., 1998, "La paiement des actes rituels l'Inde védique," M., Aglietta, A. Orléan eds., *La Monnaie souveraine*, Éditions Odile Jacob. =2012(坂口明義 監訳)「ヴェーダ・インドにおける祭式的行為への支払い」『貨幣主権論』藤原書店

Malinowski, B., 1922, *Argonauts of the Western Pacific*, Routledge. =2010(増田義郎 訳)『西太平洋の遠洋航海者』講談社学術文庫.

Martin, F., 2013, *Money: The Unauthorized Biography*, Alfred Knoph. =2014(遠藤真美 訳)『21世紀の貨幣論』東洋経済新報社.

Marx, K., 1859, *Zur Kritik der politischen Ökonomie*, Verlag von Franz Duncker. =1956(武田隆夫 外訳)『経済学批判』岩波文庫.

Marx, K., 1867, *Das Kapital*, Verlag von Otto Meissner. =1972(岡崎次郎 訳)『マルクス=エンゲルス全集版 資本論①』国民文庫.

Marx, K., 1875, *Kritik der Gothaer Programms*. =1975(望月清司 訳)『ゴータ綱領批判』岩波文庫.

Mauss, M., 1924, *Essai sur le don: forme et raison de l'échange dans les sociétés archaïques*. =1973(有地亨 外訳)「贈与論」『社会学と人類学 Ⅰ』弘文堂.

Mauss, M., 1924, *Essai sur le don: forme et raison de l'échange dans les sociétés archaïques*. =2014(森山工 訳)『贈与論 他二篇』岩波文庫.

Milton, K., "Civilization and its discontents," *Natural History*, 101(3).

Nietzsche, F. W., 1887, *Zur Genealogie der Moral*, Verlag C. G. Naumann. =2009(中山元 訳)『道徳の系譜学』光文社古典新訳文庫.

Patterson, O., 1982, *Slavery and Social Death: A Comparative Study*, Harvard University Press. =2001(奥田曉子 訳)『世界の奴隷制の歴史』明石書房.

Rospabé, P., 1995, *La Dette de Vie: aux origins de la monnaie sauvage*, La Découverte.

Sahlins, M., 1974, *Stone Age Economics*, Routledge. =2012(山内昶 訳)『石器時代の経済学(新装版)』法政大学出版局.

Sartre, J. P., 1960, *Critique de la raison dialectique*, Gallimard. =1962, 1965, 1973(竹内芳郎 外訳)『弁証法的理性批判－サルトル全集 二十六・二十七・二十八』(全三冊), 人文書院.

Seaford, R., 2004, *Money and the Early Greek Mind*, Cambridge University Press.

Seaford, R., 2011, "The Greek invention of money," H. Ganssman ed., *New Approaches to Monetary Theory: Interdisciplinary Perspectives*, Routledge.

Smith, A., 1776, *The Wealth of Nations*. =2000−01(水田洋 監訳)『国富論(一−四)』岩波文庫.

Stol, M., 1995, "Women in Mesopotamia," *Journal of the Economic and Social History of the Orient*, 38(2).

Tarde, J.−G. de, 1902→2006, *Psychologie économique*, Félix Alcan→Les Empêcheurx.

Waal, F. de, 1910, *The Island of Stone Money: Uap of the Carolines*, Washington Square Press.

Waal, F. de, 1996, *Good Natured: The Origines of Right and Wrong in Humans and other Animals*, Harvard University Press. =1998(西田利貞 外訳)『利己的なサル, 他人を思いやるサル−モラルはなぜ生まれたのか』草思社.

Whitehead, A. N., 1929, *Process and Reality: An Essay in Cosmology*, The Free Press. =1984−85(山本誠作 訳)『過程と実在(上・下)』(ホワトヘッド著作集 第十巻・第十一巻) 松籟社.

Žižek, S., 1989, *The Sublime Object of Ideology*, Verso Books. =2015(鈴木晶 訳)『イデオロギーの崇高な対象』河出文庫.

Žižek, S., 1993, *Tarrying with the Negative: Kant, Hegel, and the Crutique of Ideology*, Duke University Press. =2006(酒井隆史・田崎英明 訳)『否定的なもののもとへの滞留−カント, ヘーゲル, イデオロギー批判』ちくま学芸文庫.

Žižek, S., 2010, *Living in the End Times*, Verso Books.

이미 있고, 아직은 없는 코뮤니즘

이치노가와 야스타카市野川容孝

(도쿄대학 대학원 교수)

미네다 쇼헤이米田昇平(경제사상사)는 이 책보다도 타이틀이 1글자 많은『경제학의 기원』(京都大学学術出版会, 2016)에서 근대 경제학의 시발은 아담 스미스의『국부론』보다도 약 백 년 앞서서 프랑스를 중심으로 널리 퍼진 장세니즘에서 찾을 수 있다고 서술하고 있다.

장세니즘은 플롱드르의 신학자 얀센(Cornelius Jansen/1585-1638)을 중심으로 형성된 그리스도교의 한 종파로, 파스칼 등도 그 지지자였다. 아우구스티누스로의 회귀를 특징으로 했지만, 로마 교회로부터는 이단시되고 탄압받았다. 미네다도 참조하고 있는 B. 글레데이센에 따르면, 프랑스 혁명에서 명백히 드러나듯이 부르주아지는 최종적으로 세속화(탈종교화)를 찾아가는데, 장세니즘은 부르주아지가 종래의 종교(카톨릭)로부터 이반, 이탈해가는 하나의 중요한 매개가 되었다(野澤協 訳『ブルジョワ情神の起源』法政大学出版局).

이 장세니즘에, 왜 경제학의 기원이 발견되는가.

미네다는 장세니스트 피에르 니콜(1625-1695)과 1670년대의 그의 저작 『도덕론』에 주목한다. 니콜에 따르면, 원죄를 진 인간은 무의식의 욕망의 발로인 "자기애l'amour-propre"에 지배당해 있고, 그건 "우리가 가슴 속에 깃든 괴물"로 부를 수밖에 없다(앞의 『경제학의 기원』 32쪽). 장세니즘은 인간의 죄 깊음과 구제에 관한 인간의 무력함을 강조하면서 구원은 신의 은총에 의해서만 가능하다고 했던 아우구스티누스로 회귀했는데, 그 가르침은 똑같이 아우구스티누스의 예정설을 첨예화한 칼뱅이즘과도 겹치는 곳이 있었다.

그러나 니콜의 참신함은 인간 타락의 증거에 다름 아닌 "자기애"로부터 사회 질서가 생겨난다고 했던 점에 있고, 미네다는 거기에서 경제학의 기원을 본다. "필요besoin"는 자기애가 찾는 사물이고, 니콜에 따르면 세상 사람들은 "서로 지니는 상호적인 여러 필요les besoins réciproques를 통해서 모든 사람을 서로 결부지우는 사슬의 일부가 된다"(같은 책, 33쪽). 자신의 필요를 채우기 위해 사람들은 내가 바라는 걸 하시오, 그렇게 한다면 당신이 바라는 걸 올립니다라는 형태로 서로 결합해간다. "거래commerce"가 생기고, 사회가 형성되어간다(38쪽). 그렇게 해서 이루어지는 질서도 여전히 타락이나 원죄의 영역을 벗어나지 못하고, 과도한 자기애 등을 벌하는 신의 (세속 권력을 매개로 해서) 통치가 불가결하다는 것의, 자기애, 필요, 거래 의해서 작동하는 세속 세계를, 니콜은 신의 뜻에도 부합하다고 해서 긍정했다. 장세니스트 보와길베르(1646-1714)는 더욱이, 그 신의 영역과 역할을 "자연"으로 치환하면서 사회의 질서는 "자연의 움직임에 맡기는laisser faire la nature"한 유지된다고 설파했다(70쪽 이하). 뒤에 중농주의가 설파하는 "자연의 지배", "레세 페르(자유 방임)"라는 생각은, 이미 이 보와길베르에게 확인할 수 있다고 미네다는 말한다.

미네다에 따르면, "이기심의 자유"가 "결과로서 최대의 선 혹은 사회적 효용을 불러일으켰다"라는 틀, "자기애·이기심의 자유로운 행동거지가 선으로 전환하는 연금술"에 관한 고찰이 전개될 때 경제학이 도덕론이나 윤리학과 소매를 나누면서 탄생한다(9-10쪽).

장세니스트 니콜이나 보와길베르의 진술은 확실히 아담 스미스의 경제학을 선취하고 있다. 그들로부터 약 백 년 뒤에 스미스는 "자애심self-love"을 경제의 근간에 설치하면서 다음과 같이 말했다. "내가 바라는 걸 주십시오, 그렇게 한다면 당신이 바라는 걸 줄 것입니다,……우리가 자신들의 식사를 기대하는 건 고기집이나 술집이나 빵집의 인애仁愛가 아니라, 그들 자신의 이익에 대한 그들의 고려에 기대했던 것이다. 우리는 그들의 인간성이 아니라, 그 자애심에 말을 걸고, 더구나 그들에게 우리 자신의 필요를 이야기하는 게 결코 아니라 그들의 이익을 말하는 것이다"(大内兵衛·松川七郎 訳 『諸国民の富(一)』 岩波文庫, 118쪽, 강조는 인용자).

그러나 이처럼 생각하는 경제학을, 그대로 경제와 동일시할 수 있을까. 할 수 없다는 게 오사와의 이 책의 출발점이다. 그 타이틀은 미네다의 서적과 한 글자밖에 다르지 않다(1글자만 짧다)고 하더라도 이건 너무나 커다란 차이다. 미네다가 그 기원을 더듬어 찾는 경제학은 보다 정확하게는 "자유주의 경제학"으로 불리지만(앞의 『경제학의 기원』), 이 경제학은 인간 경제의 아주 일부분밖에 보지 않는다. 이 책에서 오사와는 그런 전제에 서 있다.

이 책에서 오사와도 참조하고 있는 D. 그레버의 『부채론』(酒井隆史 監訳, 以文社)은 인간 경제의 존재 방식을 크게 세 가지로 나누었다. 제 1은 "코뮤니즘"이거니와, 그건 K. 마르크스의 『고타 강령 비판』(1875 년)에 따라서 "각인은 그 능력에 따라서 [공헌하고], 각인에게는 그 필요에 따라서 [주어진다]"라는 원리에 근거해서 기능하는, 모든 인 간 관계로 정의된다(앞의 『부채론』142쪽).

제2는 "교환"이고, 그 특징은 대등성과 호수성이다(같은 책, 154쪽). 미네타가 그 기원을 장세니즘에서 본 (자유주의) 경제학은 인간의 경 제를 이 교환에 한정함으로써 탄생한다고도 말한다. 교환은 내가 원 하는 걸 다오, 그렇다면 당신이 바라는 걸 줄 것이오라는 A. 스미스의 위의 말에 의해서 간단히 표현된다.

제3은 "하이어라키"인데, 그건 형식적인 평등(등가성, 호수성)으로 뒷받침된 교환과 달리, "적어도 2자로 이루어지고, 그 속의 한쪽이 다른 쪽보다도 상위에 있다고 간주되는 관계"를 전제로 한 경제다 (163-4쪽). 그건 주는 것 없이 그저 손에 넣는 "절도 혹은 약탈"과, 받아들이는 것 없이 그저 주는 "사심이 없는 베풂"을 양극으로 한다.

이 하이어라키가 2자 관계로부터 3자 관계로 이행할 때 "재분배" 의 계기가 싹튼다(169쪽). 곧 하이어라키의 상위에 있는 자가 하위의 비교적 유복한 자로부터 빼앗은 부를, 보다 가난한 자에게 되돌려준 다는 경제의 틀이다.

코뮤니즘을 마르크스의 『고타 강령 비판』에 따라서 정의하면서도, 그레버는 어떤 한 점에서 마르크스와 다르다. "각인은 능력에 따라서, 각인에게는 필요에 따라서"라고 하는 공산주의 사회를, 마르크스는 아직 없는 것, 지금 있는 자본주의 사회 뒤에 도래하는 것으로 생각하고 있었지만, 그레버의 생각은 코뮤니즘은 이제까지 늘 존재했거니와 지금도, 곧 자본주의 사회도 실은 그것 없이 작동되지 않는다는 것이다.

　단 두 인간 사이의 교류에 있어서조차도 우리들은 어떤 종류의 코뮤니즘의 현전에 입회해 있다고 말할 수 있는 것이다.……수도를 수리하고 있는 누군가가 "스패너를 가져다주지 않을래"라고 의뢰할 때 그 동료가 "그 대신에 무얼 줄래?" 따위로 응답하지는 않는다.……진솔하게 무슨 일인가를 달성하는 걸 생각하고 있다면 가장 효율적인 방법은 명백히 능력에 따라서 임무를 분배하고, 그걸 수행하기 위해 필요한 걸 서로 주는 것이다. 대부분의 자본주의 기업이 그 안쪽에서는 코뮤니즘적으로 조업하고 있는 것이야말로 자본주의의 스캔들의 하나라고 할 수조차 있다.……**코뮤니즘이야말로 모든 인간의 사회성**[사회적 교통 가능성]sociability의 기반인 것이다. 코뮤니즘이야말로 사회를 가능케 하는 것이다(앞의『부채론』143-4쪽).

그레버에 따르면, 코뮤니즘의 원리만으로 성립하는 사회는 존재하지 않고, 어느 사회에나 교환이나 하이어라키의 원리가 정도의 차이는 있으나 혼입되어 있다. 그레버의 이 견해가 중요하다. 1980년대 말부터 90년대 초에 동독이나 소련이 국가로서 해체되었을 때 사회주의란, 혹은 코뮤니즘이란 결국 자본주의로부터 자본주의로의 오랜 우회로에 불과했다는 야유가 거듭되었을지라도 하나의 사회는 자본주의, 사회주의, 코뮤니즘의 어느 하나에 의해서 색칠된다(되어야 한다)는, 이 야유의(또한 마르크스주의의) 전제 그 자체가 냉전 붕괴와 더불어 실효했던 건 아닐까. 그렇다고 한다면 이런 야유와 세트로 제시된 "역사의 종언"이라는 단정에 저항해서 우리들은 기반에 있는 코뮤니즘을 재확인하고, 또한 활성화하면서 아직 없는 사회를 지금 있는 사회와는 다른 것으로 만들 수 있는 것이다 —. 이것도 또한 이 책에서의 오사와의 전제의 하나라고 생각한다.

오사와는 경제에 관한 그레버의 위의 3분류를 염두에 두면서도, 세 가지를 그저 병렬하는 게 아니라 원초적인 증여 관계로부터 하이어라키로의 전환이 어떻게 해서 생기는지, 게다가 그게 상품 교환으로 전환하는 조건이란 무엇인지를 고찰하면서 그레버가 충분하게 논하지 않았던 이들 3가지 동적인 관계를 명백히 하고 있다. 그 점에 이 책의 오리지널리티가 있다.

이하, 이 책에서의 오사와의 고찰을 순서대로 따라가보자.

제1장의 앞부분에서, 다음과 같이 말한다. 사람들은 가치 있는 물건을 획득하고 생산하고, 그 위에서 그것들을 타자들에게 분배하고, 최후에 소비한다. 이 과정은 생산, 교환(분배), 소비 세 가지로 나뉘지만, 오사와는 두 번째의 교환(분배)이 협의의 경제라고 정의한다. 여기에 최초의 생산을 중시하는, 마르크스주의와의 차이가 있다.

오사와에 따르면, 두 번째의 교환(분배)은 더욱이 증여가 지배적인 양식과 **상품 교환**이 지배적인 양식 두 가지로 나뉜다. 후자의 상품 교환은 장세니즘이나 A. 스미스의 경제학이 전제로 삼았던 자기애와 호수성에 기초한 교환(내가 바라는 걸 주십시오, 그렇다면 당신이 바라는 걸 줄 것입니다)이다. 다른 편, 전자의 증여는 상품 교환과 마찬가지로, 호수성으로의 경향을 갖고―"줄 의무", "받아들일 의무"에 더하여, 마르셀 모스는 증여에 대해 "답례의 의무"를 강조했다―동시에 호수화를 거부하는 경향을 갖는다. 증여는 뒤돌아보지 않고서 준다는 요소 내지 계기를 지니는 한에 있어서 교환과 구별된다(그렇지 않다면 양자의 구별은 불필요하다). 이 되돌아보지 않고 준다는 게 그레버가 말하는 코뮤니즘을 뒷받침하고 있을 것이다.

그 위에서 오사와는, 이 책을 관통하는 두 가지 물음을 세운다. 첫째로, 증여가 지배적인 교환 양식은 어떻게 해서 (순수하게 호수적인) 상품 교환으로 전환하는가이다. 둘째로, 도대체 왜 사람들은 증여하는가다(오사와에 따르면, 증여는 다른 동물에게는 보이지 않는 인간에게 고유한 행동이다).

호수성에 기초한 교환이, 그런데도 그걸 넘어선 증여인지라는 제1의 물음은 더욱이, 정의란 무엇인가라는 물음과도 연동한다. 고대 그리스에서는 테미스Themis로, 고대 로마에서는 이우스티티아Iustitia로 불린 정의의 여신은 그 [조각]상이 일본의 사법기관 등에서도 눈에 띄는데, 그녀는 한쪽 손에 저울을 가지고 있다(또 한쪽 손에는 처벌을 위한 검). 그 여신이 체현하는 정의는 균형을 지키는 일이고, 그건 "눈에는 눈", "이에는 이"라는 주지의 언어로 간단히 표현된다. 호수성이 여기서는 정의의 원형이다. 그러나 오른쪽 뺨을 때리면 왼쪽 뺨도 내밀어라 하고 설파한 예수는 호수성을 넘는 곳에서 정의를 찾아냈다. 경제학에서는 없어졌지만, 적어도 보이지 않는, 호수성을 넘은 증여에 주목하는 건 정의의 형태를 묻고도 있다고 오사와는 말한다.

제2장과 제3장은 화폐에 관한 고찰이다.

A. 스미스는 화폐를, 대등한 자끼리의 교환을 보다 원활히 하기 위한 도구로서 일단 이해했다. 화폐가 아직 존재하지 않는 상태에서는 내가 바라는 것과 당신이 바라는 것의 매칭은 불가능에 가까웠을 것이라고 공상하면서 스미스는 다음과 같이 말한다. "이와 같은 사태의 불편함을 피하기 위해 분업이 처음에 확립된 뒤에 사회의 모든 시대의 모든 신려愼慮한 사람들은 자기 자신의 근로에 특유한 생산물 이외에…… 대부분의 사람이 그것과 저들의 근로 생산물을 교환하는 걸 거부하지 않으려고 그가 생각되는 것과 같은 이것저것의 하나의 상품의 일정량을 언제나 자신의 손 아래 갖고 있다고 하지 않는 형태로 자신이 당면하는 문제를 처리하려고 자연스럽게 노력할 게 틀림없다."(앞의『여러 국민의 부(一)』134쪽, 강조는 인용자).

그러나 오사와는 D. 그레버의『부채론』등을 참조하면서 화폐의 본질을 이와는 전혀 다른 양상으로 이해한다. 한 마디로 거칠게 정리하자면 화폐란 부채의 증거여서, 부채의 소멸과 더불어 사라져 없어질 수도 있는 것이다. 거꾸로 말하자면, 화폐가 사라져버리지 않고서 유통하고 있는 한, 거기에는 부채(뒤집자면 증여)가 계속 잔존하고 있는 것이다.

예를 들어 내가 오사와 마사치에 대해서 무언가 은의를 졌다고 한다. 그 부채의 증좌로서 나는, 그 뜻을 종이에 써서 오사와에게 건넨다. 오사와는 자신이 바라는 걸 손에 넣기 위해서 그것과의 교환에 종이를 누군가에게 건네고, 그 누군가도 또한 자신이 바라는 걸 손에 넣기 위해, 게다가 다른 누군가에게라는 식으로 나의 이 부채의 증표가 유통되어간다고 한다. 그 증표는 일종의 어음이고, 나는 손에 넣고 있는 사람이 원한다면 오사와에게 빚지고 있는 은의에 상당하는 걸 그 사람에 대해서 수행했다고 해보자. 이미 상대방은 오사와 본인이지는 않지만, 내가 보답에 상당하는 걸 완료한다면 나는 부채의 징표를 그 자리에서 찢어버린다. 하지만 그건 화폐의 소멸과 똑같다. 거꾸로 말하자면, 부채의 증표(화폐)가 유통하고 있는 한, 오사와가 나에게 준 은의는 되돌림이 (아직) 없는 증여로서 계속 존재하는 셈이다.

"부채로서의 화폐"(이 책 56쪽 이하)라는 이해가 옳다면 화폐를 사용한 상품 교환은 다음과 같이도 해석할 수 있다. 표면적으로는 대등한 자기끼리의 호수적인 교환의 사슬만이 있는 것처럼 보이지만, 그 전체를 화폐가 매개하고 있다면 화폐가 그 증표인 부채(누군가가 아직 되갚지 않은 증여)가 이 사슬을 밑받침하고 있다. 즉 앞에서 이야기한 두 가지 교환 양식 속에서 증여가 상품 교환을 뒷받침하고 있는 셈이다.

화폐에 관한 이상의 나의 설명은, 그러나 역시 불확실하다. 오사와가 친절하게 더듬고 있는 여러 단계에 다시 당도해보자.

부채로서의 화폐가 유통한다고 하더라도, 제3장에서 상술된 그 원초적인 형태(원시 화폐)는 유통되지 않는다. 곧 그걸 다른 제3자에게 양도해서 자신이 바라는 걸 손에 넣는다는 게 허락되지 않는다. 원시 화폐는 개의 이빨이라든지 조개로, 그건 의례적인 까닭을 갖는 상호 행위, 그 중에서도 결혼 때 건네진다. 여성을 식구로서 맞아들이는 가족 내지 부족은 그 여성의 원래 가족이나 부족에게 원시 화폐를 건네지만. 받은 쪽이 그걸 사용해서 무언가를 산다든지, 세금을 낸다든지 할 수는 없다.

또 하나, 원시 화폐의 수수에 의해서 "이 부채는 변제 불가능인" 게 쌍방에서 확인된다. 원시 화폐를 건넨 쪽(여성을 맞이한 쪽)은 그런 감각으로 건네고, 받아들인 쪽(여성을 보낸 쪽)도 상대방의 그 각오를 확인해서 받아들인다. 원시 화폐가 발휘하는 부채가 변제 불능이라는 건, 곧 그 화폐의 가치(얼마에 상당하는지)가 산정 불능이라는 것이다. 따라서 그건 상품 교환에서의 화폐처럼 기능할 수 없는 것이다.

다른 편에서 원시 화폐와 바꿈으로 여성을 맞아들인 쪽도 그 여성을 멋대로 다룰 수는 없다. 원시 화폐를 지불해서 여성을 "산" 이상, 그 여성을 어떻게 할지가 그 사람들이 마음대로는 아닌가라고 생각할 수 있지만, 그건 상품 교환의 논리에 중독되어 있는 증거다. 인류학자들의 반대에 의해서 금지에는 이르지 못했던 게, 1926년까지 국제 연맹에서 원시 화폐, 혹은 "신부값"을 노예제의 일종으로서 금지하는 것의 시비가 논의되었던 건(앞의 『부채론』 200쪽), 거꾸로 말하자면 그처럼 생각해버리기 때문이다.

그러나 원시 화폐에 관한 제한이 해제되고, 그게 우리들이 아는 화폐처럼 기능하기 시작하는 경우가 있다. 그건 맞이되는 여성이 노예인 경우이고, 오사와는 거기에서 "원시 화폐로부터 통상의 화폐로의 전환의 예조"를 본다(이 책, 93쪽).

나이지리아 중부의 티브족에서는 어떤 남성이 다른 가족으로부터 여성을 배우자로서 맞이한다면 이번에는 그 남성의 자매가 상대방 가족에게 시집을 보내는 게 이상으로 여겨지고 있지만, 그게 불가능한 경우에는 동여맨 놋쇠 막대기가 건네진다. 이 원시 화폐는 시장에서의 매매에는 결코 사용되지 못한다. 이걸 건넴으로써 여성을 배우자로서 맞아들이는 것도 불가능한 건 아니지만, 그 경우에도 놋쇠 막대기로 여성을 "살" 수는 없고, 여성을 맞이한 쪽은 놋쇠 막대기를 받아들인 쪽에 대해서 무한한 부채를 진다고 여겨졌다.

그렇지만 여성이 습격에 의해서 먼 나라로부터 유괴되어온 "노예"인 경우에는 "살" 수 있었다. 그레버는 말한다. "인간 경제에서 무언가를 팔 수 있다고 하는 데는, 먼저 그걸 맥락으로부터 떼어낼 필요가 있다. 노예란 바로 이것이다.⋯⋯새로운 공동체에게 있어서는 타관 사람이기 때문에 노예에게는 어머니도, 아버지도, 어떠한 친족도 없다. 그렇기 때문에 그녀들은 사고팔 수도 있거니와, 살해할 수조차 있다"(앞의 『부채론』 222쪽).

다른 편에서 중세 아일랜드에서는 부채의 계산에 "쿠말"이라는 화폐 단위가 사용되었는데, 그 본래의 의미는 "소녀 노예"다(같은 책, 159쪽 이하). 예를 들어 7쿠말은 소녀 노예 7명을 본래, 의미했다. 아일랜드에서는 그리스도교의 영향도 있어서 600년 무렵부터 노예제가 비난받고 소멸해 있었음에도 불구하고 이 쿠말이라는 단위는 그 뒤에도 쭉 사용되었다. 쿠말(소녀 노예)라는 단위로 알아채야 할 건, 첫째로 여성의 약탈이라는 행위에 의해서 얻게 되고, 또한 높아진 "사내의 명예"다. 둘째로, 쿠말은 원시 화폐의 영역을 떠나서 통상의 화폐 단위로서 기능하기 시작하고 있다. 이 두 가지로부터 추량되는 건 화폐로 뒷받침된 상품 교환과 "가부장제"(남성의 여성에 대한 지배)의 결합이다(이 책, 99쪽).

　이 책에서 관통하는 두 가지 물음 속의 제1, 즉 증여 시스템은 어떻게 해서 상품 교환 시스템으로 전환하는지에 대한 답이 이제까지 절반이 조금 안 되게 주어졌다. 이어지는 제4장에서는 제2의 물음, 도대체 왜 사람들은 증여하는가에 대한 답이 소유와 증여의 관계를 논함으로써 주어진다.

　소유를, 어떤 걸 자신의 손 안에 머무르게 하는 것으로, 증여를 거꾸로, 어떤 걸 버리는 것으로 각각을 이해한다면 양자가 언뜻 보기에 정반대인 것처럼 생각된다.

　하지만 실은 그렇지 않다고 오사와는 말한다.

　"소유"를 의미하는 로마법의 말의 하나는 dominium인데, 영어의 domination을 거기에 첨가하면 알 수 있듯이, 그건 "지배"와 관계되는 개념이기도 하다. D. 그레버에 따르면, 고대 로마의 소유 개념은 노예제와 불가분의 관계에 있다. 곧 노예제라는 새로운 인간 관계(앞서 이야기한 "원시 화폐"나 "신부값"이 그것과는 전적으로 별개의 것인 점에 유의하라)가 사람과 물건의 관계에 투사됨으로써 소유라는 개념이 생김과 동시에, 그게 거꾸로 사람과 사람의 관계에 투사되어서 사람을 물건처럼 다루는 게 정당화된다. 그레버는 더욱이 dominium의 어원인 domus(家家, 세대)를 familia(가족)와 겹치면서 후자의 어원 familus가 "노예"라는 의미인 것에 주의를 촉구하고서 소유라는 개념, 노예제, 가부장제 세 가지가 고대 로마에서는 하나로 이어지는 걸 지적한다. 오사와는 G. 아감벤을 언급하면서 거기에 더욱이 "주권"이라는 문제를 접속한다.

노예제든, 가부장제든, 주권이든 그것들을 결부지어서 이해되는 소유 개념은 위로부터 아래로의 일방적인 관계, 오사와를 좇아서 말한다면 "한쪽에 능동성이 독점되어 있는 것과 같은 상태"를 가리킨다(이 책, 117쪽).

그러나 진짜 그럴까라고 오사와는 묻는다.

헤겔이 『정신현상학』에서 논했던 "주인과 노예의 변증법"은 지배자인 주인이 주인일 수 있는 건 노예가 그를 주인으로서 승인하는 한에서이고, 주인 쪽이 노예에 의존해 있다는 것이었다. 또한 코쿠분 코이치로國分功一郎가 논했던 "중동태"는, 예를 들어 "어머니가 죽었다母が死んだ"로 능동으로 표현할 수 있는 사태를 "母に死なれた"로 표현하는 것이고, 거기에는 죽은 어머니와 죽은 나라는 두 개의 주어(중심)가 합쳐지면서 능동과 수동 양쪽을 포함하는 타원 상태가 나온다.

소유를 그처럼 이해해야 한다고 오사와는 말한다. 사람들은 소유를 "능동태에 의해서 서술할 수 있는 것과 같은 경험의 극"에 놓이더라도(이 책, 120쪽) 누군가가 무언가를 소유하고 있다는 강한 능동태는 다른 누군가가 그 사람에게 소유되어 있다는 중동태로서, 더 말하자면 그 다른 누군가에 의한 증여에 가까운 무언가에 뒷받침된 사태로서 이해해야 하는 건 아닐까. 그리고 소유 그 자체가 무언가의 증여로 뒷받침되어 있다면 사람들은 소유에 멈추어 서는 게 아니라, 그 최초의 증여에 (M. 모스가 말했듯이) 답례를 할 의무를 지는 건 아닐까. 왜 사람들은 증여하는가. 그건 소유 그 자체가 증여에 의해서 기초지어져 있기 때문이고, 그 최초의 증여가 답례라는 형태의 증여를, 소유를 넘어서 기초지우기 때문이다.

제5장에서는 그레버가 인간 경제의 제3으로서 "하이어라키"를 논하는데, 그 본래의 문제에 들어가기 전에, 앞서 이야기한 두 가지 물음의 제1(증여가 지배적인 교환은 어떻게 해서 상품 교환이 지배적인 것으로 전환하는가)이 다시 제시된다. 이 물음에는 증여와 결부되어 있던 앞서 이야기한 원시 화폐가 상품 교환을 가능케 하는 화폐로 어떻게 해서 변모하느냐라는 물음이 표리일체로 달라붙어 있다.

앞서 이야기한, 나의 오사와에 대한 부채라는 예로 되돌아갈 것이다. 그 부채의 증표(화폐)가 계속 유통하기 위해서는 내가 자신의, 처음은 오사와에 대한, 지금도 누구라고도 특정할 수 없는 인간에 대한 부채를 갚아서는 안 된다. 갚는 그 순간에, 화폐는 소멸하기 때문이다. 그러나 내가 자신의 부채를 갚지 않아도 좋다는 건 그 부채에 상당하는 게 나에게 주어진다는 것이다. 예를 들어 500만 엔의 차입금이 아무 일도 없이 상쇄되어 있다는 건 500만 엔을 받는 것과 똑같다. "본래는 화폐의 발행자 쪽에 부채가 있다. 그런데 거꾸로 화폐를 사용하고 유통시키는 자들 쪽에 본래 부채가 있던 것처럼 그들은 화폐 발행자에게 증여한다"(이 책,143쪽). 상품 교환을 뒷받침하는 화폐의 정체가 부채로서, 그게 유통되기 위해서는 "부채의 의미를 마술적으로 역전시켜버리는 초월적인 타자"(144쪽)가 필요하다고 오사와는 말한다.

이 타자는 어떻게 해서 생겨나는가. 하이어라키적 재분배의 형성을 통해서다.

인도의 카스트 제도는 한쪽이 다른 쪽보다도 상위에 있는 하이어라키의 전형이고, 하위의 카스트는 상위에 대해서 받아들이는 것 없이 그저 주고, 상위의 카스트는 주는 것 없이 그저 하위로부터 손에 넣고 있는 것처럼 보인다. M. 모스에 따르면, 증여는 "줄 의무", "받아들일 의무", "답례할 의무" 세 가지로 이루어진다. 즉 어느 정도의 호수성이 요구된다. 줄 의무는 하위 카스트에게, 받아들일 의무는 상위 카스트에게 각각 부과되어 있는 것으로서, 세 번째 답례를 할 의무는 어디에 있는가라고 오사와는 말한다. 하위 카스트가 주는 건 상위 카스트에 대해서 부채가 있다고 느끼고 있기 때문이다. 하위 카스트의 상위로의 증여는 처음부터 일종의 "답례"다(이 책, 176쪽). 카스트 제도에서는 호수성(답례의 의무)이 수평적이 아니라, 수직적으로 짜여 있지만, 그것도 또한 재분배의 일종으로 간주된다고 오사와는 말한다.

하지만 하위와 상위 카스트라는 2자 관계만으로는 재분배 시스템은 정리되지 않는다. 왜냐면 재분배는 누군가로부터 빼앗은 걸 (자신은 소비하지 않고서) 다른 누군가가 주는 행위인 이상, 거기서부터 본래 요구되는 건 3자 관계이기 때문이다.

오사와는 M. 모스의 『증여론』을 둘러싸서 논의되어온 "제3의 인물의 수수께끼"라는 문제에 주목한다(이 책, 183쪽). 마오리족의 사회에서는 "타옹가"로 불리는 증여품에는 "하우"라는 영[혼]이 깃들어 있다. 그리고 마오리족 사람들은 현실의 증여는 2자 사이인데, 그 2자를 뛰어넘는 눈에 보이지 않는 "하우" 쪽에 의해서 자신들은 증여에 내몰리고 있는 것이라고 설명하는 것이다. 아버지로부터 아이로의 크리스마스 선물이 산타크로스로부터의 증여물로 여겨지는, 우리들에게 친숙한 예도, 그것과 똑같다고 오사와는 말한다.

이와 같은 제3자가 출현함으로써 2자 사이의 증여 교환의 집합으로부터 "중심을 갖는 재분배 시스템"이 생성된다. 이 제3자를 오사와는, 화폐의 유통을 가능케 하는 앞서 이야기한 "초월적인 타자"와 겹친다.

제6장에서는 원시 화폐와는 다른 순수한 화폐, 곧 상품 교환과 시장 경제를 뒷받침하는 화폐의 탄생을 논한다. 여기서 주목되는 건 경화의 탄생으로, 세계 최초의 그것은 기원전 600년 무렵, 고대 그리스에서 주조되었다고 여겨지고 있다.

원시 화폐로부터, 경화가 그 최초의 형태인 순수한 화폐로의 전환을, 오사와의 견해에 근거해서 내 나름대로 설명하자면 아래와 같다. 오사와에 대한 나의 부채debt의 증표 d_1, 다른 누군가의 누구에 대한 부채의 증표를 d_2, d_3 등으로 해서 부채의 증표 d_n까지 있다고 한다. 이들 n개의 d는 각각 부채를 지는 자(채무자), 주는 자(채권자)를 특정한다. 그러나 처음에는 제각각 이들 증표 모두가 어떤 때 대문자 D가 되는 것으로 단일적으로 통합되었다고 해보자. 이 D의 탄생은 2자 사이의 부채-증여 관계를 모두 묶는 제3자와 같은 뜻이고, 이 제3자는 또한 재분배를 가능케 하는 앞서 이야기한 제3자와 겹친다. 그리고 D에 의해서 개개의 d를, 말하자면 하나로 용해시키는 제3자의 앞에, d에는 있던 채무에 관한 정보도 소멸한다. 그 대신에 생겨난 건 각 사람이 손에 넣게 되는 D의 정확한 가치(얼마에 상당하는가)일 것이다. 제3자가 관장하는 이 새로운 D에서는 개개의 채권자의 정보(누가 변제해야 하는가)가 소멸하기 때문에 변제도 불가능해지고, 때문에 화폐의 존속이 보장된다. 다른 편에서 d를 만들어냈던 개개의 증여는 모두, 이제야 D를 담당하는 제3자에게 집중한다. 이리하여 "화폐의 사용자로부터 그 발행자로의 일방적 증여"(이 책, 202쪽)가 실현된다.

이 D가 경화이고, 그걸 담당하는 제3자는 충당되어서 공동체의 지배자인 수장이나 왕이나 황제로서 나타나지만, 그 모습은 서서히 추상화해간다고 오사와는 말한다. 고대 그리스에서는 신에게 바친 고기를 구웠던 철 꼬치가 그대로 화폐로서 사용되었다(이 책, 212쪽). 경화는 그 연장선상에 탄생하는 것인데, 화폐를 담당하는 제3자는 이미 이 단계에서 인간으로부터 신으로 변하고 있다. 또한 지배자가 한 사람으로부터 다수가 되는 고대 그리스의 민주정도, 이 제3자의 추상화와 관계하고 있다고 오사와는 생각한다. 게다가 오사와는 R. 시포드와 더불어 고대 그리스의 철학, 비극, 희극에 대해서도, 이것들을 화폐(경화)와 나란히 상품 교환의 탄생과 상관시키면서 지식사회학적으로 고찰하고 있다.

경제의 기원에 관한 고찰은 화폐, 상품 교환, 그리고 시장 경제(필요한 재화와 서비스의 거의 모든 게 상품 교환에 의해서 얻게 되는 상태)를 위한 조건이 갖추어지는 것의 단계에서 중단되지만, 최종 장 「결론 없는 결론」에서는 그 뒤의 전개와 미래에 대한 전망이 짧게 서술된다.

두 가지 점이 있고, 하나는 이 뒤에 등장해서 우리들이 아직 거기에 있는 자본주의란 무엇인가에 대해서다. 오사와에 따르면, 시장 경제는 그대로 자본주의를 의미하지 않는다. 후자는 전자를 토대로 하면서, 화폐에 대한 제한 없는 욕망이 생기고, 또한 그게 일반화해서 비로소 성립하지만, 그 고찰은 이 책에 이어지는 다른 책에 맡긴다.

또 하나는 도래해야 할 코뮤니즘을 위해 정의의 호수성 원리로부터의 해방이 어떻게 해서 가능한지라는 문제인데, 가능성 앞에 먼저 그 곤란이 확인된다.

D. 그레버는 "인간이기에, 우리는 서로 돕는 것이다"라고만 생각하고, "누가 무엇을 누구에게 준다든지 계산한다든지를 기억하는 것의 거절"에 "진짜 인간인 것의 증표"를 보는 그린란드의 이누이트를 언급하고서(앞의 『부채론』 119쪽) 그들의 "증여는 노예를 만든다"라는 말에 주목하면서 "코뮤니즘적 여러 관계"가 "참으로 쉽게 하이어라키적 불평등 관계로 변용해버릴 가능성"에 주목을 촉구하고 있다(173쪽). 그레버가 지적하는 이 위험을, 오사와는 "순수한 증여"의 불가능성으로서 논하고 있다(이 책, 246쪽 이하).

정의를 호수성의 원리로부터 해방함으로써 되갚음을 요구하지 않는 증여가 출현한다고 해도 그건 쉽게 불평등한 하이어라키로 변질될 것이다. 그걸 회피하기에는 평등 이념의 파악이 필요한데, 호수성은 그러기 위한 원리이기도 하다고 한다면 인간의 경제는 그레버가 말하는 제2의(상품) 교환에 갇히고, 코뮤니즘으로의 회로는 차단되든가, 적어도 좁혀진다. 호수성과는 다른 평등의 틀이 필요하지만 그게 가능하다 하더라도, 둘째로 그 규모라는 문제에 부딪친다. 호수성과는 다른 평등이, 예를 들어 위의 이누이트의 사회에서 실현되어 있다 해도 그건 그 사회가 대단히 소규모이기 때문은 아닐까. 그걸 훨씬 뛰어넘는 커다란 사회, 더욱이는 모든 사람을 포섭하는 것과 같은 사회에서 호수성과는 다른 평등을 확보하면서 코뮤니즘의 여러 관계를 넓히는 것 따위가 가능할까.

오사와는, 그리스도의 책형사를 관통하는 논리에 의거하면서 호수성을 넘은, 더구나 보편적인 연대에 근거하는 코뮤니즘의 가능성을 물으려 한다. 그 고찰도 또한 다른 책에 맡기지만, 그와 같은 코뮤니즘의 줄거리가 이미 존재하고 있는 걸, 최후에 나도 한 마디 하고 싶다(다만 그 줄거리를 코뮤니즘으로 부르는 것에 대해서는 이론異論도 있을 것이다).

위의 그린란드의 이누이트 이야기를, 그레버는 덴마크의 탐험가 피터 프로이헨(1886-1957)의 저서로부터 인용하고 있다. 그린란드는 프로이헨이 거기서 살았던 20세기 전반은 덴마크령으로, 당시 주민 총수 약 1만4천 명의 9할 이상이 이누이트였다. 거기서 프로이헨이 견문했던 것에 근거해서 그레버는 수렵민의 코뮤니즘에 대해 말하고 있지만, 주목해야 할 건 실은 프로이헨 그 사람 쪽이다. 그는 본국 덴마크에서 사회민주당원으로 활동하고, 1933년에 나치가 정권을 장악해서부터는 독일로부터의 망명자 지원에도 관여하고, 40년에 나치 독일이 덴마크를 침공하자 레지스탕스에 참가. 체포당해 사형판결을 받았지만, 간신히 스웨덴으로 도망쳤다.

덴마크에서는 1892년에 의료 보험이, 1907년에 실업 보험이 각각 도입되었다. 프로이헨의 사회민주당은 1929년에 정권에 복귀하자 사회보장 제도의 더 한층의 확장에 착수했다. 당시 덴마크 총인구는 약 350만. 시대는 세계 공황의 한가운데다.

프로이헨의 사회민주당의 시선이 그린란드의 이누이트의 코뮤니즘을 그것으로서 부상시켰다라고 말할 수는 없을까. M. 모스의 사회주의가, 갖가지 사회의 증여의 틀을 부상시켰던 것과 마찬가지로다.

일본도 포함해서 **사회적인** 보험은 각인은 소득에 따라서(보험료를

납부하고), 각인에게는 그 필요에 따라서(급부한다)라는 연대 원리에 의해서 운영되고 있다. 그건 (아메리카 주류의) 민간 보험이 의거하는 논리, 즉 각인은 (소득에 관계없이) 그 리스크의 고저에 따라서, 각인에게는 그 보험료의 지출액에 따라서라는 등가 원리와 전혀 다르다 (졸저, 『社会学』岩波書店, 71쪽 이하). 그리고 전자의 연대 원리는 국가의 시장에 대한 일정한 개입을 필요로 한다. 그런 국가의 역할을, 그레버는 과소 평가하고 있는 것처럼 나는 생각한다. 그의 본국 아메리카는 아직은 사회권 규약을 비준하지 않는, 세계에서도 몇 안 되는 나라의 하나다. 이 점을 갖고서 아메리카는 복지 국가가 아니라고 하는 연구자도 있다.

사회 보험 하나에 있어서도, 코뮤니즘적 관계는 1억 명을 넘는 사회에서도 가능하고, 이미 존재하고 있다. 아니, 그만큼의 규모이기 때문에 사람들은(프로이헨이 전하는 이누이트의 훈계대로) 그 은혜에 대해서 누구도 예를 표하지 않거니와, 노예도 되지 않는다. 문제는 사회 보험 등으로서 이미 존재하는 걸 강화하는지, 아니면 약화시키는지다.

끝마치고서

　우리들은 경제가 인간의 삶의 모든 게 아니라는 건 알고 있다. 사람들은 빵만으로 살 수 없다고. 그러나 동시에, 현재의 우리들은 경제를, 삶의 (거의) 모든 것인 것처럼 취급하기도 한다. 그 증거로, 오늘날 정책이라고 말하면, 무엇보다도 우선은 경제 정책인 것이고, 경제로부터 독립된 정치에 고유한 영역은 점점 줄어들고 있다. 인간의 삶의 아주 일부이기도 하고, 그 전체이기도 한 것처럼 보이는 경제란 무엇일까. 경제라는 걸, 기원부터 철저하게 묻는 게 이 책의 목적이었다.

　구체적인 문제의식에 대해서는, 제1장에서 상세히 논했기에 여기서 새삼스럽게 확인하지는 않겠다. 본문에서는 역사학이나 인류학으로부터 많은 사례를 인용했지만 이 책의 목적은, 이것들을 통해서 "논리"를 추출하는 것이었다. 이 점만은, 또다시 강조하고 싶다.

　이 책에서도, 칼 폴라니 이래로 계속 받아들여온 "호수적 증여/재분배/시장 교환"이라는 경제 시스템의 3분류가 답습되어 있다. 하지만 나의 주된 관심은 분류 그 자체보다도 이들 사이의 이행 · 변환이 어떠한 논리에 따르고 있는지를 구명하는 데 있었다. 왜냐면 이행 · 변환의 다이내미즘을 규정하는 계기를 찾아냄으로써만, 이들 3종을 뛰어넘는 시스템(코뮤니즘)으로의 변혁의 가능성도 찾아내기 때문이다.

　[역]사적 유물론의 도식에서는 경제적 토대(생산 양식) 위에 이데
올로기적 · 정치적인 상부구조가 올라타 있다. 이 소박한 도식은 비
판되어왔지만, 그것 대신에 제기되어온 것도 "상부구조의 (상대적)
자율성"이라는 애매한 개념이었다. 이 불모의 대립에 대해서, 이 책
은 경제가 사적 유물론의 도식에서는 상부구조로 분류되는 관념의
여러 형태와 일체화하고 있는 것, 그리고 경제 그 자체를 통해서 (정
치적) 권력을 내발하고 있는 걸 명백히 해온 셈이다. 이때 – 본문에서
제시한대로 – 경제란 무엇인가라는 것의 개념화 자체가 사적 유물론
의 그것과는 다른 셈이다.

*

　이 책은 2009년부터 이와나미쇼텐[출판사]의 도움을 빌려서 부정
기적으로 해온 "사회 이론 연구회"의 성과의 하나다. 연구회의, 나 이
외의 멤버는 우치다 류죠內田隆三 씨, 요시미 토시야吉見俊哉 씨, 나카타
니 마사토長谷正人 씨, 오쿠무라 타카시奧村隆 씨, 와카바야시 미키오若
林幹夫 씨, 이치노가와 야스타카市野川容孝 씨, 아사노 토모히코淺野智彦
씨, 키타다 아키히로北田暁大 씨다.

　이와 같은 이름을 나열함으로써 곧바로 이해할 수 있듯이, 누구나
뛰어난 업적을 지닌 일류 사회학자다. 우리들은 20대의 젊을 때부터
연구회, 학회, 대학원의 연습, 그리고 개인적인 대화 등을 통해서 농
밀한 연구 교류를 해온 사이다. 다만 각각이 대학에 자리를 잡게 되
자 시간을 걱정하지 않고서 자신이 진행중인 연구를, 막히고 있는 부

분도 포함해서 조곤조곤 발표하고, 동료로부터의 기탄없는 비판이나 코멘트를 받을 기회가 줄어들게 되었다.

사회 이론 연구회는 우리들을 연구자로서 키워준 저 농도 높은 학문적인 토의의 장을 다시 갖고 싶다는 생각에서 시작되었다. 1년에 몇 차례, 주말 오후에 이와나미쇼텐의 회의실을 빌려서 몇 시간의 연구회를 해왔다. 기본적으로는 멤버 가운데 한 사람이 그때 진행하고 있는 연구에 대해서, 1시간 반에서 2시간 가량에 걸쳐 보고하고, 그 뒤에 전원이 그 내용에 대해 토론한다는, 아주 심플한 형식으로 이루어졌다. 매 회, 논의가 완전히 끝날 때까지 회의는 계속되기도 한다. 초대받은 건 – 미타 무네스케 선생의 저작을 토의했을 때를 별개로 한다면 – 전원 우리들 멤버보다도 상당히 젊고 우수한 연구자 쪽이었다.

이 책은 이 사회 이론 연구회에서 내가 발표한 내용을 토대로 하고 있다. 연구회 동료들의 비판이나 코멘트 없이는 이 책을 결코 완성할 수 없었다. 이 책만이 아니라, 앞으로 출판될 예정인 "크리틱 사회학" 시리즈의 여러 책은 아무튼 연구회의 성과의 일부다.

이 책에는 연구회 멤버의 한 분, 이치노가와 야스타카 씨가 자신의 관점에서 이 책의 내용을 소개하면서 발전시키는 굉장한 해설을 붙여주셨다. 해설은, 말하자면 연구회의 연장전이다. 연구회에서는 이 해설에 있는 것과 같은 내용의 심부로 이어지는 코멘트가 가해지고, 또한 거기에 대한 응답이 이루어졌다.

12년 동안, 함께 연구를 계속 해온 여러분에게 마음 깊이 감사드린다. 지적인 탐구 이외의 야심을 일체 갖지 않고서 마음먹은 대로 서로 비판하는 토의는 이다지도 유쾌한 것이었을까. 젊은 날에 느꼈던 지복의 때를, 새삼스럽게 체험할 수 있었다.

그리고 이런 멋대로의 연구회를 위해서 장소를 제공해주신 이와나미쇼텐에게는 마음으로부터 감사를 드리고 싶다. 연구회는 매 회, 이와나미쇼텐의 편집자 쪽이 참가해주셨다. 특히 야마모토 켄山本賢 씨는 휴일 시간을 사용해서 모든 연구회마다 출석해주셨다. 연구회의 실질적인 운영자는 야마모토 씨로, 야마모토 씨의 도움 없이는 매우 바쁜 멤버들로 이루어진 연구회를, 이렇게 오랫동안 끊임없이 계속하지는 못했을 것이다. 야마모토 씨에게는 무엇으로 감사의 뜻을 전해야 할지 모를 정도로 감사하고 있다. 단행본으로 다듬는 데 있어서는 오오타케 히로아키大竹裕章 씨께서 편집 실무를 맡아주셨다. 오오타케 씨의 용의주도한 배려에 크게 도움받았다.

이리하여 연구 성과를 시리즈의 일부로서 출판할 수 있어서 겨우 이와나미쇼텐에게 감사함을 돌려드릴 수 있었다. 아니, 감사함을 갚기 시작할 수 있었다.

2021년 11월 28일
토야마현 도가무라利賀村에서
오사와 마사치